ALEGATOS DE LOS GATOS

Alegatos de los Gatos

Relatos con retratos de los gatos literatos

Antonio Burgos

la esfera de los libros

Primera edición: noviembre de 2005

Avenida de Alfonso XIII, 1, bajos
28002 Madrid
Teléf.: 91 296 02 00 Fax: 91 296 02 06
Pág. web: www.esferalibros.com
www.antonioburgos.com

Diseño de cubierta: Opal Works
Fotografías de cubierta: Adriano, imagen
de *Ratones coloraos* cortesía de Jesús Quintero, procesadas
por Antonio Gómez Caballero y Rafael Millán Renquel; Remo,
Nines Mínguez; Catalina, G. Chico; Getty Images.
ISBN: 84-9734-348-4
Depósito legal: M. 41.709-2005
Fotocomposición: Versal AG, S. L.
Fotomecánica: Star Color
Impresión: Cofás
Encuadernación: Martínez
Impreso en España-*Printed in Spain*

Índice

Para Ana Burgos Hornemann,
mi gatuna

El hombre es civilizado en la medida
que comprende a un gato.

GEORGE BERNARD SHAW

Hasta que uno no ha amado a un animal, parte de
nuestra alma permanece dormida.

ANATOLE FRANCE

No es bueno que el gato esté solo.

Probablemente Dios pronunció esta frase cuando creó al gato. Dios hizo al hombre a su imagen y semejanza, y tras crear cielos y tierras, mares y atardeceres, primaveras y nieves del invierno, las largas tardes del verano, el sol pintando de malvas el horizonte, los pájaros y los peces, los perros y los corderos, los conejos y los cervatillos, las jacarandas y los naranjos en flor, el flamboyán y el magnolio, el jazmín y la dama de noche, pensó que el hombre, ante tanta hermosura, podía llegar a creerse Rey de la Creación.

Y fue entonces cuando, para darle una lección de humildad, Dios puso un gato a su lado. Nos lo dice el Génesis de la apócrifa, anónima e inexistente Biblia del Gato, que Casiodoro de Reina podía habernos dejado como nos legó la Biblia del Oso:

«Y Dios decidió crear al perro para que el hombre se sintiera amado y aprendiera a amar, pero el hombre se volvió soberbio y entonces el Señor creó al gato para que el hombre aprendiera a ser humilde.»

Gato orgulloso y esquivo al que el altivo Adán tenía todos los días que limpiar el cajón sanitario, llenarle de comida su tazón y de agua su bebedero, llevarlo al veterinario y soportar que con sus garras le arañara y dejara hecho unos zorros los troncos de los mejores árboles del paraíso. A pesar de cuyos cuidados el dichoso gato se creía poco menos que su propio Creador, y ni cuenta le echaba al pobre Adán cuando le acariciaba el lomo, huyendo por aquellos parajes paradisiacos, en busca del pájaro de eternas felicidades con que lo pintó El Bosco. Adán sintió ya en el Paraíso lo que andando los tiempos habría de observar Mónica Edward: «No hay nada que disminuya tanto la propia estima como el desdén cordial de un gato al que quieres.»

Hasta que supo cómo se las gastaban los gatos, podía verse a Adán por el paraíso con las manos arañadas, como todo primerizo señor con gato, en sus vanos intentos de acariciarlo a pesar de que el gato, cumpliendo con su obligación, no se deja de ninguna manera. ¡Ni que fuera un perro! A la fuerza tuvo que aprender la enseñanza de Peter Gray: «Uno debe querer a un gato ateniéndose a las condiciones que éste fije.»

Adán daba de comer al gato del paraíso todas las maravillas del Edén. Pero el gato, como todos los gatos, era fundamentalmente gato. De haber comprendido mejor al gato, Adán lo hubiera tenido siempre a su lado, y así nos hubiera incluso librado del pecado original. Pues el gato del paraíso, al pie del árbol de la ciencia del bien y del mal, no hubiera consentido que la serpiente le tentara con la manzana y derrotara esa tentación como se suele, sucumbiendo ante ella. El gato habría espantado a la serpiente, Adán no habría superado la raya continua de la prohibición divina y los mortales no habríamos sido multados con el dolor y el sufrimiento como infractores del código del Creador.

Como nuestros gatos son dioses, omnipotentes en el paraíso de la casa que es suya y en la que nosotros nos limitamos a pagar los gastos de comunidad, los plazos de la hipoteca y los impuestos de contribución urbana, Remo, nuestro Gato sin Fronteras, el independiente y elegante soberano de este hogar en que nos convertimos en sus súbditos cuando Isabel lo recogió abandonado, pequeño y orejudo, en el portal de casa, un día de lluvia, probablemente pronunció en su deslumbrante magia esa frase bíblica. Con la expresión del inquietante silencio de sus inmensos ojos como bolas del mundo que un universo de sueños sugieren, probablemente Remo le dijo con su supremo lenguaje de movimientos de orejas y enarcamientos de lomo a Laura, la señora que nos cuida la casa y los gatos:

—No es bueno que el gato Remo esté solo.

Y así fue y así se hizo.

Remo, hasta entonces gato único, pronto tuvo un compañero en casa.

Fue naturalmente Rómulo.

Rómulo y Remo: los gatos fundadores de nuestra colonia felina romana, atigrada, común europea, de pelo corto y cariños largos, espejo de la vida, medida del mundo.

Del mismo modo que aquel otro cabo de mañana estaba trabajando en el escritorio cuando apareció Isabel, sacó una cosita de su bolsa del gimnasio, me enseñó a Remo, a Remito, que lo acababa de recoger abandonado y tiritando en el portal, y me dijo «¡mira qué cosa más linda!», y me vino de pronto la ternura de toda la nostalgia de aquel Mil Rayas que había tenido de niño. Esa nostalgia del gato de la infancia que cantó Joan Manuel Serrat:

Tenía diez años y un gato
peludo, funámbulo y necio,
que me esperaba en los alambres del patio
a la vuelta del colegio.

Igual que Isabel con la nostalgia de la infancia en forma de gato Remo, así Laura se nos presentó una tarde, fuera de las horas de su trabajo junto a nosotros, al cabo de los meses, justo cuando ya había terminado de dedicar a mayor honra y gloria de Remo nuestros «Gatos sin Fronteras». Era el mes de julio de 2003, con calor de solazo de los descampados y sed del abandono de los gatos, cuando Laura trajo aquella otra pequeña cosa gatuna, igual que Remito cuando llegó, con sus inmensos ojos, con sus enormes orejazas, con su cuerpecito atigrado y peludo.

Lo trajo Laura no como una remota posibilidad de asilo de un gato trasterrado, sino como una orden tajante que le hubiera dictado su enamorado Remo. Nos dijo a Isabel y a mí:

—Miren ustedes lo que les traigo aquí: un hermanito para Remo.

Como Remo cuando llegó, Rómulo, el predestinado, el afortunado, el feliz Rómulo, estaba lleno de miedo y de suciedad de la calle. Su pelaje, exactamente igual de atigra-

Rómulo, con sus grandes orejas, recién llegado a casa.

do, romano de toda romanidad, pequeño gran felino, se nos apareció como arestinado, seboso, grasiento, sin brillo alguno. Era otro ilustre y glorioso ejemplar de la estirpe de los callejeros, otro insigne *Felis Viator*.

Laura lo tenía iba a decir en sus brazos. No, en sus brazos, no. En sus manos. Aquella pequeña maravilla cabía en la palma de sus dos manos, en las que nos lo presentó como una ofrenda. ¿O era una ofrenda de compañía que hacía en el ara del altar de su endiosado Remo?

Quizá ambas cosas.

Inmediatamente pusimos leche en el cuenco de la comida de Remo a aquel pequeño gatito que se la bebía a lametones como de ausencia de hambre, con una infinita ansiedad.

Aparecía contento.

Miraba a Laura, su salvadora, como agradecido. Así miraba a Isabel. Así me miraba a mí.

Laura nos contó la terrible historia que había vivido momentos antes y que aún la acongojaba.

Paseaba por el barrio y se encontró a unos niños que jugaban en la pista del polideportivo municipal. No jugaban a la pelota. No jugaban a las carreras.

Los niños jugaban maltratando a un pequeño gato abandonado y sin Norte, sin madre y sin hogar.

Maltratando a Romulito, el pobre.

Los perversos niños habían colocado una cuerda en torno a aquel pequeño cuello tan lleno de vida.

Iban a ahorcarlo.

Estaban buscando el árbol del ahorcado para culminar el maltrato de golpes y mofas al gato abandonado, de apenas un mes, que había perdido a su madre, que se había quizá extraviado, que habían abandonado personas sin corazón que desconocen que algo de alma debe de haber en unos animales que tras sus ojos muestran una infinita capacidad de sufrimiento y de alegría.

Pasó entonces Laura oportunamente por la pista polideportiva en el momento justo en que aquellos niños odiosos iban a ejecutar su sentencia, incomprensible como todas las aborrecibles penas de muerte.

Y tomó al gatito entre sus manos.

Y lo libró de la pandilla asesina de gatos.

Y le quitó la cuerda que al cuello anudada ya tenía, dispuesto para la horca.

Y con su solo gesto los niños salieron huyendo, mientras la salvadora de nuestro nuevo diosecillo los maldecía si los tenía que maldecir por esa boca, que ahora dedicaba piropos y arrumacos al gato bebé, mientras se encaminaba a casa para cumplir con el secreto y obligatorio cumplimiento de un redoble de conciencia que tenemos los que amamos a los animales que nos hacen proyectar lo mejor de nuestras almas.

Entre sus manos lo tenía ya Laura, salvo, aunque no del todo sano, en casa, y sus piropos eran el canto de alegría de la llegada a la vida:

—¿Y a ti te iban a matar esos niños malos, con lo bonito que eres?

Y lo besaba en su cabecita de las orejas inmensamente grandes.

Y Romulito la miraba y parecía asentir.

Lo tomé entonces por vez primera entre mis manos.

Estaba áspero, seboso. Sus pelitos de pequeño tigre de las selvas de los niñatos del barrio, asesinos de gatos, temblaban entre mis manos. A Isabel, como le había ocurrido cuando recogimos a Remo, le brotaron de pronto todos los sentimientos maternales que las mujeres llevan siempre dentro. Estaba igual de guapa como cuando tuvo a nuestro hijo Fernando, nuestro Gato humano, en un ya lejano pero siempre querido día andaluz con estas mismas calores de sed y de destemplanza de una pequeña criatura.

Isabel lo acurrucaba junto a su pecho, lo requebraba de amores maternales y de cuidados en la ternura de su voz:

—¡Gatito lindo, ven, que te vamos a enseñar otro gatito que también lo hemos salvado como a ti!

Sólo la mujer amada era tan bella en aquel momento de ternura como sus palabras.

O como aquel lindo gatito salvado del ignominioso árbol del ahorcado.

Ni Rómulo ni Remo.

Mi gata preferida tiene nombre de mujer.

Es una mujer que se llama Isabel, que me trajo un día a Remo, recogiéndolo de la calle, y que adora a los gatos.

Rómulo.

Remo encuentra a Rómulo

¿Cuánto dura la infancia de ese gato abandonado que rescatamos y recogemos, salvándolo de la amenaza de una muerte cierta? Quizá toda su vida. Estos gatos abandonados que hacemos nuestros y que se adueñan de nuestra casa siempre nos muestran un agradecimiento infinito. Infantil. Casi de lactantes. Ni olvidan que fueron dioses en el antiguo Egipto ni olvidan tampoco que nos deben la vida. Lo saben y nos lo hacen saber.

Así empezó a ocurrir con el pequeño Rómulo. Con su nombre no hubo el menor problema. Ya teníamos en casa a los dos fundadores de nuestra Roma gatuna, que se alimentaban a las ubres de la loba capitolina del calor de la familia. Si cuando recogimos a Remo creímos que era una gatita, porque no le habían bajado aún las redondeces de sus varoniles atributos de macho, y le pusimos Roma pensando que era una hembrita, con Rómulo, sabedores ya de cómo se sexa a un pequeño gato, no hubo la menor duda. El hermano de Remo no podía ser otro que Rómulo, y no cabría entre ellos fratricidio ni venganzas tras la fundación de una Ciudad Eterna y su delimitación con la reja de un arado.

Así, agradecido y vencedor, fue como Rómulo entró en la casa y como Romulito sigue enseñoreándose de ella, como gato guapo, al que le dedicamos desde las primeras horas su propio piropo rimado, compuesto con su nombre y en su honor:

Romulito, Romulino:
¿hay por aquí un gatito divino?

Aunque tan pequeño y tan sucio, ya se adivinaba que habría de ser más guapetón de cara que Remo. Tenía el mismo corte de cara de su hermanastro, pero unos ojos más lindos y picarones. Y empezó a recorrer en aquellas horas el mismo camino de cuidados que Remo en su adopción.

Lo llevamos aquella misma tarde a Eva la Veterinaria. Quedó sorprendida y encantada de que a Remo, al gato estrella, al gato famoso del libro, al gato mediático, le hubiéramos encontrado un hermanito. Eva lo examinó a fondo con su fonendo gatuno, le miró con un visor las enormes oquedades peludas y blanquecinas de sus profundos oídos. Observándole la dentición aún de leche le calculó la edad:

—Este gato tiene apenas un mes o mes y medio todo lo más. Se ve que ha estado abandonado.

—¿Y esto que tiene en el pelo, así como grasiento?

—Es de la suciedad y del abandono, pero verán en unos días, cuando el pobre se alimente como es debido, el brillo tan bonito que le sale en el lomo...

A pesar de nuestro presunto saber en gatuna materia, le pedimos confirmación de nuestra suposición de sexo, no fuéramos a tenerla como con Remo:

—Es macho, ¿no?

—Sí, es un tío.

Y dirigiéndose luego al gatito, con inmensa ternura:

—¿Verdad que eres un gatito muy macho y muy lindo?

Y luego, a nosotros, sus fieles clientes de pediatría gatuna:

—¿Cómo le van ustedes a poner?

—Rómulo, naturalmente, porque es el compañero de Remo.

Eva volvió a dirigirse a la pequeña maravilla:

—Pues Rómulo, bonito, para que te enteres: eres un tiazo de gato, y estás sanote... Muy sucio, pero muy sanote...

Y con esa delicadeza intransferible con que las mujeres toman en sus manos a los pequeños gatitos, le habló Eva muy seria a Rómulo, como si comprendiera sus palabras, que quizá sí, las comprendiera aquel gatito que la miraba con sus ojos verdes con inmensidad de mar al atardecer:

—Ven, bonito, Rómulo, que te vamos a pesar.

Lo pesó. Le tomó muestras para examinarlas al microscopio. Le puso alguna vacuna gatuna, lo desparasitó. Le extendió y cumplimentó su cartilla sanitaria oficial, con su escudo constitucional de gato amante de las libertades en la portada y esa leyenda tan hermosa de «Reino de España» que siempre me hace pensar que se trata del pasaporte gatuno para que los gatos sin fronteras traspasen con su salvoconducto las pocas lindes que van quedando en nuestro mundo tan globalizado.

Romulito era tan pequeño y abarcable, tan dócil y desvalido, que lo habíamos llevado a la clínica veterinaria para su primera revisión y su inscripción en el Registro Civil Gatuno sin necesidad de transportín alguno. Iba sobre mis piernas en el coche, mirando muy curiosón por la ventanilla, tal cual hacía Remo con su edad y aún sigue haciendo.

De vuelta a casa, dimos a comer a Rómulo las pequeñas croquetitas de pienso para gatos recién destetados, de uno a cuatro meses, que en su momento le habíamos dado a Remo y que volvimos a comprar en la tienda de mascotas de la clínica de la veterinaria. Fuera porque a Remo le encantaba volver a recordar su más que reciente infancia,

Rómulo, el de los ojitos achinados.

fuera porque nosotros tomamos las precauciones debidas, la verdad es que el encuentro entre los dos no produjo los celos que nos habían dicho que sienten los gatos únicos cuando un intruso se atreve a entrar en su territorio.

Celos entre los dos hubo, ciertamente, pero no con fiereza ni problemas. Y únicamente iniciales, como para cumplir con la leyenda y no dejar en mal lugar a quienes hablan de celos gatunos.

Eran dos gatos pacifistas, objetores de guerras, y no querían ninguna contienda civil entre hermanos. Demasiada había habido ya cuando el Rómulo de verdad dio muerte a su hermano Remo tras la fundación de Roma. En nuestro caso no hubo problemas de territorios en las romanas colinas gatunas.

Y eso que con sus garras y con las secretas y extrañas secreciones de sus glándulas, Remo había marcado como suyos todos los territorios de la casa, de los sillones a las terrazas, de las alfombras a los rincones de la que hasta entonces había sido su exclusiva habitación, el antiguo estudio de cuando nuestro hijo Fernando vivía aún en casa, y que desde aquel momento pasó a ser el Cuarto de los Gatos.

Cuando volvimos de la veterinaria, Remo salió como siempre a recibirnos, con el gato, que no la mosca, detrás de sus enormes orejas, de esos como mágicos radares que todo su mundo y lo que ocurre en el universo todo escudriñan a cada instante, como si llevara en la cabeza un avión AWAC de la OTAN.

Al ver al gato nuevo, el ya viejo Remo tomó la actitud de desconfianza que nos indicaba el péndulo de su rabo, metrónomo de un corazoncito desconfiado que probablemente había aumentado sus latidos. Se acercó curioso a su hermanastro cuando lo dejamos en el suelo, sobre la alfombra del salón, a su vera, junto a sus sillones favoritos. Su reacción inicial fue el bufido, el lomo arqueado en actitud de alerta para la defensa o el ataque, las patas en flexión, pegadas al suelo.

Lo dejamos, sin darle importancia, para que no se pusiera más jaranero y reñidor buscando pendejada. Teniendo cuidado, eso sí, de que no fuese a dar un zarpazo al pequeño, que tambaleándose sobre sus cortas patitas empezaba, a su vez, a descubrir y quizá a hacer suyos todos los territorios de la casa, poniendo sobre ellos las indelebles señales que los gatos dejan, con ese notario y registrador de la propiedad que llevan incorporados en sus garras y en sus sistemas de marcación.

A Rómulo le habíamos puesto su pienso de gato bebé en un comedero que improvisamos con un tazón, junto al de la comida y bebida de Remo. Quizá por aquí empezara la aproximación entre los dos. No habíamos terminado de llenar de finas croquetitas olorosas el cuenco, cuando allá que estaba, comiéndoselas con ansiedad y satisfacción, no Rómulo, sino ¡el sinvergüenza de Remo! Isabel le riñó:

—Gato tonto, no te comas esas croquetas, ¿no ves que son del pequeño que te hemos traído para que no estés solo y el pobre tiene que alimentarse, porque lo han abandonado y los niños malos lo iban a matar?

Como si le habláramos en chino o en ese etrusco curiosísimo en el que los gatos expresan su contrariedad cuando no pueden atrapar la mosca que se ha colado por la ventana del Cuarto de los Gatos y se ponen a refunfuñar con su «ñac, tag, ag, ñac». Remo, feliz e independiente, seguía dale que te pego con el pienso de Romulito.

Que andaba vagando por la casa, con la linda torpeza de movimientos de los gatitos pequeños. Con sus orejas desproporcionadas a la linda cabecita de ojos verdes, profundos, achinados, que Isabel advirtió desde las primeras horas de su llegada:

—Más que un gato romano, este Rómulo parece un gato chino. ¡Mira qué carita de chino tan linda tiene!

No, era romano de toda romanidad. Gloriosamente romano, atigrado y callejero como Remo. La calle ahora era más confortable para él. Una calle de alfombras y de fresquito veraniego del aire acondicionado, donde no había niños terribles que lo quisieran suspender del árbol del ahorcado.

Cuando conseguimos apartar a Remo para que dejara al nuevo con su comida, tomó ansiosamente sus croquetitas de pienso equilibrado.

Como si no hubiera comido nunca en su vida.

Quizá no había comido, y por eso tuviera su pelo como tiñoso, el pobre.

Y se tomó también con ansia, a lametones sonoros de su blanquecina lengua de gato, buena parte del agua del bebedero de Remo.

Quien pronto lo adoptó como propio. Quizá aquellos bufidos amenazantes de Remo fuesen para enseñarnos sus escrituras de propiedad de los territorios de la casa. Habíamos dejado al gatito en la intimidad de sus cosas. Lo cogimos y pusimos sus cuatro patitas sobre la arena del cajón sanitario, para que supiera dónde estaba, cómo olía, qué tacto tenía. Para que la identificara y localizara. Y exactamente igual que había hecho Remo a su llegada, sin que nadie se lo hubiera enseñado, más que el instinto de limpieza con que lo parió su desconocida madre, Rómulo hizo su cacorra en el cajón sanitario, que tapó inmediatamente, con prolijidad y ahínco, afanadísimo, ocultando con la arena, a zarpacitos enternecedores, aquello que acababa de hacer.

Y como nos ocurrió con el primer gato fundador de la colonia romana, Rómulo, no satisfecho con ser zapador de arena para tapar sus caquitas, acercaba a la arena su naricilla, para comprobar que no quedaba ningún rastro de olor de su deposición.

Isabel quedaba encantada:

—¡Mira qué gatito más limpio! ¡Qué animales más maravillosos, cómo tapan las cositas que hacen hasta que no huelan!

Remo, de lejos, había estado vigilándolo. Nosotros, como he dicho, también. Quieren los gatos, como los humanos, que nada ni nadie rompa su intimidad cuando van al baño, a su cajón de arena. En broma decíamos de Remo:

—Un día Remo nos va a pedir el periódico para leerlo mientras está en su cuarto de baño...

No, no leen el periódico cuando están en el baño, pero no por casualidad. Es porque en ese momento los gatos miran al infinito. Leen el periódico del infinito. Rómulo hacía como Remo. Como hacen todos los gatos del mundo. Se ponía en un ángulo del cajón, tras hacer concienzudamente un agujero en la arena para depositar sus cosas, y muy serio, miraba al infinito, a un horizonte inexistente, mientras aliviaba el corto recorrido de sus intestinos.

Y apenas había salido de aquella primera visita al baño cuando los dejamos solos a los dos, Remo aún corriendo muy apresurado por los rincones y bajo las patas de los sillones, como si no quisiera que lo viera el hasta entonces intruso y advenedizo recién llegado. Adoptaba actitudes de caza, como cuando se ponía a jugar conmigo con un muñeco de trapo amarrado al extremo de una cuerda como fingido ratón.

Temimos que se abalanzara sobre el pequeño gatito salvado de la muerte, y que se la diera con aquellas garras de gato ya mayor, de gato con el bachillerato felino de las habilidades cursado junto a nosotros con notas sobresalientes y con matrícula de honor en Literatura Gatuna.

Nos equivocamos una vez más, en este continuo descubrimiento que son estos maravillosos personajes.

Al rato volvimos y ya se habían hecho los dos íntimos amiguitos. Remo, el gato literato, el que inspiró inicialmente estos sentimentales alegatos, había entregado su vanidad ante el recién llegado. Aún no había aparecido el libro de su historia ni era gato famoso, pero cualquier soberbia de gato único le había desaparecido en un instante.

Remo se había acercado a Rómulo. Estaban los dos juntos sobre la alfombra, colina romana de la fundación de la Ciudad Eterna de los Gatos de casa.

Remo lamía la sucia cabeza de Rómulo.

Como si fuera la madre que no tenía.

Nunca he visto tanto cariño como en aquel recibimiento que, finalmente, Remo ofrendaba a Rómulo tras su llegada al territorio de la inmensa felicidad confortable y regalada de los gatos de piso.

Si nosotros éramos felices con Remo, él lo era con Rómulo.

Rómulo había empezado a ser el gato de nuestro gato.

Rómulo y Remo.

El difícil arte de bañar a un gato

—El gato nuevo está muy sucio, a ese gato hay que lavarlo, no vaya a ser que le contagie a Remo cualquier enfermedad de las cosas malas que traiga de la calle —me dijo Isabel a la mañana siguiente.

El gato había pasado sin novedad su primera noche de gato de piso. Del altillo de un armario donde la habíamos guardado al hacerse mayor, volvimos a sacar la oval y acolchada cuna que le compramos a Remo a su llegada. Recuperamos aquel primer ajuar gatuno que compusimos como inexpertos adoptados por un gato callejero que buscaba casa que hacer suya. Como los hermanos heredan la ropa que se les queda pequeña a los mayores, así todas las viejas pertenencias de Remo pasaron a ser de Rómulo.

Aquel amanecer de verano con los vencejos anunciando el día por las esquinas de la casa, y con los murciélagos recogiéndose al llegar las claras del sol y de la calor, Rómulo, como si toda su vida hubiera pasado la noche allí, estaba feliz, durmiendo en su cunita. ¿Que cómo supimos que había dormido feliz parte de las dieciocho o veinte horas de ración diaria de sueño que tienen estos personajes? Pues por la cantidad de veces que nos levantamos aquella noche, para dar una amorosa vuelta al gato nuevo.

¿Cómo vamos a dejar solos a dos gatos que acaban de conocerse, y habiendo pasado, además, lo que ocurrió en la Roma clásica de la mitología con unos hermanos que se llamaban como ellos, Rómulo y Remo? Rómulo volvió a dar vida a aquella cuna gatuna y a todos los juguetes que Remo ya tenía arrumbados, como gato mayor que era. A sus pelotas con cascabeles, a sus cintas con muñequitos de peluche en un extremo con que lo hacía correr, saltar, revolverse y divertirse por el salón. Y Remo volvía a encontrarse con el pienso de gatos chicos, que le encantaba. Los primeros días hasta los teníamos que encerrar aparte, poner a Rómulo su comida en la terraza de la cocina, para que Remo no lo dejara sin alimento, en su glotonería con las que eran para él exquisitas confituras infantiles, chocolatinas, bombones y caramelos, piruletas, gominolas, recuerdo de cuando era chico.

Remo estaba acostumbrado al baño. Con sus protestas y sus arañazos, mal que bien, desde pequeño se habituó a que una o dos veces al mes Laura, experta en el deporte de bañar gatos, lo tomara entre sus brazos, llenara un bidé con agua calentita y le pegara una buena frotada con champú infantil, del que no escuece si le entra a los niños o a los gatos en los ojos. A estos efectos de ternuras y cariños, los gatos son como niños y los niños son como gatos.

Con nuestra habilidad, hemos desmentido de la cruz a la fecha un texto que circula entre los amantes de los gatos, que se titula «Bañar a un gato como arte marcial». Me gustaría citar su autor y su procedencia, pero por mucho que he buscado y rebuscado, no lo he hallado para honrarlo ahora aquí con todos los honores de la reproducción. Aunque más de una vez se nos ha escapado del cuarto de baño un gato enjabonado y espumoso que era más difícil de atrapar que bandera en el extremo de un palo de cucaña untado de sebo, la práctica y la precaución alejan de los riesgos de las instrucciones contenidas en este divertido relato, quizá sudamericano por su lenguaje, o traducción hispana de un texto en inglés:

«1. Debes saber que a pesar de que el gato tiene la ventaja de su velocidad y falta de consideración por la vida humana, tú tienes la ventaja de la fuerza. Aprovecha esa ventaja seleccionando la zona de combate. No trates de bañarlo en un espacio abierto donde te obligaría a perseguirlo. Escoge un baño muy pequeño. Si tu baño tiene más de cuatro pies cuadrados, es recomendable que te metas en la cabina del baño con el gato y cierres las puertas correderas de cristal como si fueses a darte una ducha. (Una simple cortina de ducha no funcionará. Un gato iracundo puede hacer trizas una cortina de baño de tres gomas pegadas más rápido que lo que tarda un político en tomar posiciones.)

2. Un gato tiene garras y no dudará en levantarte toda la piel del cuerpo con ellas. Tu ventaja es que eres elegante y sabes cómo vestirte para protegerte. Es recomendable un mono de lona encajado en botas de caña alta, un par de guantes de cota de malla, un casco del ejército, una máscara facial de hockey y una chaqueta de mangas largas.

3. Usa el factor sorpresa. Coge a tu gato con indiferencia, como si fueses a llevarlo a su plato de comida. (Los gatos no notarán tu extraña indumentaria. Tienen poco o nulo interés en las reglas de la moda.)

4. Una vez estés en el baño, la velocidad es esencial para tu supervivencia. En un sencillo y líquido movimiento, cierra la puerta del baño, entra en la cabina de baño, cierra las puertas correderas, moja al gato y échale champú. Acabas de comenzar uno de los cuarenta y cinco segundos más salvajes de toda tu vida.

5. Los gatos no tienen agarraderas. Añade el hecho de que está jabonosamente resbaladizo, y el problema estará radicalmente ensamblado. No esperes poder sujetarlo más de dos o tres segundos cada vez. Cuando lo tengas debes recordar darle otra pasada de champú y frotar como loco. Él entonces escapará y caerá de nuevo en el agua, él mismo

saltará fuera. (El récord nacional para gatos es tres enjabonados, así que no esperes demasiado.)

6. Entonces el gato debe ser secado. Los bañadores de gatos novatos siempre asumen que esta parte será la más difícil. De hecho, el secado es simple comparado con lo que acabas de pasar. Eso se debe a que ahora el gato está semipermanentemente asfixiado por tu pierna derecha. Sencillamente quita el tapón del sumidero con un pie, alcanza la toalla y espera. (Ocasionalmente el gato terminará agarrado a lo alto de tu casco. Si eso ocurre, lo mejor que puedes hacer es agitarlo para que caiga y convencerlo de que se enganche en tu pierna.) Después de que la bañera se haya vaciado es bastante simple alcanzar al gato y secarlo. En un par de días el gato se relajará lo suficiente para ser separado de tu pierna. Normalmente no dirá nada durante tres semanas y pasará mucho tiempo sentado dándote la espalda. Él incluso pudiera volverse psicocerámico y desarrollar la postura fija de una figura de yeso. Deberás asumir que está enfadado. Ése no es el caso usual. Normalmente él está sencillamente rumiando formas de atravesar tus defensas y lesionarte de por vida la próxima vez que decidas darle un baño. Pero al menos ahora huele bastante mejor.»

Hay que añadir que el gato, recién bañado, no se lame y relame hasta secarse completamente con la toalla de ducha de su lengua porque esté mojado. No. En absoluto. Al gato le trae sin cuidado la humedad; lo que le preocupa es ese espantoso olor a limpio que le ha quedado. No es que el gato se esté secando a lengüetazos: es que se está quitando ese horroroso olor a bebé recién bañado que le hemos dejado con el champú, la espuma y los cariños.

El gato quiere volver a oler a gato cuanto antes y dejarse de esas tonterías.

Cada gato es un (maravilloso) mundo

Y con ese virtuosismo en el arte de lavar gatos, Isabel ayudó a Laura a que añadiera el baño de Rómulo a sus trabajos de la casa, entre los que los relacionados con los gatos son para ella los más queridos y principales, hasta el punto de cariñosa queja que ahora oigo repetir cada día:

—Otra vez Laura no te ha planchado esta camisa que te hacía falta y en cambio mira los gatos, que no les falta ni un perejil...

—Como que me voy a tener que hacer gato para que Laura me atienda, Isabel...

Cómo atendió, con cuánta solicitud, aquel primer baño que Isabel dio al entonces y todavía ahora pequeño Romulito, el achinado, el de las cortas patitas.

Protestó. Claro que Rómulo protestó de aquel su primer contacto con el agua, por calentita que estuviera, templada por manos amorosas de mujer que probaban el grado exacto en que su temperatura no le quemase ni le hiciera pasar frío.

Pero quedó encantado. Y el agua que soltó quedó negra como palangana de carbonero, quitándole toda la suciedad que traía de la tierra de los jardines del barrio donde alguien lo había abandonado a su propia suerte.

Que resultó ser la magnífica suerte de los gatos que llegan a casa. Antonio el Portero, cuando se enteró de que Remo tenía compañía, subió a casa para conocerlo. Rómulo estaba en la habitual ocupación de los gatos tras el baño: lamiéndose a conciencia para terminar de secarse, y eso que le habían restregado una y otra vez entre mullidas toallas. Las toallas de los gatos, que tienen ellos para sí solos. Viejas toallas playeras que del baño en la orilla del mar han pasado al tacto del lomo oloroso de los gatos recién bañados, pelusones, con una calentita humedad que se van secando con sus prolijos lametazos.

Antonio el Portero, el que rescató a Remo, le dijo a Rómulo la misma frase que en su día a su protegido:

—No veas la suerte que has tenido de caer en esta casa, gato.

Era más bien al revés. Nosotros éramos los agraciados por aquel gato, con el que Remo perdía su peligroso carácter de unigénito y engreído. Y con el que nosotros ganábamos nuestro inmediato descubrimiento: cada gato es un mundo.

Un maravilloso mundo.

Igual que cada persona es un mundo, estas personitas mágicas lo son. Cada uno tiene su carácter, sus manías, sus habilidades, sus grandezas, sus servidumbres, sus cualidades, sus defectos. Lo de Jenny de Vries: «Para algunos incapaces de ver la realidad, todos los gatos son muy semejantes. Para alguien que los ame, cada gato, desde el principio de los tiempos, ha sido profunda y asombrosamente único.»

No hay dos gatos iguales como no hay dos humanos iguales, aunque sean hijos de la misma madre y del mismo padre. Es la duda que nos quedó, al comprobar cómo congeniaban de bien aquellos dos gatos, del mismo color, del mismo pelaje romano, de la misma procedencia del abandono en el barrio. Como si Antonio el Portero fuera el máximo experto en genealogía gatuna o como si les hubiera hecho la prueba de ADN, cuando subió a conocer a

Rómulo y lo tomó en sus brazos, haciéndole las mismas carantoñas que al anterior propietario exclusivo de nuestra casa, le preguntamos:

—¿Usted cree que los dos son hermanos y por eso se llevan tan bien y se han reconocido?

—Puede ser. Yo creo que tengo identificada a la madre de Remo. Es una gata callejera que tiene que vivir por aquí, por los jardines de la clínica. Muchas mañanas la veo pasar muy ligera y me digo a mí mismo: «Mira, ahí va la madre de Remo.» He intentado cogerla, pero, ¡qué va!, no se deja...

—En ese caso sale a su hijo, Antonio, porque Remo nada más que se deja coger y acurrucar por usted como usted lo hace.

—Y este nuevo también se deja.

Antonio le decía las mismas palabras imperativas con las que para como por ensalmo cualquier movimiento con que Remo quiera zafarse de sus brazos y salir corriendo:

—Vamos a ser un gato serio, ¿eh? Vamos a estarnos quietos que, si no, no te salvo más cuando estés abandonado.

Remo lo comprende. Y Rómulo parecía también comprender al portero amante de los animales cuando nos iba contando, con él acurrucado en sus brazos, oloroso, mullido, recién bañado:

—Esa gata que les digo a ustedes quizá sea la madre de Remo. Y al padre también creo yo que lo conozco. Es un gato la mar de grande, con cara de sinvergonzón, que también pasa de vez en cuando muy ligero por aquí. Estos dos son iguales que ellos. Así que no me extrañaría que fueran hermanos, de distintas camadas, pero hermanos...

Aunque no lo sean, como hermanos e hijos de la gatuna Loba Capitolina de su suerte al ser salvados de la muerte cierta se comportan Rómulo y Remo.

Evidentemente, no es bueno que el gato esté solo.

Remo fue el primero en darse cuenta.

Agradecidísimo, mientras seguía lamiendo a Rómulo para terminar de secarlo tras el baño, una vez que su salvador Antonio se había marchado tras su lección, inventada o verdadera (¿qué más da, si es tan hermosa?) sobre árboles genealógicos de los callejeros gatos de nuestro barrio.

Lección de solidaridad gatuna

El verano estaba encima. Eran las largas, lentas, casi voluptuosas tardes de vencejos en los cielos y en las azoteas, de buganvillas florecidas con sus cardenalicios colores en la terraza, de jazmines oliendo a cariño de madre o de mujer, los árboles de la calle con el violeta de las jacarandas y el blanco de las acacias. Rómulo empezó al punto a acompañar a Remo en su diaria contemplación del atardecer de pájaros desde la terraza donde toma el tronco de la buganvilla como si fuese un sillón Luis XV del salón, esto es, para afilarse las uñas de sus garras mientras estira sus patas y su cuerpo todo, hasta el punto que Isabel me dijo un día, viéndolo así, en sus ejercicios de extensión y precalentamiento para el aguardo de la ansiada cacería de los revoloteos:

—Hay que ver lo grande que se está poniendo Remito. Mira, lo menos tenemos ya un metro de gato...

Un metro de gato con sus estilizadas y largas patas, sus ojos inteligentes para ver el mundo. Su mundo. Nuestro mundo. Al que inmediatamente incorporó a Rómulo, el gato de nuestro gato, la mascota de quien nos tiene por sus mascotas humanas, al revés de cuanto se cree: no es que nosotros tengamos un gato; es el gato quien nos tiene a nosotros, que no es en modo alguno lo mismo.

Como Remo, Rómulo aprendió pronto, como un reflejo condicionado de la campanilla del perro de Paulov, a acudir a la terraza en cuanto a la caída de la tarde escuchaba que subíamos la persiana mecánica. Remo se acercaba a la terraza lento y arzobispal, como en una procesión de su majestad y gloria, mientras Rómulo, mucho más nervioso desde la cuna acolchada y oval de sus largos sueños, corría que se las pelaba por el pasillo, resbalándose y derrapando al tomar las curvas y desplazando la alfombra de la entrada sobre el suelo acristalado, como una mágica alfombra voladora en pos de su aguardo de los pájaros que anidan en las acacias, los naranjos y las jacarandas de la calle y cuyo piar se les pone casi al alcance de la baranda de la terraza cuando al caer la tarde buscan sus nidos.

Eran para los dos tardes de pájaros y noches de murciélagos. Ya sé para qué creó Dios los murciélagos: para entretener a los gatos de piso en sus largas vigilias nocturnas. O al menos para entretener a Remo y a su gato Rómulo. Sé que son horribles los murciélagos. Alguna vez alguno se nos ha entrado en la casa, de noche, mientras dormíamos, y me ha despertado el chocar ciego de sus alas contra las paredes del cuarto. Allá que me ha tenido, el calor del verano entrando por la ventana abierta, en el silencio de la noche, con una toalla de baño, dando latigazos hacia el techo, con la luz del cuarto apagada y la de la ventana encendida, tratando de echarlo de nuevo hacia la calle de la que misteriosamente ha entrado, quizá por los conductos del aire acondicionado. ¿Usted no ha visto lo difícil que resulta para la parada de cabestros devolver a un toro bravo a sus corrales en una plaza de toros? Eso es sencillísimo al lado del trabajo y sudor veraniego que cuesta hacer salir por la ventana al murciélago que se te metió por la noche en el cuarto.

Frente a casa hay un edificio en cuya junta de dilatación anidan todos los años los murciélagos. Sé de murciélagos casi tanto como de gatos, es decir, apenas nada. No sé si hibernan cuando los fríos dentro de la oquedad de esa junta de dilatación, si vienen de lejanos países en migraciones, como los flamencos rosas y las cigüeñas. Lo que sí he probado por experiencia es que con los sonidos de los vencejos quebrando esquinas con sus vuelos rasantes llegan a casa los murciélagos de la junta de dilatación del edificio de enfrente para anunciar la llegada de las calores del verano.

Cuando se va yendo la luz, de esa junta, estrecha como un silbido, empiezan a salir los murciélagos. Es ya noche cerrada cuando siguen saliendo. Algunos deben de anidar, como allí enfrente en la junta de dilatación, aquí, en el tambor de la persiana mecánica del vestidor de Isabel. El alféizar de su ventana amanece lleno de excrementos de los murciélagos en cuanto llega el verano.

Es lo que más gusta a los gatos. Llega la noche y allá que se ponen de guardia, muy serios y estirados, con sus dos manitas apoyadas en el borde inferior de la ventana, intentando cazar los murciélagos, los que ven en la casa de enfrente, los que con su olfato único y privilegiado huelen que están saliendo del tambor de la persiana sin que nosotros podamos verlos.

Pero ellos sí los ven. Para demostrarnos sus sentimientos de solidaridad. Una noche descubrimos que, aunque cerrada, pero quizá con el picaporte sin ajustar, los gatos habían conseguido abrir la ventana del vestidor para estar más cerca de los murciélagos. ¿Estaba asomado Remo para cazar sus preciadas piezas? En absoluto. Remo estaba abajo, dentro de la habitación: había cedido el mejor sitio a Rómulo. En este mundo de sálvese quien pueda y primero yo y después, yo, y si sobra algo, para mí, los gatos comenzaron a demostrarme sus admirables sentimientos de solidaridad. Remo y Rómulo eran una ONG de sí mismos, de cómo se cuidaban, se ayudaban, se lamían el uno al otro. El grande, cuando el pequeño estaba acurrucado durmiendo en un sillón, se le acercaba sigiloso y se ponía a lamerle cariñosamente las orejas, el mentón, justo aquellos sitios de su cuerpo donde Rómulo no podía llegar con su lengua de gato.

Y lo advertí luego en la máxima proeza de un gato: la caza de una mosca. Remo no solamente cedía a Rómulo el mejor puesto en su armada de la montería de murciélagos, sino que le instruía en la práctica vejatoria de las moscas.

A la cocina, con la ventana abierta suelen entrar muchas moscas en el verano. Sé que hay una mosca cuando Rómulo o Remo empiezan a dar graciosos saltos y a hacer divertidas piruetas, corriendo a todo correr, pasando del fregadero al fogón del gas, de la encimera al microondas, hasta que consiguen acorralar a la mosca y cazarla de un solo, certero, habilidosísimo manotazo. Tras el cual se la comen no dejándola yacente en el suelo y acercando su hocico, como hacen con su pienso o con las exquisiteces de sus latitas de mousse de pescado del Atlántico, sino llevándosela con la garra a la boca.

Como nosotros comemos.

Exactamente igual que nosotros comemos, Rómulo y Remo se comen las moscas.

Hasta el punto de que un día Isabel me dijo, mientras terminaba de hacer la comida en la cocina y el gato mayor estaba de cacería de moscas:

—Como siga así, un día Remo nos va a pedir cuchillo y tenedor para comerse la mosca que ha cazado...

En su inmensa generosidad de la solidaridad gatuna, vi cómo casi nos pide una mañana el cubierto para que la mosca se la comiera Romulito.

Estaban por la cocina los dos gatos romanos y atigrados, el mayor y el pequeño, detrás de una mosca, cada cual dentro de sus capacidades.

Remo, con sus sobradas artes cinegéticas de gato mayor, diestro en saltos y en acorralamientos de moscas zumbonas y voladoras.

Rómulo, con sus patitas más cortas, con la barrigota de gato gordo que empezó a tener en aquellas semanas de posesión de su verdadera casa, que es la que nos tiene prestada y donde somos sus realquilados, en cuanto comió en condiciones tras su abandono. Corría el pobre como podía tras la mosca y apenas podía saltar, aunque con mucha más cándida, infantil gracia en todos sus movimientos, en esa edad en que los gatos niños están a cada instante entusiasmados con el enternecedor boxeo de aprender a manejar con destreza sus garritas y el movimiento de sus patas, cuando no hay pelota tras la que no corran ni cordón con el que no ensayen sus primeros saltos.

En aquella apasionante cacería de la mosca, Rómulo iba detrás, como el secretario de una montería. Hasta que Remo consiguió, ¡por fin!, acorralar a la mosca contra la ventana de la puerta de la terraza de la cocina y hacerla descender hasta el junquillo inferior del cristal.

Estaba la pobre mosca allí, en el ángulo del cristal, y Remo, enhiesto y estirado en su metro de gato experto de cabeza a cola, la tenía cercada, como para comérsela.

Se paró en seco, en un instante.

Pensé:

—Ahora, ahora es cuando Remo me va a pedir tenedor y cuchillo, como dice Isabel.

No me pidió cubierto, ni servilleta para que se la anudara al cuello como gato glotón que se come la mejor parte de la mosca, que es la que se reserva al cazador.

Me dio entonces el ya maduro Remo la suprema lección de solidaridad entre iguales, el ejemplo que los humanos deberíamos seguir de los animales sin tanta demagogia ni presunciones de caridades públicas.

Remo volvió su cabeza sin dejar de mirar ni de cercar a la mosca acorralada y le hizo como un gesto a Rómulo, que muy atento lo miraba con envidia.

Y con un movimiento exacto, se hizo a un lado y dejó que fuera Rómulo quien se acercara, le diera el zarpazo final y con su garra se llevara la mosca a su boquita.

Sin tenedor y sin cuchillo, pero con una inmensa cara de satisfacción, cuando Romulito el chico se relamía de gusto tras comérsela, sacando su lengua con parsimonia y dándose lametones en la pata que se llevaba a la boca como una esponja de baño.

Una mosca debe de ser como una langosta de Maine o una tarrina de caviar del Caspio para un gato.

Ningún humano, que yo sepa, deja de comerse una langosta de Maine ni una tarrina de caviar del Caspio para dársela a otro semejante desamparado.

Remo sí le ofreció a Rómulo aquella inmensa solidaridad entre hermanos.

Para darme ejemplo.

Para que pensara, como creo firmemente ahora, que aunque cada gato es un mundo, distinto a todos los demás, del solidario e igualitario mundo de los gatos deberíamos tomar ejemplo los humanos.

Códigos de comportamiento gatuno

Los humanos deberíamos conocer las leyes gatunas para respetarlas. Nos iría mucho mejor.

Los gatos amigos de Remo le han enviado muchas normas de comportamiento, que deben de ser para ellos como la Constitución de los Gatos, escritas por ellos mismos. O Códigos Civiles Gatunos redactados y aprobados por los gatos en su Parlamento, que todos cumplen fielmente. Remo y Rómulo cumplen todos los dictados de esos largos Decálogos de desconocido autor que circulan entre los gatófilos y que bien nos gustaría saber quién los escribió, para decirle que es más que seguro que los redactaron tras observar detenidamente a nuestros propios gatos, porque lo que se indica en ellos es justamente lo que siempre hacen los que tenemos en casa. Pero estos códigos son tan exactos, y de tal modo le dan cobertura legal la realidad, que no tiene más remedio que haberlos escrito un anónimo gato:

«1. Si una persona está ocupada y otra no, siéntate sobre la primera.

2. No permitas puertas cerradas en ninguna habitación de la casa. Para lograr que abran una, siéntate frente a ella y golpéala con tus uñas delanteras. Una vez que te abran la puerta, no es necesario entrar. Resérvate siempre el derecho a cambiar de opinión.

3. Duerme lo suficiente durante el día, así estarás con las baterías cargadas para jugar a tope entre la 1 y las 4 de la madrugada.

4. Si te llaman haz como que no oyes, pues todos los gatos españoles son en realidad suecos, los alemanes son bereberes, los franceses son rumanos, los americanos son de Zimbabwe, etcétera.

5. No permitas que tu gente se abandone los domingos por la mañana al sueño. Ronronea como una segadora junto a su oreja mientras les mordisqueas el pelo, y si persisten, paséate por encima de sus cabezas procurando pisarles los ojos y la boca.

6. Un minuto antes de que tus dueños se vayan a dormir, escóndete y no respondas bajo ningún concepto.

7. Cuando no te hagan caso, porque llegan tarde al trabajo, tira la planta más alta de la casa y rompe el tiesto en la caída. Les encantará; además, como llegan tarde, ni les dará tiempo a recogerlo. Después el ama ya se encargará de decirle al amo que fue el viento. Así nunca te castigarán.

8. Sal a recibir a tus amos a la terraza; cuando salgan del coche, sube a la barandilla y maúlla para llamar su atención (esto les gusta sobre todo si vives más arriba de un segundo piso), verás como te llaman y te saludan a gritos.

9. Si oyes comentar "hoy Minika me ha dejado acariciarla tres veces", toma cuenta, es demasiado. Practica ahora, durante veinte días, el bufido desgarrador ante cualquier ademán. Incluso si lleva jamón en la mano. No desdeñes el ser contradictorio: ahora sí; en medio del prado, no; en la punta del Sur, sí; bajo el coche, no; tras el ficus, sí...

10. Por supuesto, a la otra humana procura permitirle todo lo que te dé la gana. De esa manera fomentarás los celos entre ambas, y sacarás partido.

11. Entretén a tu gente cuando se estén bañando. Mete el rabito y las patitas en el agua de la bañera y luego paséate por el borde (esto es particularmente emocionante si la bañera es antigua y tiene el borde curvado), con las patitas mojadas. Amaga continuos resbalones en el borde curvo, así el bañista estará realmente interesado en saber en qué momento vas a caer a la bañera, convertido en una motosierra de zarpas desgarradoras de su piel desnuda.

12. Si esos cobardes te impiden los paseos, ve tirando al agua las esponjas y practica la pesca con arpón.

13. Si te dejan fuera del baño y no te abren por más que grites y arañes la puerta, aprovecha para experimentar la fuerza de la gravedad con todos los adornitos del mueble del pasillo.

14. Si eres macho, nunca les marques el territorio, ni faltes de casa más de dos horas. Si no, te llevarán a un hombre vestido de blanco, y jamás volverás a darle un gustazo a ese cuerpo serrano que tienes.

15. Cuando te monten en un coche, compórtate como un psicópata. Verás cómo nunca más te sacarán de tu territorio y de tu camita.

16. Si tienes que vomitar, salta rápidamente a una silla. Si no te da tiempo, vete a la alfombra.»

Hasta para los juegos se dan los gatos a sí mismos normas de comportamiento, Reglamentos de Deportes Gatunos, que siguen todos fielmente:

«1. Utiliza visillos y cortinas para colgarte. Es como Port Aventura, Terra Mítica o Isla Mágica pero en seco.

2. Cuando todos estén dormidos, ponte a jugar a las carreras por el pasillo. Eso les encanta.

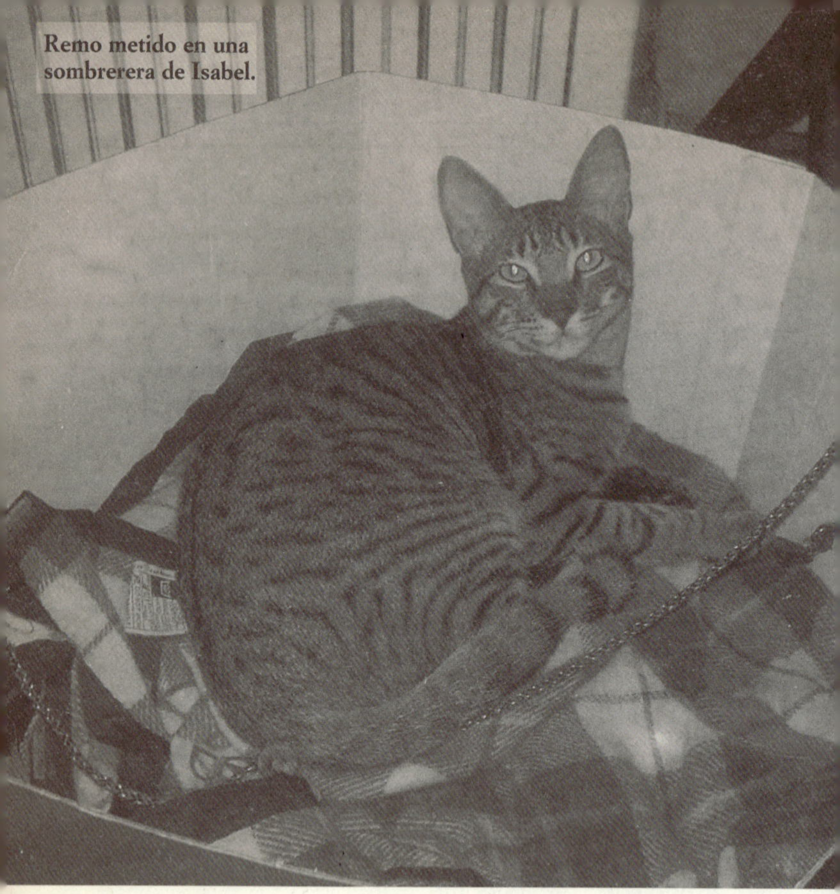

Remo metido en una sombrerera de Isabel.

3. Súbete al lugar más alto que encuentres y empieza a maullar para que te bajen. Repítelo hasta que dejen de hacerte caso; entonces baja tranquilamente, porque el juego habrá terminado.

4. Anda por las estanterías, verás qué chulada tirar todos los portarretratos que vayas encontrando a tu paso.

5. La escoba y la fregona son juguetes en movimiento muy divertidos, ¡compruébalo!

6. Cuando le des caza a un ratón, mételo dentro de casa. Allí le persigues de nuevo y lo rematas. A tu ama le vuelve looooooca.

7. Por la noche, cuando alguien de la casa saque la basura al jardín, no la toques. Resérvala para la madrugada. Entonces rómpela, desparrama todo y juega con los botes. Verás que ruido más gracioso hacen al regatear con ellos. Juega con tus hermanos un partido de fútbol, y los amos vendrán enseguida, todo dormidos, para incorporarse al juego. Es chulo.

8. Cuando te metas en el armario, quédate quieto. Así le darás una sorpresa al ama cuando saltes a sus brazos de golpe.

9. Cuando se acuesten los amos, métete bajo la cama, sin que lo noten. Cuando apaguen la luz, araña el bajo del canapé, seguro que piensan en ratas, en vez de en ti.

10. Justo antes de que tus amos se vayan a dormir, súbete encima del armario. Cuando traten de que te bajes, maúlla y escóndete como diciendo que no quieres, que prefieres dormir allí. Cuando hayan apagado las luces y ya lleven diez minutos dormidos, es buena hora para practicar el paracaidismo. Intenta caer mullidito, a poder ser practica a la vez otro deporte. Si haces diana en el estómago verás como se quieren poner a jugar a perseguirte un poco.

11. De madrugada, invita a todos los gatos del barrio a una fiesta pijama. Los chillidos, maullidos y rotura de adornos del jardín volverán locos a los habitantes de la casa.»

Los gatos son para el verano

Cuando llega un pequeño gato a casa todos recuperamos con él nuestra infancia. Volvemos a ser niños con gatito. Así le había pasado a Remo, que volvió a ser un gato-niño con aquel Rómulo pequeño y vivaracho, torpe en sus movimientos, gracioso en sus andares, barrigoncito de hartarse de beber leche en su cuenco. Formaron pronto los dos pandilla, como dos buenos amigos y allá donde iba un gato, el otro andaba en pos. Lo que más le gustaba a Remo para jugar era el otro gato. Y para Rómulo, no había mejor pelota de trapo que la cabezota de Remo. Son luchadores estos personajes. Desde las primeras semanas aprendieron a luchar entre ellos. ¿Juego o instrucción y consejo del viejo al joven, ante la vida? Remo se volvió un viejo maestro oriental de artes marciales enseñándoselas a Rómulo. No hay nada más gracioso que ver a dos gatos luchar, jugando. O jugar, luchando. Se revuelcan, saltan, trepan, se retuercen, se dan la vuelta increíblemente sobre sus cuatro patas. Y se tiran a degüello. Sin hacerse nunca daño. Remo se dejaba mordisquear, tumbar, perseguir, abatir por Rómulo. Sin que ninguno de los dos soltara un maullido. Todo lo más un leve quejido, sin querer darle importancia, cuando a Rómulo se le iba la mano y le mordía de verdad o de verdad le daba un zarpazo, bueno, un zarpacito con sus garritas, a Remo.

Y de la nieve al fuego, del desierto a la lluvia del trópico, en un instante, sin que nunca me explique ni cómo ni por qué, aquellos dos fieros y terribles gatos enzarzados en una lucha incruenta de judo felino pasillo adelante, sobre los sillones, bajo las mesas, se ponían de pronto a lamerse las orejas el uno a otro, prolijamente, como acariciándose. La duda que expresaba Helen Thomson: «Cuando ves a dos gatos lamerse, nunca estás segura de si se trata de afecto, de sabor o de un amago de ataque a la yugular.»

Y al calor del verano, luego, los dos gatos estirados a todo lo largo de su cuerpo, echados sobre el suelo fresquito, la panza sobre las baldosas.

Isabel los veía, pasando calor, y le daban lástima:

—Hay que ver estos dos pobrecitos peludos, todo el día con su abrigo de pieles puesto, sin poder quitárselo ni en el verano... Anda, quítate el abrigo de pieles.

Y luego, el remoquete cariñoso que les repite:

—¡Eso desde luego! Bonito, quítate el abriguito de pieles, ¡eso desde luego!

Los gatos tienen su peculiar sistema de climatización y aire acondicionado. Su cuerpo es el mejor termómetro, el mejor termostato para regular la temperatura. ¿Cómo? Sabiendo elegir en cada momento, a lo largo del año, el más conveniente lugar de la casa. Con todo el saber del campo, que es la misma cultura romana a la que pertenecen los gatos, me lo corrobora desde la sierra de Aracena un veterano gatero, Ignacio Navarro. Tiene en la hermosa Alájar, la de la peña del humanista Arias Montano, gatos camperos, montunos gatos serranos, de los que se crían en el tronco de una encina. Y en su casa tiene a Gutiérrez, un gatazo amarillo oro viejo, hijo de los también serranos Garibaldi y Matarile. Ignacio observa a sus gatos de campo y comprueba que hacen igual que los míos de piso: elegir el lugar más confortable. Y recuerda lo que, en la filosofía popular de la sierra, le decía su padre: el sitio mejor y más fresco de una casa es aquel donde el gato se pone a descansar. Y en cualquier población, el mejor paseo es donde suelen pasear los curas y por donde andan vagando los gatos. En los ojos de Gutiérrez ve Ignacio el refrán que su padre solía decir a Garibaldi sobre la buena vida y los buenos gustos de sacerdotes y gatunos:

Pues los curas y los gatos
son los seres más sensatos.

En el invierno, cuando estoy escribiendo, Remo, sensato como un sumo sacerdote del culto a la diosa Bastet, se me viene a la mesa del escritorio y se coloca exactamente debajo de la calentita bombilla del flexo, tendido sobre la alfombrilla de ratón del ordenador. Pero en el verano los gatos dejan de venir por el escritorio. Si lo hacen, es para curiosear, como para controlar qué estoy escribiendo, terribles censores que tras mirar displicentemente la pantalla dirigen a mí su mirada con mayor desprecio y es como si me dijeran desde su silencio reprobatorio:

—¡Vaya tontería más grande que estás escribiendo!

En el verano, si llegan al escritorio, tras curiosear, es para tumbarse en el suelo. Con su panza extendida sobre las baldosas. Medio metro o casi un metro de gatazo estirado y perezoso, dormitando. Y no en cualquier lugar. En el inmediato reparto de territorios que como buenos hermanos hicieron de la casa, Remo y Romulito en aquel primer verano de su convivencia, aprendieron cada cual a buscarse el sitio más fresco. Que siempre era el mismo: justo donde en cada habitación da directamente el chorro de aire acondicionado desde la rejilla de su tobera.

Como los gatos arrastran con tópicos y leyendas negras, con maleficios y calumnias, suelen asociarse a la confortable idea invernal de la chimenea, del radiador de calefacción, de la mullida manta con que nos tapamos las piernas en el sillón preferido para ver la televisión en la somnolencia calentita del ambiente caldeado de la casa mientras la lluvia cae al otro lado de los cristales o el viento sopla entre las rendijas de la ventana.

—¡Mentira! —me dice Rómulo, con su lomo cada vez más brillante, su pelo cada vez más sedoso, con el pescado más exquisito que cada día le damos, con su pulpo, con sus lomitos de merluza que le desmenuzo con las tijeras a la medida de sus pequeños dientes, con sus huevas de merluza, con sus tiras de bacalao.

—¡Mentira! —corrobora Remo, que acaba de sentar plaza de gato mediático y famoso. El libro con sus andanzas y venturas está terminado y entregado a la editorial, casi listo para la imprenta y sabe que cuanto afirme a partir de ahora tiene un especial valor.

Y los dos, plantados cada cual en su territorio, el uno al hilo de la corriente fresca que llega desde una ventana abierta, el otro colocado en el sofá de la salita justamente en la esquina donde da directamente el chorro del aire acondicionado, con sus ojos Remo, con sus ojazos verdes e inmensos Rómulo, me dicen:

—Los gatos también son para el verano. Y con este calor, ¿qué hacemos en esta ciudad? ¿No nos lleváis a ese apartamento que tenéis junto al mar, en eso que vosotros llamáis playa y que al fin y al cabo no es otra cosa que un cajón sanitario de arena inmensamente grande?

El equipaje nada ligero de un gato

Así fue que nos llevamos a los dos personajes al apartamento de la playa, junto a los linces, las gacelas, los flamencos rosas y las águilas imperiales del Coto de Doñana, en la orilla de la mar atlántica.

Dicen que para conocer bien a los amigos y aprender para siempre a odiarlos o a estar orgullosos de ellos no hay nada como meterse con ellos de vacaciones una semana, en un reducido barco. Más de una película he visto donde terminaron en crimen unas vacaciones de íntimos amigos a bordo de un pequeño yate, exaltados los sentimientos más elementales por el calor del verano, por la promiscuidad y por la claustrofobia.

Sostengo ahora desde aquel verano que para conocer bien a los gatos que tienes en tu piso o tu casa de la ciudad no hay nada como llevarlos al pequeño apartamento de la playa. Allí aprenderás a odiarlos para siempre o a amarlos.

Remo y Rómulo, en aquel verano, entraron directamente en el segundo grupo con todos los honores. Merece la pena viajar con gato, por las alegrías que luego dan. Viajar con gato no crean que es tan cómodo y fácil. No hablo ya de las odiosas restricciones que ponen en trenes y autobuses, de los cumplimientos sanitarios para poder llevarlos con nosotros en un avión. Las líneas aéreas, como papas medievales que decretaran la persecución de los gatos como agentes del Maligno, los consideran exceso de equipaje. Los gatos no pagan billete en el avión. Pagan como exceso de equipaje, a tantos euros o dólares el kilo de gato transportado. Desconoce la IATA que pagamos gustosos ese exceso de equipaje, sabiendo que los que han regulado el transporte aéreo están completamente equivocados. Los gatos no van de más entre nuestras maletas. No son nunca un exceso de equipaje.

Son el equipaje más preciado.

El equipaje de nuestros sueños.

Gracias a las compañías aéreas podemos pesar un sueño, algo a primera vista tan difícil e imposible como medir una ilusión o cubicar una alegría.

Pesando el transportín del gato en la báscula del mostrador de facturación sabemos exactamente cuántos kilos de sueños nos acompañan en nuestra vida.

Y ese transportín, que antes apenas pesaba sólo con Remo, era ahora por lo menos diez o doce kilos de gatos con los dos, camino de la playa.

Con toda la impedimenta gatuna, como saben todos los viajeros con gato.

Los departamentos de Sanidad o de Aviación Civil disponen prolijamente qué vacunas, «chips» identificativos o documentos oficiales veterinarios deben llevar los gatos para acompañarnos en determinados tramos internacionales de nuestros viajes.

A pesar de que un Gato sin Fronteras necesita muchos más documentos que un humano en esta Unión Europea sin aduanas ni controles de policía, no son nada los papeles al lado de toda la impedimenta gatuna que nos hace falta para sacarlos de casa.

Viajar con gato es llevarse, a saber:

El transportín, salvo que sea un pequeño gato que podemos llevar en brazos en el coche, pero aun así no recomiendo llevar los gatos a pelo. Un gato suelto dentro de un coche es lo más parecido a la bola de mercurio que se derrama en el suelo cuando se nos cae el termómetro y se rompe su cristal. El gato puede permanecer en brazos de quien lo lleva, pero lo más habitual es que se zafe de ellos, y aparezca en un momento sobre el salpicadero, y salte luego a la luneta trasera, para acabar colocándose bajo el asiento del conductor. Hemos llevado a Remo muchas veces suelto dentro del coche, insensatos de nosotros, y siempre ha hecho estas diabluras y más, hasta que ha terminado metiéndose bajo el asiento del conductor. Creía que era su manía. Luego me dijeron que ese sitio es el más cercano al centro de gravedad del coche; el que, por tanto, menos se mueve. No en vano cada gato lleva un giroscopio dentro del líquido secreto de su oído interno, tras sus orejazas. Remo lo pone a funcionar en cuanto lo montamos en el coche. Y como el gato no es marinero, ni falta que le hace, se marea bastante en el coche. Se estresa. Sobre todo cuando adivina que vamos a la consulta de Eva la Veterinaria. Se huele el camino y recuerda las perrerías que le hace para mantenerlo sano.

Remo más que Rómulo, en cuanto sube al coche, se pone a jadear como un perro, con la boca abierta y la lengua fuera. Se lo comentamos a Eva, su veterinaria:

—Remito, en cuanto lo subimos al coche, se nos vuelve perro, y empieza a jadear con la lengua fuera.

— No, no es que jadee como un perro. Es que los gatos muestran así su estrés.

Perdona, Remo, por haber dudado de la estricta fidelidad a tu gatuna condición. No es que traiciones tu condición de gato y te nos vuelvas perro, como creíamos, cuando te subimos al coche.

Es que eres un gato completamente gato.

Como en los versos de Paul Verlaine:

Pero el gato
quiere ser sólo gato
y cada gato es gato
del bigote al rabo.

Gato que para ser llevado fuera de casa, aparte del transportín, necesita que carguemos con todas sus imprescindibles pertenencias, como venía contando. Un gato no puede estar sin cajón sanitario. Luego si en la otra casa de temporada no hay uno, hay que comprarlo y llevarlo. Yo sé lo que es buscar un cajón sanitario y no encontrarlo en las tiendas y supermercados de fortuna de una playa. Y el cajón sanitario a solas no sirve para nada. Hay que llevar la arena.

Gracias a Remo y a Rómulo, fuimos unos locos, que llegamos a la playa con la arena puesta.

Con la arena del cajón sanitario. No era cosa de llegar al apartamento a las diez de la noche y ponerse a buscar sacos de arena sanitaria para gatos por las tiendas de la playa donde hay exceso de bronceadores de todas las marcas y defecto de todo lo demás que buscamos, por elemental que sea.

Sí, los gateros locos, servidores y esclavos de nuestros bigotudos amos y señores, somos los únicos habitantes del mundo que vamos con arena a la playa.

Sí, ya sé. Quien no nos entienda dirá que es como si lleváramos hielo al Polo Sur, agua a las cataratas del Niágara o bombonas de oxígeno a los ventisqueros de los Alpes, pero hasta en el Sáhara un gato necesita que le llevemos arena.

No una arena cualquiera.

Su arena.

Exactamente su arena.

Rómulo y Remo, en su primer veraneo juntos.

De determinada marca y de determinado grosor en sus granos. Ni pétrea ni terrosa. Ni muy añadida de productos desodorantes ni demasiado áspera y natural.

A mí, Remo me ha echado para atrás una arena que no era la suya cuando, en un desavío de las vacaciones, le había comprado la del primer saco que hallé a mano.

Saco de cinco kilos con el que amorosamente cargamos en homenaje a nuestros señores. Ni los esclavos del antiguo Egipto donde los gatos fueron dioses, temerosos del poder del faraón, cargaban con las piedras de las pirámides con la unción y la conformidad con que los gatistas acarreamos los cinco kilos del saco de arena que necesitan nuestros limpísimos dueños para tener siempre renovado su cajón sanitario.

Y aparte de la arena, ¡ah!, la comida. Usted, para comer en la playa los treinta días de las vacaciones, marcha tranquilamente, ora con la tarjeta de crédito, ora con el bono de la pensión completa del hotel, ora con cheques de viaje o con dinero en efectivo.

Nada de eso sirve para el gato.

Si usted va a estar en la playa, como nosotros, un mes entero, y sabe que en la playa no hay una tienda de mascotas especializada o una clínica veterinaria con zona comercial aneja donde no esté el pienso de croquetitas equilibradas de su gato, precisamente el que le gusta a su gato, de esa marca y modelo, no tiene más remedio que llevarse la comida para un mes.

Que es otro saco de cinco kilos.

Cinco kilos de arena, más cinco de pienso, más los diez o doce kilos del transportín, ya vamos por veintitantos kilos de impedimenta gatuna.

Porque no se confíe con que en cualquier supermercado de la playa vendan pienso de gatos, latas de carne o terrina de pescado para gatos. Eso, eso: para gatos. Pero no para *su* gato. Todos hemos comprobado después de haber comprado ese pienso o esas latas que nuestro gato no es un gato cualquiera. Que es un refinado gato, inmerso en la sociedad de consumo, con el cerebro probablemente lavado por la publicidad, que desprecia cualquier pienso equilibrado que no sea *su* pienso equilibrado, el que le recomendó su veterinario. Y que por muy bien que creamos que huela, esa lata de delicias de hígado o de bocaditos de sardina que acabamos de abrirle, que huele y que inmediatamente desprecia, yéndose para otro sitio del apartamento a pesar del hambre que debe de tener el pobre, es, en efecto, una lata de conserva para gatos. Para gatos en general. No para nuestro exquisito, sibarita y altivo gato en particular.

En resumen: es como si usted, cuando se va de vacaciones, tuviera que llevarse la leche para todos los desayunos de los treinta días, el pan para las tostadas de todo ese tiempo, la lechuga y el tomate para todas las ensaladas, la pasta para todos los espaguetis boloñesa, la carne para todos los filetes a la plancha, y sigan poniendo el menú de un mes entero.

Con todo eso tuvimos que cargar, pero en versión gatuna de Remo y Rómulo, con dos clases de pienso, además, el de bebé para el pequeño, el de gato joven para el mediático y famoso Remo.

No acababa ahí la impedimenta gatuna para el veraneo. Los gatos tienen, como hemos visto, que comer. Pero no en cualquier vajilla. Tenemos que llevarnos su comedero. Y tienen que beber. Pero le hacen ascos a lo que no sea su bebedero. En resumen, como si usted tuviese que cargar con su vajilla para irse de vacaciones.

Ah, y su cuna donde dormir, y las viejas bufandas que les sirven de mantitas. Y sus juguetes preferidos, para que no extrañen la casa: el ratón de peluche con la larga cuerda, sus pelotas con cascabeles. ¿El rascador? No, rascador suelen emplear el mismo durante vacaciones que a lo largo del año: el sillón mejor tapizado que encuentren en el apartamento, ése es el que al instante convierten en su rascador favorito.

Así, vamos, casi con lo puesto en materia gatuna, nos fuimos a la playa.

En busca del proustiano gato perdido

Los dos gatos fueron felices en el apartamento de la playa. De gatos de piso pasaron a ser gatos de apartamento playero sin el menor problema. De ahí que insista que, pese a los tópicos invernales de chimenea y soñoliento ronroneo junto al radiador de la calefacción, los gatos son también para el verano.

Verano en el que nos enseñaron a ser felices viéndolos en su alegría.

Como suele ocurrir a los gatos cuando llega el verano y sus mascotas humanas se ponen sandalias y zapatos descubiertos, Remo descubrió que nosotros también tenemos unas garras muy raras, a las que llamamos pies. En el invierno los pies son para el gato esas pirámides que se les aparecen en el desierto nocturno de la cama donde se suben a dormir con nosotros. Nuestros pies en la cama. Esas pirámides sobre las que saltan de un modo tan gracioso, las cuatro patas a la vez al tomar impulso y el mordisco final en la colcha cuando alcanzan el objetivo de la parábola perfectamente calculada y descrita por la balística gatuna.

Con el calor del verano y los atuendos de vacaciones los gatos descubren que los humanos tenemos pies y dedos que mordisquear. Remo se harta de mordisqueármelos. El que más le gusta es el dedo gordo, ahí tiene más donde morder. Sin hacer nunca daño, apresando el dedo como pensando:

—¡Qué garras más raras tienen estos tíos!

Para pasear por la playa y para hacer las faenas del apartamento me puse pantalones cortos. Y este Remo es tan cortés y sigue tan al pie de la letra las buenas costumbres de los tratados de Alfonso Ussía, que no se dignaba reconocerme de tal guisa veraniega. Es como si me dijera:

—¿Se puede saber qué hace un señor serio como tú con esos ridículos pantalones cortos?

Hasta bien entrado el veraneo, casi cuando nos íbamos a venir, no consintió Remo saludarme siquiera en pantalones cortos. Conseguí casi al mismo tiempo que el gato me reconociera como su mascota y eso que nos pasa siempre: que cuando ya lo has puesto todo en orden en el apartamento, en perfecto estado de revista y policía, deslomándote de limpiar cristales en las terrazas, llenos de arena, y de pasar la aspiradora por los rincones, llenos de arañas, es cuando te tienes que venir, porque han terminado las vacaciones.

Rómulo descubrió las maravillas de las terrazas del apartamento y su vocación de equilibrista saltarín. Hay dos terrazas en el apartamento, separadas transversalmente por un muro, por cuyo exterior corre el pasamanos común. Ese pasamanos fue el lugar favorito de Rómulo para pasarse de una a otra. De la secundaria, donde les dispusimos su cajón de arena, sus bebederos y sus comederos, a la principal del salón.

Al fresquito del atardecer, estábamos sentados en el salón, abierta la terraza a la inmensidad del paisaje del Coto de Doñana, quizá con la luna de agosto apareciendo rotunda y solemne en el horizonte de calimas y tonos malvas del atardecer, cuando Isabel da un grito de horror que me provocaba un vuelco del corazón:

—¡Ay, ay, ay!

—¿Qué pasa?

Rómulo (delante) y Remo durmiendo la siesta en el apartamento de la playa.

—Romulito, otra vez, por Dios, paseándose por la barandilla de la terraza. ¡No mires, no mires!

Tenía que mirar para ver la temeridad del gatito, dueño de la libertad de la noche que llegaba. Y no podía acercarme. Lo intenté una de las primeras veces, y si no me dio entonces un infarto, ya no me da nunca. Porque, para evitar que lo cogiera, ¡se giró sobre los escasos centímetros del borde de la barandilla!, yéndose por donde había venido hacia la otra terraza, por fuera del muro de separación, sobre el pasamanos, su cuerpecito sobre el vacío desde un cuarto piso.

Tuve que aprender en tales ocasiones a cogerlo hábilmente por sorpresa, de un pellizco de mi mano sobre la piel de su cuello, como las madres gatas llevan de un mordisco a sus crías en la boca. Le echaba mano al cuello como una madraza gata, y dejándolo en el suelo le reñía:

—¡Que un día nos vas a dar un disgusto, Rómulo sinvergüenza y saltarín!

Tan apasionado estaba Rómulo con sus saltos y habilidades ventaneras, que decidimos facilitarle al menos la labor. Para que no tuviera que dar un salto para encaramarse en la estrecha barandilla, no atinara y cayera a la calle, le dispusimos como una escalera, poniéndole a modo de peldaño el transportín que habíamos dejado en la terraza y que solía usar como cuna, con su colchón mullido, a falta de la suya oval y acolchada de casa.

Es un deporte estrictamente gatuno poner a los dueños al borde del infarto paseándose por el pasamanos de la baranda de los más altos balcones, como otro es su ejercicio favorito: perderse.

En un piso grande, en una casa inmensa, puede perderse un gato por mil rincones. ¿Pero en un pequeño apartamento de playa? ¡Ya lo creo! Rómulo, pequeño y peludo, con su brillo de gato de piso en el lomo, olvidada su antigua condición de callejero, complacido con todos sus melindres, encontraba en el apartamento lugares increíbles donde esconderse. Estaba leyendo un libro o terminando de hojear los periódicos, e Isabel me decía:

—¿Tú has visto a Romulito? Remo sí está ahí, sobre nuestra cama, en su sitio preferido, pero a Romulito hace un buen rato que no lo veo.

El pensamiento, claro, se iba para la terraza. El angustioso presentimiento:

—Nada, este gatito que se ha resbalado en el pasamanos de la baranda y se ha pegado un gatazo desde la cuarta planta.

Pero como no hemos querido aceptar esa idea, hemos rebuscado por todo el salón. Tras la estantería. Los dos gatos, tan iguales de pelaje y de costumbres, descubrieron que el mejor pasillo para perseguirse uno a otro era la trasera de la estantería. Tras los estantes apenas quedan cuatro dedos de separación entre la madera del mueble y la pared. Justo por esos cuatro dedos, corren los dos gatos, el uno detrás de otro, persiguiéndose a toda velocidad, a velocidad de dibujos animados, que es el Match 2 de los gatos.

Yo he buscado al dichoso gato cama por cama. Debajo de cada cama. Armario por armario, que no es la vez primera que se quedaba encerrado un gato y al cabo de las horas escuchábamos un débil y lastimoso maullidito, mullido, entre la ropa. Yo he buscado al gato en la cocina, dentro de la nevera. En la lavadora. No hay nada que le guste más a un gato que meterse dentro del ojo de Polifemo de la lavadora.

Y tras buscarlo inútilmente por todo el apartamento, debajo de los sillones, he mirado a la terraza y he pensado en la fatalidad del sino de los gatos.

Por lo que yo he bajado a las doce de la noche a buscar por toda la acera del edificio de apartamentos, en todas las plantas de sus jardines. Le he preguntado al conserje si han oído maullar a un pequeño gatito herido. He escuchado a los niños que me decían que no habían visto nada. He desconfiado de algún perrazo que pasaba o que oía ladrar. Y cuando, triste y angustiado, he subido finalmente, con la esperanza perdida, al apartamento, me he encontrado al abrir la puerta con los dos verdes ojos picarones de Rómulo en brazos de Isabel:

—¡Ha aparecido el sinvergüenza!

—¿Y dónde estaba?

—¡Ah, cualquiera sabe! El señor descubre unos escondites que no tiene la delicadeza de decirnos dónde están...

Así una vez y otra vez, durante todas las vacaciones. Nos dedicamos al deporte del hallazgo de Rómulo tras su inquietante pérdida como otros en su veraneo practican la tabla a vela, el esquí náutico, el golf o el squash.

Nuestro deporte era encontrar al gato.

Como un homenaje a Proust: en busca del gato perdido.

Para volver a hallar el gozo del tiempo con un gato.

Gato que mantenía su escondite con el mismo secreto con que un espía guarda los códigos cifrados en que escribe sus mensajes.

Sólo a finales de agosto, una tarde, Isabel descubrió que uno de los sillones del salón se apoyaba sobre unas maderas verticalmente puestas en cruz de San Andrés. Mirábamos bajo ese sillón y, claro, solamente veíamos el ángulo anterior.

Donde, por descontado, no estaba Rómulo.

Rómulo, para hacernos creer que se había caído por la terraza y para meternos el alma en un puño, estaba plácidamente dormido en la parte posterior de esa cruz, tranquilísimo y relajado, por la parte de la pared, donde nunca hubiéramos podido verlo.

Lo descubrió Isabel, quitando mueble por mueble, cuando por una vez cuyo número ya he perdido bajé a buscar al travieso gato por si se había caído a la calle.

Probablemente Rómulo consintió que Isabel descubriera por fin su escondite porque le constaba que ya habían terminado las vacaciones.

Sabía el muy tunante que íbamos a volver a casa y aquel paraíso secreto ya no habría de servirle absolutamente para nada.

La reina mora de Tarifa

Hay un lugar de Europa donde África parece que puede alcanzarse con la punta de los dedos, si extendemos los brazos.

Se llama Tarifa.

Inmensa playa de recios oleajes, montes milagrosamente conservados en toda su pureza salvaje de vacas y de azulados lirios peregrinos,

En la estricta punta de Europa, entre dos mares, el Atlántico y el Mediterráneo, y dos continentes, dos culturas, Tarifa es azotada como una maldición por los vientos del Estrecho de Gibraltar. Por el fortísimo viento de Levante. Aparente maldición que es una bendición para los enamorados del viento. Somos muchos los enamorados del viento, como de los gatos. Los vientos son masculinos, hombres que rondan la calle a las ciudades queridas, que saben que tienen su novio en el aire, que lo mismo viene de Poniente, que, esquivo y perezoso deja que le venza el poderoso Levante. Cádiz está secretamente enamorada, como nosotros, de sus vientos.

Tarifa es el paraíso de los amantes del viento de todo el mundo, que allí hacen tabla de vela, cogen olas practicando el surf o elevan al aire sus multicolores cometas de arrastre. Tarifa es el paraíso de Fernando, nuestro hijo, nuestro verdadero gatuno, el que vive en Zurich y recibe cada día la visita de los orondos gatos mediopensionistas de la vecindad que van a comer y a dormir la siesta en su casa, porque saben que en las casas suizas tienen la mala costumbre de no dormir la siesta española.

Cuando Fernando viene desde Suiza a navegar con su tabla sobre los ventarrones del Estrecho tarifeño, nos vamos a pasar unos días con él en aquel paraíso, donde ves unos montes en la línea de horizonte y te crees que son las últimas sierras europeas, cuando en verdad se trata de las primeras de África. Desde Tarifa ves anochecer en las luces de Tánger, adivinas la esquina del continente africano en las Cuevas de Hércules. Diminutos como figuras de un poliorama, el mar te da la placidez de ver los barcos venir, los transbordadores que llegan desde Ceuta hasta Algeciras, los cargueros que atraviesan el Estrecho de Gibraltar hacia América, hacia la inmensidad del mundo que te aparece tan bello en la tranquilidad del paisaje de molinos de viento recortados sobre la silueta de los montes, produciendo terca y silenciosamente energía eléctrica de origen eólico, en una belleza perfectamente sostenible.

Y a pasar unos días a la orilla del mar con Fernando habíamos ido, como tantas veces, como aquella que fuimos con un pequeño Remo que se nos escapó de noche al monte. Esta vez íbamos sin gato. Eran sólo unos días de finales de verano, en la hermosura de septiembre, las tardes de la vendimia ya más cortas y sin las grandes calores agosteñas. Dejamos en Sevilla a nuestra colonia de gatos romanos, a Remo y a Rómulo, a cargo de Laura. Cuando salimos de viaje, Laura, tras hacer las tareas de la casa hasta mediodía, como siempre, se toma por su cuenta el trabajo añadido de volver por la tarde, para limpiar la arena y poner agua y comida a los gatunos. Estemos donde estemos, en Suiza o en Madrid, en el campo o en la playa de Tarifa, nos llama cada tarde al teléfono móvil para darnos la novedad:

—Los gatunos están tranquilísimos y no han hecho ninguna travesura...

Así nos llamaba a Tarifa, donde estábamos más que felices con nuestro Verdadero Gato Humano, con aquel Fernando que Isabel me dio una ya lejana tarde de agosto de 1968. Acompañábamos a Fernando a la bahía de Valdevaqueros, veíamos desde la orilla recortada su silueta a bordo de la frágil tabla sobre la arena de la inmensa duna del borde de Punta Paloma. No sin miedo. Ni sin pensar en los otros gatos:

—Fíjate si Romulito cogiera para él solo toda la arena de esa duna, el agujero que iba a hacer con sus dos patitas para volver a dejarlo todo igual de limpio...

Echábamos de menos a los gatos. Hasta aquella mañana clara y fresquita de septiembre, con viento fuerte de Levante peinando las palmeras del jardín del hotel de la playa donde nos alojamos. Habíamos desayunado entre ingleses y alemanes en el bufé del comedor y salíamos a través de los jardines para algo que me gusta tanto como acariciar el lomo de un gato: contemplar el mar desde una gaditana tierra querida. Entre los jardines del hotel está la sombría piscina, a la que llega el agua desde el surtidor de un estanque con aires pretendidamente morunos. No en balde Tarifa se llama así en honor de Tarik, aquel jefe militar norteafricano que en unión de Muza desembarcó en sus playas en el año 711 para comenzar la conquista musulmana de los reinos cristianos de España. Tarifa es la ciudad del caudillo Tarik y Gibraltar es su monte, en árabe Gebel Tarik, Monte de Tarik.

El hotel está construido conforme a la estética de esta leyenda, aires coloniales de «Casablanca», como de Marruecos con película de Humphrey Bogart. Piscina como de patio de abluciones de una mezquita. Y por el borde de esa piscina íbamos paseando cuando vimos que en su estanque de borbotones de agua nueva estaba un gato bebiendo.

Un gato blanco y canela. Más pequeño que Remo pero mayor que Rómulo.

Un gato con ese inconfundible aire de desconfianzas y miedo que tienen todos los erráticos gatos abandonados.

Creímos que al acercarnos el gato iba a salir corriendo. Es lo que Remo y Rómulo, independientes y egoístas, hubieran hecho en tal caso.

Pero aquel gato canela y blanco, no.

Aquel gato canela y blanco estaba el pobre, ¡bebiéndose el agua de la piscina! Es lo que Isabel pensó y dijo inmediatamente:

—¡El pobre, la sed que debe de tener! Con la de cloro que tiene que haber en el agua de la piscina, qué pena de gato...

Y sin que lo dijera ninguno de los dos, hice lo que exactamente pensamos ambos al momento: cogerlo en brazos.

Era la vez primera que cogía a un gato de pelo largo, sedoso, como un muñeco de peluche, blandito.

—¡El gato es para comérselo! —dijo Isabel.

—Y el pobre se ve que está abandonado o perdido.

Isabel le dijo, con mucha ternura:

—¿Te has perdido de tus dueños, bonito?

El gato era diferente a nuestros gatos romanos. No entendía ni entiendo mucho de gatos, pero tenía su hocico más pronunciado. No sé si le llaman los expertos a este color naranja, carey o tortuga. Para nosotros fue canela desde aquel primer encuentro del gato sediento ante el agua clorada de la piscina del hotel con aires coloniales. Mientras que Remo tenía el pelo corto y brillante, y por muy visoncito y suave que se le hubiera puesto con la buena alimentación y la buena vida, y parecido lo tenía Rómulo, aquel gato era otra cosa.

Tenía las patitas más gordas, más carnosas, de color rosáceo el hociquito.

¡Y más cariñoso el pobre, mientras lo tenía entre mis brazos...! Un peluche. Sin coscarse. Sin intención alguna de huir. Como encantado de haberme conocido.

Isabel estaba tan sorprendida como yo:

—¡Pero si el gato parece que ha estado siempre contigo!

Igualito que Remo, que no se deja coger ni mucho menos acariciar, y que sólo se está quieto y cariñoso cuando llega Antonio el Portero y lo amenaza con las penas del infierno de su vuelta a la calle.

El gato era un encanto de gato. Y qué pelo más largo y más sedoso, a pesar de estar sentando plaza de callejero por los jardines del hotel...

Isabel dijo, como si se supiera toda la vida y milagros del taumatúrgico gato sedoso de pelo largo, blanco y canela:

—¡Este gato tiene hambre!

¿Gato o gata? Como a pesar de ir ya por dos gatos en casa no me acabo de enterar cómo se sexa a un gato, creí que aquella amabilidad y entrega se debía a su sexo femenino. Debía de ser una gata aquel animalito tan cariñoso, tan desasistido y sediento. Y para que dejara de estarlo, decidimos inmediatamente prestarle ayuda. ¿Cómo? Pues dándole de comer y de beber, la primera obra de caridad gatuna. ¿Dónde? ¿Pues dónde mejor que en nuestro cuarto?

Y dicho y hecho. Con el gato en los brazos nos encaminamos al cuarto. Pasamos por el comedor, aún lleno de turistas desayunando. Preguntamos a las camareras si el gato era del hotel. No le echaron la menor cuenta al gato. Con displicencia nos dijeron:

—Por aquí hay muchos gatos sueltos, éste está dando vueltas desde hace unos días...

—¿Pero es de algún cliente que se le haya extraviado?

—No, es un gato que a lo mejor está perdido. Hay muchos por aquí...

Con todas las urgentes certificaciones verbales sobre su abandono, lo subimos al cuarto, sabedores de que no le robábamos su querido gato a nadie. Lo subimos a nuestro cuarto, grande y espacioso. Caro. Bastante carito. Lo llamaban suite y todo. Ciertamente lo era. El único que habíamos podido encontrar libre en unos hoteles de la línea de la playa tarifeña completamente llenos de ingleses y alemanes, locos por el viento. El cuarto, en la primera planta de un conjunto de bungalós y cabañas, tenía además de la habitación de dormir un gran salón de cristaleras abiertas sobre los jardines,

La reina mora de Tarifa en brazos de Antonio Burgos.

la piscina y el horizonte cercano de África y las luces de Tánger. En ese inmenso salón con muebles marroquíes y doseles como omeyas dejamos al gato instalado, mientras bajamos al comedor de desayunos por el suyo, tras cerrar con llave la puerta, no se fuera a escapar sin que pudiéramos atenderlo como se merecía su abandono.

Cogimos del bufé del desayuno jamón de York, tomamos una jarrita de leche y tres cuencos de los que los turistas extranjeros utilizan para su desayuno con cereales. Lo subimos todo a la habitación para que el gato se pegara el gran festín que se merecían su cara de buena persona y sus grandes ojazos color miel tras su hociquito tan puntiagudo, mucho más que el de nuestros romanos de casa.

En el salón, junto a metálicas mesas bajas como de té moruno y divanes con grandes cojines, había una cama con dosel de mampostería, como empotrada en la pared, envuelta en unas rituales cortinas de seda verde. Allí vimos que se había instalado la gata. Sí, era una gata. Solamente una gata se podía poner de majestuosa así, como una jalifa en nuestro Protectorado casi africano, tumbada entre cojines de la cama moruna. A Isabel le hizo mucha gracia verla allí, cuando entrábamos con su desayuno, y exclamó:

—¡Mira la reina mora, lo bien que está en su salón del trono!

A la reina mora le pusimos leche en uno de los cuencos de los cereales y en el otro jamón de York que le troceamos con las manos, a la medida de una boquita blanca de la que sobresalían dos descomunales colmillos, como de elefante africano. En el otro cuenco le pusimos agua fresquita, para que no tuviera que beber la clorada de la piscina.

La gata olió el festín gastronómico y desde su majestad entre almohadas se dignó bajar de la orientalizante cama con dosel que alumbraba un farol estrellado que ponía mil y una noches de reflejos. Se dirigió a los cuencos y empezó por la leche. Notamos que no bebía como Remo y Rómulo. Era mucho más delicada. Elegante. Mientras Rómulo y Remo beben a lengüetazo pelado, haciendo un enorme chapoteo y tirando muchas gotas fuera, aquella elegante reina mora metía su hociquito dentro de la leche y era como si la sorbiera a pequeños tragos. Como los caballos en los abrevaderos, así bebía la canelita y blanca, la cariñosa reina mora de Tarifa.

Después que sació su sed, infinita como el mar que se contemplaba desde el ventanal, se puso a dar cuenta de los trocitos de jamón de York. Los devoraba. No dejó un trozo de los que le habíamos cortado primorosamente.

Hecho lo cual, se desperezó, arqueó su brillante lomo color canela y de un salto ágil, armónico, preciso, se volvió a subir al trono de su cama.

Se tumbó otra vez entre las sedas, las almohadas y los cojines.

Sólo le faltaba una orquesta tangerina que le tocara sus violines y sus atambores como nana.

Porque se volvió a dormir. Me acordé de lo que había leído de Joseph Wood Kruth: «Aunque los gatos son criaturas bastante delicadas, nunca he oído hablar de un gato que padezca insomnio.»

Isabel, a la vista de tanta felicidad gatuna, dijo:

—Ea, vamos a dejar dormir a la reina mora...

Cerramos otra vez el cuarto con llave, con el tesoro de aquella deliciosa y gatuna reina mora dentro, y nos fuimos a pasear por la playa desde donde casi se toca África con los dedos de las manos.

Un gato se libra del «paseo»

Cuando volvimos de la playa, la reina mora seguía durmiendo como una odalisca voluptuosa, su blanca y mullida pancita de pelitos blancos al aire de septiembre, carnosas sus garritas, gordotas sus patas, mucho menos estilizada que Remo y que Rómulo, pero igual de callejera y abandonada. Los blancos pelitos, más largos que los de los dos gatos romanos y atigrados, los tenía manchados de grasa. Nos fijamos de cerca y era una grasa negruzca: aceite de coche. Dormiría bajo los coches del aparcamiento, al calorcito que aún conservaba el motor, y le caerían encima estos chorreones de aceite grasiento y negro a la pobre.

¿A la pobre o al pobre? ¿Reina mora o rey moruno? Otra vez la eterna duda del sexo de los gatos, discusión como del sexo de los ángeles en que nos enzarzamos Isabel y yo:

—Seguro que es una gata, por eso le has llamado reina mora —le dije.

—¿Pero y si es un gato en vez de una gata, y te pasa como con Remo, cuando le pusiste Roma porque creías que era una gatuna?

Gato o gata, era feliz. Se despertó al oírnos, se dejó acariciar y coger en brazos. Lo más sorprendente de aquella reina mora era la necesidad que tenía de que fuera querida por sus súbditos.

Que éramos nosotros.

Y que, lejos de querer derribarla de su trono, no pretendíamos secuestrarla o sacarla de sus libres casillas. Isabel lo dijo al instante, en sus remordimientos ante un posible delito de secuestro de gato que ya tiene dueño, penadísimo por el Código de los Sentimientos Gatunos. Dijo:

—A lo mejor esta reina mora tiene casa y se la hemos quitado a su dueño.

—No, esta gata o este gato, lo que sea, estaba abandonado. ¿Cómo va a beber agua de la piscina, con cloro, un gato que tiene dueño, y cómo va a comer tan ansiosamente un gato que está bien alimentado en una casa, aunque sea con las sobras de la comida, como hacen en los pueblos y en el campo?

—Mira, lo que vamos a hacer es abrirle la puerta, para que ella haga lo que quiera.

Lo que hizo, pero inmediatamente, en cuanto abrimos la puerta del cuarto, como un rayo, fue salir corriendo.

Elegir de nuevo la libertad.

La libertad por la que los gatos votan a cada instante en la urna de su ciudadanía del mundo.

—¿Tú no ves cómo la gata quiere irse con su dueño?

Le dije, como una premonición de su condición y esencia:

—No, lo que quiere es irse con su propia libertad...

Seguimos aquel día en la playa, felices con Fernando a nuestro lado, y no volvimos a ver a la gata o gato canela, o carey, o tortuga, o rubio, o naranja y blanco. A la mañana siguiente, al ir al comedor de desayunos, nos la volvimos a encontrar. Vagaba entre las mesas, muy resuelta y descarada, dispuesta a tomarse cuanto los turistas ingleses le daban de las sobras del desayuno. Los camareros la apartaban, asustándola, intentando dar patadas a aquella peluda maravilla abandonada:

—¡Ya está otra vez aquí el puñetero gato! ¡Zape!

«¡Zape!» es lo que les dicen a los gatos todos los que los odian, que son legión mundial. A quienes los amamos, este

«¡zape!» nos suena a blasfema ofensa contra la certísima divinidad de estos seres mágicos, de estos símbolos de la Libertad en la antigua Roma.

Impedí el conjuro deicida del «¡zape!» tomándola en brazos. La saqué así de aquellos peligros del comedor. Y en brazos por los jardines la llevábamos, cuando se nos acercó un matrimonio inglés, ya mayor, que también estaba en el hotel. Interesadísimos por el gato o la gata, la acariciaron en nuestros brazos. Viéndolos tan expertos, les pregunté, con mi mal inglés perruno, por la duda que nos inquietaba:

—¿Saben ustedes si es un gato o una gata?

Pude entender que me dijeron:

—Oh, nosotros no sabemos de gatos, solamente los adoramos como nuestra hija...

—¿Tienen ustedes gato?

—No, los tiene nuestra hija, que es veterinaria. Ella sí sabría decirles si es un gato o una gata. Nosotros, no...

No, ellos solamente podían acariciarla y demostrarnos una vez más el amor que los ingleses les tienen a los gatos. Y oír la súplica de Isabel, valedora de la libertad de aquella maravilla blanca y canela, así como de la edad de Rómulo:

—Déjalo, que este gato seguro que se ha perdido de su madre, a ver si la encuentra el pobrecito...

Y la dejé en los jardines. Y continuamos en la felicidad de disfrutar la cercanía de nuestro humano gato Fernando. No volvimos a verla. Bueno, a verlo. Isabel insistía en que era un gato. Yo dudaba del sexo de aquel ángel peludo. Al que al día siguiente y al otro buscamos por los jardines, para volver a darle su ración de leche y de jamón de York. Inútilmente. Ni por la piscina, ni por los jardines, ni por los pasillos de los pabellones de las habitaciones tan coloniales y marroquíes de los bungalós aparecía el gatito. Isabel decía:

—Si apareciera, yo me lo llevaba con los ojos cerrados...

—¿Otro gato más en casa, Isabel? Que no vamos a caber con tantos gatos, vamos a tener que irnos nosotros para dejarles la casa a los gatunos...

—Que éste es precioso y mucho más cariñoso que los otros. Vamos a buscarlo...

Y recorrimos todos los jardines, la voz de Isabel sonando entre las palmeras y las buganvillas, por los setos de arrayán que escoltaban los estanques de dorados peces:

—¡Lindo gatito, ven, lindo gatito! ¿Hay por aquí un lindo gatito que se quiere venir a Sevilla con nosotros?

No aparecía.

Ya nos íbamos de vuelta a casa aquella última mañana de septiembre en Tarifa cuando, con las maletas hechas en el cuarto, volvimos a buscar a la presunta gata. No estaba por ningún lado. Fuimos a desayunar, y le pregunté a una camarera:

—¿No han visto aquel gatito que estaba aquí la otra mañana?

Nos dijo, con una frialdad que helaba:

—Uf, por aquí aparecen muchos gatos, estamos ya hartos de tanto gato. Claro, como los ingleses les dan carrete, pues los gatos se vienen.

—Éste era uno pequeño, así marroncito y blanco, que estaba por aquí la otra mañana.

Y sin dejar de atender a los platos y tazas que retiraba de las mesas, casi sin mirarnos ni echarnos la menor cuenta, nos dijo:

—Ése seguramente se lo han llevado los camareros.

—¿A su casa?

—No, para darle el paseo.

—¿Cómo el paseo?

—Sí, que cuando hay por aquí un gato suelto dando la lata, los camareros lo cogen, lo meten en el coche y le dan el paseo...

—¿Qué paseo?

—Que les dan un porrazo en la cabeza, los matan y los tiran a la carretera.

En la clara luz del calor de la mañana del tardío verano, sentí un escalofrío. Me recorrió el cuerpo el horror del recuerdo. Terrible España que no acaba. Esa misma palabra, «paseo», era la que tanto sonó en aquellos años de la guerra civil. El «paseo» era el asesinato de patriotas, de hombres libres, de hombres de fe, en la trágica España de otro verano, el de 1936. Los milicianos o los militares, da igual el bando que fuera, sacaban a los hombres de un calabozo de cárcel o de comisaría y les decían:

—Venga, al coche, que vamos a darnos un paseo.

Los subían a un coche, tomaban una carretera, llegaban bajo la luz de los faros a las tapias de un cementerio o a un recodo del camino. Los bajaban. Los colocaban en la cuneta. Les descerrajaban un tiro en la nuca.

Eso era el paseo.

A Isabel aquella palabra le tenía que sonar más horrible aun que a mí. El comité revolucionario del pueblo les había dado el paseo a su abuelo y a su tío Julio en el mes de agosto de 1936. Aún había una cruz de hierro que los recordaba en aquel recodo del Camino de los Molinos cuando me llevaban de niño a la excursión de gira de merienda al arroyo, y los mayores que nos acompañaban se quitaban el sombrero cuando pasábamos por allí.

Yo entonces no comprendía por qué los mayores se quitaban el sombrero ante aquella cruz del Camino de los Molinos.

Ahora sí comprendía todo lo que Isabel había sentido cuando la camarera había dicho fríamente que probablemente al gato le había dado el paseo el comité de los camareros.

Y por qué volvía a buscarlo por los jardines:

—Ven, gatito bonito, que te quieren matar a ti, lindo. Vente con nosotros, que no te vamos a hacer nada...

Son mágicos estos pequeños dioses.

Saben más que nosotros. Nos adivinan los pensamientos. Deben hasta de sentir con nuestras angustias o alegrías.

Porque dábamos por perdido al gato, caído en una cuneta. O atropellado y vuelto a atropellar por los coches que dejan sobre el asfalto el rastro aplastado y sanguinolento de un pobre gato desconocido.

Terribles monumentos en que el gato desconocido ofrece su vida el pobre a la crueldad de los hombres.

Pagamos la factura del hotel en recepción, no sin pensar en qué antro de asesinos de gatos habíamos estado alojados, y subimos al cuarto por las maletas. Isabel ya había abierto el maletero y me disponía a meter el equipaje en el coche. Nos íbamos hacia casa, con dos tristes recuerdos de gatos. El que abandonado estaba y nuestro gato humano Fernando, que se volvía aquel mismo día a Suiza, siempre tan lejos de nosotros.

Como estos pequeños dioses son mágicos, en aquel preciso instante de meter el equipaje en el maletero, con un débil maullido que oyó entre las plantas del jardín, vio Isabel finalmente al gato que tan ansiosamente habíamos buscado, con pena de que le hubiera pasado algo. Isabel se puso a gritar, de contenta:

—¡Antonio, el gato, el gato que ha vuelto!

Y flexionando las rodillas se acercó al suelo para ponerse a su altura, y en cuclillas le extendió los brazos y las manos:

—¡Ven, gatito lindo, que los hombres malos te quieren matar a ti!

Parecía que al gato se lo habían dicho. Evidentemente, se lo habían dicho. Lo sabía. Estaba encantado de habernos encontrado. Sabía que nos iba a encontrar. Él era el que nos estaba buscando a nosotros. Arqueó el lomo de satisfacción, puso muy tieso su rabo marroncito y blanco.

Y en una carrerita preciosa, se fue a las manos de Isabel. Se las olisqueó, como para querer lamérselas. Isabel lo cogió y tomó en brazos y le dijo, mimosa y maternal:

—¿Y a ti querían darte el paseo, lindo? Nosotros sí que te vamos a dar un paseo precioso, bonito...

Fue, naturalmente, el paseo hasta casa.

El triunfal paseo del gato huyendo de la muerte cierta, hacia casa, hacia su futuro paraíso del Cuarto de los Gatos.

Lo metimos inmediatamente en el coche.

Isabel lo tomó en sus brazos, sentada en el asiento posterior. Lo acarició. El gato amnistiado se acurrucó en sus brazos. Como agradecido y con la esperanza recobrada.

Nada más emprender la marcha hacia casa e irle diciendo adiós a las arenas de la gran duna de la playa tarifeña, el gato ya se había quedado dormido en el regazo de Isabel.

Como si siempre hubiera estado durmiendo sobre aquella felicidad que se me aparecía por el espejo retrovisor: ver a la mujer querida con un pequeño gato dormido en sus brazos.

Los molinos de viento ronroneaban también satisfechos en lo alto de los montes desde donde África casi se toca con los dedos de las manos extendidas entre dos continentes.

El humano y el gatuno, claro, no África y Europa.

La veterinaria desparasita... a Isabel

Podemos trasladar a los gatos en un coche de dos modos: dentro de su transportín o a pelo. Cuando digo «a pelo», me refiero a su sentido estricto. Así trajimos desde Tarifa a la que inicialmente llamé Canela o Reina Mora, tras conmutarle la pena de muerte por reclusión perpetua en las delicias y atenciones de nuestro Cuarto de los Gatos. Y digo «a pelo» porque de pelitos canela dejó la ropa de Isabel y el asiento del coche llenos. Sé por experiencia de cepillado de tapicería y de ropa que los gatos, ante las situaciones de tensión y de estrés, como llevarlos en el coche a un destino desconocido, quizá el veterinario de los horrores, espeluchan. Pierden el pelo a manojitos.

En cuanto a lo de Canela, como empecé a llamarla en el viaje, o a lo de reina mora, ni con el nombre y ni el sexo estaba Isabel en absoluto de acuerdo. Daba en el coche la gata un maullidito, e Isabel decía:

—Está protestando porque la llames gata y reina mora, siendo un gato la mar de macho. Y de mora, nada. Es un gato completamente romano, como los otros, aunque de distinto pelaje.

—Que no, que ésta es gata... Me pongo lo que sea.

—Verás cómo vas a perder la apuesta en cuanto lleguemos a la Veterinaria.

A la que nos fuimos derechos desde la carretera, sin pasar por casa, para que revisara aquella maravilla.

Aquella maravilla era también, como Remo y como Rómulo..., ¡un gato!

Isabel había ganado la apuesta. Las mujeres siempre se llevan la razón y, nunca mejor dicho, el gato al agua. Gato al que tomó Eva la Veterinaria con sus mimos de siempre, entre cómplices sonrisas, diciéndonos como a los jóvenes matrimonios que traen al mundo un hijo tras otro:

—¿Otro gato han recogido ustedes? Van a tener que parar...

Era gato. Era común. Era cruzado de angora, por eso tenía aquel pelo tan largo y sedoso. Por eso era más tranquilo que los atigrados europeos comunes que ya lo estarían esperando en casa, porque los gatos tienen entre ellos una secreta telegrafía sin hilo para la que los torpes humanos no estamos capacitados.

El gato el pobre tenía de todo, de vagar por los campos tarifeños. Aparte de unos tres meses, según le calculó Eva la edad por la dentición, tenía pulgas.

Miles de millones de pulgas.

Todas las pulgas del mundo.

No lo habíamos advertido, pero por la blanca barriga, por su pechuguita mullida y carnosa, andaban las pulgas, locas de contentas de haber hecho tan largo viaje con gato tan modosito.

Eva le dispuso agua, pienso para gatos pequeños, lo llevó a un cajón sanitario que le llenó con un saco de arena que le descorchó en su honor para la grata solemnidad de su llegada. Descorchar un saco de arena olorosa a limpio es para un gato como una botella de champán para nosotros.

Terminado que hubo el gato de comer, de beber y de hacer sus cosas, que como un caballero había aguantado las casi tres horas de carretera sin rechistar y sin decirnos que parásemos en una gasolinera para ir a una urgencia al cuarto de baño, Eva se dispuso a desparasitarlo de pulgas, frotándolo con un líquido milagroso que le dejó los pelos graciosamente mojados. Sobre su cabeza canela se formó una cresta como de punkie, la mar de graciosa. Isabel dijo:

—Anda, gato, no me digas que tú vas a montar una banda de rock duro...

Sólo le faltaban la chupa de cuero, las botazas y la guitarra eléctrica. Pero él estaba a lo suyo. Lamiéndose a conciencia los mojados pelillos, despulgándose por su cuenta, ganada la victoria contra aquellos bichos que lo tendrían al pobre loco de picor en su abandono.

Ahora sí veíamos las negras manchas de las pulgas, que nos las indicaba Eva. Y alguna que otra garrapata:

—Cuando están abandonados, se les pegan las garrapatas de los perros. ¿Había perros en el hotel donde lo recogieron?

—Huy, allí está Milagritos la Terrible, aquella perra a la que le falta una pata, que se salvó cuando la atropelló un coche, que por eso le dicen Milagritos, que odia a los gatos y que una vez salió corriendo detrás de Remo, cuando era pequeño y lo llevamos por vez primera a Tarifa. Seguro que esas garrapatas son de la Milagritos...

Lo vacunó luego Eva. Le dio unas pastillas contra los futuros parásitos, con esa especialización que los veterinarios tienen en el dificilísimo arte de dar una pastilla a un gato. Le hizo las perrerías acostumbradas que los gatos tanto temen, como escudriñarle dentro de las orejas, tomarle muestras de su culete para ver no sé qué al microscopio, ponerle (¡y dale con el culete!) el termómetro...

Estaba perfecto de salud para su edad y condición. Aunque desnutrido. Eva nos dijo que el único problema eran las pulgas.

No para el gato, sino para Isabel.

Dijo:

—¿Y lo ha traído usted en brazos? Pues entonces tire inmediatamente toda la ropa que traiga puesta, o quémela, porque la ha tenido que poner toda llena de pulgas y se le va a llenar la casa de ellas.

Claro, no era cosa de que desparasitara también a Isabel, aunque probablemente ella se tomaría la pastilla sin tanta resistencia como sus adorados gatos.

Rellenó Eva con todos los datos del gato su correspondiente cartilla sanitaria. La tercera que teníamos, con su rótulo oficial de «Reino de España» en el enternecedor pasaporte gatuno. Le puso de nombre inicialmente Canela, que lo mismo servía para un gato que para una gata. A Isabel no le gustaba nada. Mientras volvíamos a salir con el gato ya dentro de un ligerísimo transportín de color azul que nos regaló Eva, por aquello de las pulgas, y mientras Isabel tiraba en el primer contenedor que encontramos en el aparcamiento la manteleta en que había traído abrigado al gato, como luego habría de hacer en casa con su pantalón y con su camiseta, me dijo:

—Canela no me gusta nada. Canela es nombre de perro más que de gato. Además, no sé cómo no le has puesto un nombre de la antigua Roma, ya que va a ser continuador de la colonia que han formado Remo y Rómulo...

No lejos de la consulta de la veterinaria están las romanas ruinas de Itálica. Cuando lo llevábamos de vuelta a casa, Canela seguramente sabía ya que allí, entre cipreses, torsos de Venus y hojas de acanto de capiteles en silencio, íbamos pronto a encontrar su verdadero y simbólico nombre.

Canela se incorpora a la colonia romana

Ya íbamos por tres gatos.

Todavía me faltaban cincuenta y cuatro para igualar a los que tenía Hemingway en su casa de Cuba.

No es que yo sea Hemingway ni que quiera compararme con él.

Pero mis gatos son mucho mejores y más literarios todavía que los de Don Ernesto.

Y el Cuarto de los Gatos que hemos habilitado para los tres no tiene nada que envidiarle en comodidades y delicias felinas a aquella segunda planta que Hemingway hizo edificar en su casa cubana como paraíso de sus personajes.

En el Cuarto de los Gatos estaban, dormidos como casi siempre, Remo y Rómulo cuando el todavía llamado Canela hizo su entrada triunfal en casa.

Que de triunfal tuvo más bien poco para el pobre.

Si Hobbes dice que el hombre es un lobo para el otro hombre, el gato es para el otro gato lo que tiene que ser: un gato. Sencilla, lisa, llana, gloriosamente un gato. Que de momento desconfía del otro gato y después ya veremos lo que pasa aquí. No ocurría ahora con Canela y los otros dos como cuando trajimos a Rómulo, que era el primer gato que veía Remo en su vida, después de que fuese arrebatado de su madre y de sus hermanos y lanzado a los peligros del abandono. Remo estaba ya encantado de haber conocido a su compañero Rómulo, y a la inversa. Formaban una pareja bastante estable.

Pareja que empezó a dar bufidos y a tomar precautorias actitudes de caza y captura cuando vieron que aquel Canela era depositado por mí en su cajón de arena, para que viera dónde tenía que hacer sus cosas, y llevado hasta el agua y la comida.

Decididamente, Canela era un invasor.

Los dos gatos estaban en guerra contra el invasor.

Canela era Cartago. Un invasor que llegaba desde Tarifa, como cuando las huestes de Tarik llegaron a la primera iglesia visigoda y robaron las campanas.

Y nuestra Roma casera de Remo y Rómulo le declaraba la guerra a Cartago.

Odio eterno al invasor, al asustado y amedrentado Canela, que se escondía bajo los sillones el pobre, que huía por los rincones, cuando los otros se le acercaban con sus bufidos, en exploraciones de reconocimiento del territorio invadido por el enemigo.

Odio que no fue tan eterno. Apenas duró un día. Un día en que nos cuidamos de tener a Canela aparte, encerrado en un lado de la casa, para que pudiera dormir y comer tranquilo. Como cuando llegó Rómulo, le dispusimos unas instalaciones provisionales en la terraza de la cocina, con su pienso de gato bebé, con su tazón de leche. Obviamente leche desnatada y descremada. Nuestros gatos son tan globalizados y tan postindustriales que rechazan la leche entera, porque saben que les sube la tasa de colesterol.

Al día siguiente, no sin levantarnos varias veces por la noche para comprobar que el recién llegado estrenaba, sin pulgas, su alegría, nos atrevimos a ponerlos juntos a ratos. Los bufidos, aunque menos persistentes, continuaban. Remo, más osado, se atrevía a acercarse a aquello mucho más peludo que él, lo observaba durante un buen rato a corta distancia, y cuando nos creíamos que ya se iban por fin a hacer amiguitos, ¡zas!, le pegaba un zarpazo. Un único, certero, diestro zarpazo con su garra, que iba directa y exactamente a la cabecita del Canela.

Que salía corriendo despavorido.

Había leído que para que unos gatos que no se conocen absolutamente de nada tengan el gusto de conocerse, lo peor que podemos hacer es presentarlos conforme a las reglas de la etiqueta y cortesía humanas. Contaban que era mucho peor. Y a pesar de haberlo leído, caí en el error de olvidarlo. Pues tomé a Canela, se lo acerqué a Remo y como si estuviera en el baile de una embajada y fuera a contestar que «encantado de conocerle», le dije:

—Mira, Remo, aquí te presento a Canela, tu nuevo amiguito...

¡Zas!, otro zarpazo en la cabecita que le iba a pegar cuando se lo acerqué. Menos mal que lo retiré a tiempo y desistí de hacer las debidas presentaciones al travieso y huidizo de Romulito. Que estaría además doblemente mosqueado: por la novedad molesta del invasor y por perder desde ese mismo instante su condición del más pequeño de la casa, que desde aquel momento insistió en demostrarlo, sentando plaza del gato más cariñoso del mundo.

Del mundo de nuestra colonia de gatos comunes, europeos y romanos o de las últimas estribaciones tarifeñas de Grecia y Roma.

Ya al día siguiente ocurrió lo que tenía que ocurrir. La Roma gatuna debilitó sus defensas ante Cartago tras el largo cerco de cariño que mostraba el invasor. Como observamos que Canela cada vez huía menos por el pasillo y que Remo y Rómulo cada vez le bufaban menos y lo miraban con mayor aproximación y curiosidad, los dejamos ya juntos y sueltos a los tres por la casa.

Al poco rato, en el salón, Remo lamía la panza de Canela, despulgándolo cariñosamente, como una madre. Canela se dejaba hacer, Rómulo miraba a los dos y los tres finalmente se iban como de excursión, pasillo adelante, como una pandilla de gatos bien avenidos.

Remo, no obstante, seguía conservando su altivez de fundador del Imperio Romano Gatuno.

La verdad es que las circunstancias literarias y editoriales contribuyeron a alimentar su ego de gato famoso. Ya estaba a punto de ser editado su libro, e impresa su fotografía en la portada. Antes del verano, Nines Mínguez había venido a casa para hacer las fotos del libro. Nines es gatera y ama los animales, que son su especialidad como fotógrafa. Ni Velázquez ante la Familia Real posando para «Las Meninas» estaba tan orgulloso como Nines con Remo delante de su cámara, bajo los focos. Descubrí entonces que Remo es un gato completamente mediático. Un gato multimedia. Lo mismo le encanta una cámara de fotos que unos focos de televisión. Siempre que sean verdaderos profesionales. Remo es un profesional de su imagen que exige profesionales que se la cuiden y capten. No consiente que yo, aficionado, intente hacerle una foto con la cámara digital. Ni sacarla puedo de su funda, porque al instante se abalanza para jugar con el largo cordón. Pero, en cambio, llegan a casa unos fotógrafos para hacer un reportaje del libro, o un equipo de televisión, y Remo, de pronto, saca toda su vanidad gatuna y su soberbia de romano y... ¡se pone el tío en pose para que le hagan la foto! Como hay «top models» que sacan cuello y hermosura de proporciones en cuanto ven una cámara, así yo tengo (o él me tiene a mí más bien) un «top cat», un gato que siempre parece tener afán de notoriedad, que pierde el sentido ante los fotógrafos y la televisión.

Empezaba la promoción del libro y lo observaba cada vez que llegaba alguno a casa. Entraban los focos y las cámaras y los otros gatos, displicentemente, ni les echaban cuenta. Rómulo, el más tímido de los tres, el más humilde y temeroso, que odia la notoriedad y la fama, salía huyendo por el pasillo y se escondía bajo nuestra cama.

Hasta que había comprobado que se habían ido los fotógrafos, no volvía a aparecer.

Remo, haciendo por una vez y sin que sirva de precedente de Adriano y dejándose coger en brazos.

Canela, el todavía llamado Canela, se dejaba coger en brazos y acariciar por todo fotógrafo, periodista o camarógrafo, envidioso quizá de que no salía aún en aquel primer «Libro de los Gatos», como sus lectores y los libreros habrían de rebautizarlo. Se le quedaba carita de pena cuando les decíamos que no era ése el gato famoso, que el gato peregrino era Remo.

Remo no fallaba en su vanidad gatuna. Como cuando llegó Nines Mínguez a hacerle para el libro el reportaje gráfico que lo lanzó al estrellato de los gatos, en cuanto aparecía por casa cámara o micrófono, allá que estaba, mucho más sumiso que de costumbre, registrando las metálicas maletas de los focos, jugando con los cables de sus fuentes de alimentación, llamando la atención de Prensa, Radio o Televisión, dispuesto a posar y a conceder inmediatamente una exclusiva.

Y mostrándose exactamente como quizá había visto en el Museo Británico que se ponían los pétreos gatos del antiguo Egipto, cuando eran dioses: sentado sobre sus patas traseras, la cabeza muy erguida, el pecho desafiante.

Remo era un dios de los gatos ante las cámaras. Todos los reporteros le decían lo mismo:

—¿Qué, te gusta salir en la tele, no?

Les comentaba:

—¡Y tanto! Como que a este gato vamos a tener que mandarlo a la facultad para que estudie Ciencias de la Imagen...

Las ciencias de su propia imagen, se las sabía todas. Y sabía cobrar sus derechos. ¡Vamos que si los cobraba! En latitas de comida. En sus preferidas latitas doradas y azules de mousse de pescado. Pero no de una mousse cualquiera. De determinada marca y de pescado del Atlántico. Sus compañeros se lucraban de su fama. No íbamos a dar exquisiteces sólo al gato famoso, del que hablé en la presentación del libro, que empezaba a ser citado por su nombre en las reseñas de prensa, en las entrevistas de radio y en las filmaciones de televisión. Rómulo y Canela se lucraban del pago de derechos de imagen y compartían las latas que le abríamos para pagarle su trabajo de promoción del libro y la cesión de derechos de autor y regalías de imagen.

Porque cada vez estoy más convencido de que soy un simple amanuense, como el museístico escriba del faraón, de estos antiguos dioses egipcios.

Este libro, en realidad, me lo dictan los gatos o ellos solos lo escriben por su cuenta, como más adelante podrán comprobar en las cartas que sus colegas escriben a Remo.

Habré de aclarar en favor de Remo que la fama no se le ha subido a la cabeza, con lo que ha demostrado ser gato inteligente. Ya saben el aforismo: una persona inteligente puede superar el mayor de los fracasos, pero un tonto no puede superar un éxito.

Adriano, emperador en su muralla

Los gatos nos dictan sus deseos. Somos sus siervos, sus amanuenses, sus criados. Supe desde el primer momento que al señorial recién llegado Canela, por muy rubito que fuera, no le gustaba para nada aquel nombre como perruno o femenino. A Isabel, tampoco:

—Qué feo eso de Canela, ¿a ti te gusta?

—Qué va...

Pensé en ponerle «Platero». Su cuerpo me recordaba el arranque del libro de Juan Ramón Jiménez, Parecía que más que recordando a su borriquillo de Moguer, el poeta había escrito aquellas palabras pensando precisamente en este gato: «Platero es pequeño, peludo, suave, tan blando por fuera que se diría todo de algodón, que no lleva huesos...»

Así parecía, de blandito que era su peluche. No sólo por fuera, sino por dentro, en el maullidito de quejido que daba cuando se le cogía en brazos, cosa que le encantaba.

Canela miraba de forma distinta a Remo y Rómulo. Canela no era de pardusco pelaje romano, atigrado, como el Señor Don Gato que en el romance infantil de las Españas estaba sentadito en su tejado, marramamiau. Canela era atigrado, pero en rubio como la cerveza del acordeón de la canción «Tatuaje», y quizá hasta viniera en un barco con rumbo ignorado hasta aquel jardín playero donde lo recogimos, de las olas de blancas espumas como los pelillos de su barriga, de su cuello, de sus patas, que lo mirabas desde arriba y era completamente rubio y lo colocabas sobre una mesa de cristal, lo contemplabas desde abajo y era completamente blanco.

Y sus garras, iguales pero distintas. Con Canela descubrí que cada gato tiene las almohadillas de sus garras del mismo color que su pelaje. Remo y Rómulo las tienen pardas. Canela las tenía rosáceas. Del mismo, exacto tono que su hocico rosáceo y siempre húmedo. Parecía que pensando en él había escrito Baudelaire la segunda parte de su poema XXXIV, «El gato», en «Las flores del mal»:

Su piel rubia y morena exhala
tan dulce aroma, que una tarde
fui embalsamado por haberle
tocado una vez, una solamente.

Él es el duende del lugar;
él juzga, él preside, él inspira
todas las cosas en su imperio;
¿tal vez es hada, tal vez dios?

Cuando mis ojos dócilmente,
atraídos cual por imán,
hacia el amado gato vuelvo
y me miro dentro de mí,

con estupor contemplo el fuego
de sus tan pálidas pupilas,
claros fanales, vivos ópalos,
que fijamente me contemplan.

Mirándome con sus ojos profundos, color miel, no exentos nunca de penita, él fue quien me dictó su nombre, duende de su imperio. Pensé en nuestra Roma gatuna de Remo y Rómulo y en este nuevo emperador que había llegado con los claros fanales de sus ojos para que los dos y nosotros le rindiéramos pleito-homenaje. Le dije a Isabel:

—Pues como Canela es un gato imperial, a partir de ahora se va a llamar Adriano.

Y Adriano fue desde entonces y ya para siempre.

En una inmediata visita a Eva la Veterinaria para revacunarlo, le cambió el nombre en sus papeles oficiales de la cartilla sanitaria. Aunque, como Adriano, vengan de las playas de Tarifa las horrendas pateras, nuestros gatos son todos inmigrantes con papeles. Con todos los papeles. Tachó Eva

El recién bautizado Adriano.

en la cartilla sanitaria el nombre de Canela que estaba escrito y puso solemnemente: Adriano. Como un homenaje a su paisano, a Publius Aelius Hadrianus, aquel emperador que Andalucía le dio a Roma como la costa gaditana nos había dado a nosotros este rubio césar peludo, común cruzadito en angora. Adriano, no el gato, sino el emperador romano, el que las «Memorias» de Margarite Yourcenar pusieron de moda, era de nuestra tierra, de Itálica, de la Bética, y seguro que le tenían que gustar los gatos. Ponerle Adriano al gato era como gritarle el piropo andaluz de «¡viva la madre que te parió!» al emperador. Nadie habla de la madre de Adriano. La madre del emperador Adriano era gaditana, como lo sería probablemente la madre de nuestro Adriano emperador.

En mi versión libre para los gatos de las claves de la Historia, creo que el mayor mérito de Adriano, el falso Adriano (porque el verdadero es nuestro gatuno), no fue extender y robustecer el Imperio por todo el orbe, ganando tierras a los bárbaros que civilizó, ni dictar sabias y justas leyes en una Roma esplendorosa, rica y feliz bajo su mandato. El mayor mérito de Adriano, emperador óptimo y máximo, fue llevar a los gatos hasta su mejor paraíso: Britannia.

El gato es signo de civilización y símbolo de romanización, de cultura. Los gatos romanos avanzaron por el mundo conocido o desconocido acompañando a las legiones imperiales, extendiendo los «limes» de Roma. Llegaban las legiones, plantaban el lábaro del S.P.Q.R. Y era el símbolo de la llegada de la cultura y del Imperio.

Y de los gatos.

La romanización no comenzaba hasta que aquellas casas de los pueblos bárbaros empezaban a ser verdaderos hogares. Cuando llegaba el gato que se le había escapado a un centurión y se ponía, acurrucadito, junto a la lumbre de un labrador o un pastor recién romanizados. Algún día, en alguna excavación arqueológica, quizá en la propia Villa Adriana, se descubrirá el verdadero acróstico del Imperio, que no es S.P.Q.R («Senatus Popolusque Romanus») como se cree, sino que tiene que ser lo que finalmente se demostrará científicamente por los historiadores y yo hallé con mi adrianesca maravilla rubita y blanca: S.P.Q.F., Senatus Populusque Felinus; el Senado y el Pueblo de los Gatos.

Gracias a Adriano el emperador llegó el gato a Britannia. Traduzco: al Reino Unido de Gran Bretaña. A Inglaterra. Al paraíso de las personas que aman a los gatos. A la Inglaterra victoriana de los gatos junto a la chimenea. A la Inglaterra de los concursos de belleza felina, de la codificación y clasificación de sus razas. A la Inglaterra del Imperio británico que luego trajo desde los confines del mundo las exóticas razas de gatos: los angoras turcos, los persas, los balineses, los somalíes, las maravillas de todos los de largo pelo y distante origen.

Si no hubiese sido por Adriano el emperador, por el que se llamaba como quería el gato Canela que le dijéramos, los felinos se habrían perdido ese paraíso inglés.

Y los ingleses se hubieran quedado sin gatos.

No me imagino a los ingleses sin gatos, como no me imagino a los jerezanos sin caballos, a los esquimales sin pingüinos o a los hindúes sin vacas sagradas.

Adriano, por todo el Imperio, construyó murallas que representaban los confines del mundo civilizado. Muchas de ellas se conservan, como se conserva su Villa Adriana, en cuyo «compluvium» beberían los gatos tras sus festines de salazón de pescado de las almadrabas de la tierra de nuestro Adriano, llevados por las galeras hasta el puerto de Ostia, conservados con «garum».

Aún hoy, al Norte de Inglaterra, la muralla de Adriano representa los «limes» del Imperio de Roma, el comienzo del desconocido mundo de los pueblos bárbaros.

Sostengo que el emperador Adriano no construyó estas murallas para la defensa de su Imperio frente a los bárbaros, sino para solaz de los gatos llegados con sus legiones desde Roma.

Las murallas de los límites del Imperio eran realmente enormes y largos tejados, que Adriano construía para los gatos, para que pudieran pasearse por ellos en sus noches amorosas de la luna de enero.

Adriano, emperador del triunvirato de los gatos.

Al Norte de Inglaterra, sobre los sillares del muro de Adriano, los gatos que acompañaban a las legiones se pasearían dichosos, escribiendo en la noche con el pincel de su largo rabo enhiesto de satisfacción una leyenda con la fuerza de las normas del Derecho Romano:

«Hasta aquí han llegado los hombres que aman a los gatos. A partir de aquí comienzan las tierras inciertas donde unos hombres bárbaros los persiguen y matan, porque los creen agentes del Maligno.»

Cuando mi Adriano da su salto y su maullidito para llamarme la atención y se posa dichoso sobre el respaldo de mi sillón de orejas, no me está diciendo que quiere destronarme, como el republicano Remo.

Adriano está en realidad paseándose sobre la muralla de su tocayo el emperador. Diciéndome con el pincel de su sedoso rabo rubito que está feliz tras los «limes» de esta Inglaterra interior del corazón de la Bética, en Hispania, donde tanto amamos a estos tres civilizados gatos que hemos salvado de los pueblos bárbaros que los habían sentenciado a muerte.

Los tres gatos forman el romanísimo triunvirato de los gatos.

Los gatos no son de derechas

Cuando nos retiramos por la noche, solemos encerrar a los tres gatos en su cuarto. Cuarto cuyas instalaciones tuvimos que ampliar tras la gloriosa llegada del imperial Adriano. Tenían para dormir la caja de una sombrerera, acolchado su suelo con una mantita. La antigua cuna de los primeros sueños de Remo. Les añadimos una butaca con varias bufandas nuestras, puestas a modo de cobertor para el invierno, entre las que se remeten y acurrucan. Les pusimos un segundo cajón sanitario, con más arena, al cuarto de baño de los gatos sólo les faltaba el bidé, y no lo instalamos porque no lo usan, que si no... E incluso pusimos el que pronto empezó a ser el rincón preferido por Adriano para pasar la noche y las largas siestas del día: el propio transportín de sus traslados a la veterinaria o a la playa. Se familiarizaban de tal forma con lo que podría parecerles como potro de futuras torturas en la clínica que a veces se disputaban aquel cubículo. Porque un transportín tiene techo. No hay que guste más a un gato que dormir bajo techo. Bajo el techo de la cama donde tú duermes, justo en el sitio donde te acuestas. Seguramente recibirán allí secretos halos de nuestra alma, que protegen.

A los gatos les gusta dormir bajo techo como a cualquiera. A los gatos no les gusta estar sin techo. No sólo a los callejeros, sino incluso a estos gatos de orden y con papeles. Les encanta estar bajo techo. Los callejeros montan su «camping». Esos bajos de los coches estacionados en la madrugada, cuando los callejeros buscan el calorcito que aún irradia el motor, como lo buscaba Adriano cuando andaba perdido, ¿qué son, sino tiendas de campaña gatunas?

Bajo el techo del asiento de un sillón, bajo el techo de la parte inferior de una cama, los gatos están encantados. Sobre todo bajo las camas. Cada cama es un refugio nuclear para un gato ante cualquier amenaza o agresión externa. Cómo les gusta marinear, las garras hacia arriba, la panza dando cara al somier, por los bajos de una cama. Remo y Rómulo destrozaron y desgarraron el forro inferior del canapé de nuestra cama, de tanto dar carreras agarrados a su techo. Con toda su santa paciencia, un trozo de lona que tuvimos que comprar y una grapadora a modo de tapicero, Laura tuvo que echar un nuevo tapiz inferior al canapé de la cama, destrozado por sus gatunos. Seguían marineando por aquellos abajos mientras dormíamos, pero ya no podían rasgar la lona.

Por el ruido que hacían, pues, si no a prima noche, ya de madrugada, sí que teníamos que encerrar a los gatos en su cuarto. Suelen venirse a dormir con nosotros, tirados sobre la cama, Rómulo quizá acurrucado en la almohada, cabeza con cabeza con Isabel, como la personita que realmente es. A Adriano le encanta tomar por colchón mis piernas y por almohada mis corvas. Pero la noche no está hecha para los gatos dormilones, que prefieren sus largas siestas diurnas, matinales o postprandiales. El gato, si se ha quedado en tu cuarto, anda por la cama o se pone a lamerte las orejas cuando estás dormido. No para despertarte, como puede creer cualquier gatero inexperto o cualquier enemigo de estos pequeños tigres. Si tu gato te lame las orejas es porque te ha incorporado a su familia, porque te ha hecho uno de los suyos. Así, cuando estoy dormido, me lame las orejas Rómulo, como diciéndome:

—¡Tío, eres uno de los nuestros, choca esos cinco, por cómo nos defiendes a los gatunos!

Si el gato te lame las manos, ya es otra cuestión. Si el gato te lame las manos, probablemente te dirá con el idioma de su lengua otra cosa. Te estará diciendo:

—¡Guarro, que no te has lavado las manos después de haber abierto esa lata de melva canutera y a mí no me has dado nada, so egoísta!

Melva canutera que no le gusta al 66 por ciento de los gatos. O al menos en la estadística de preferencias gastronómicas gatunas de nuestra colonia romana. De los tres, sólo a Adriano le gusta la melva canutera. Desde muy pequeño se tomaba los trozos de pescado en conserva e incluso lamía el aceite de la lata. Era por cuna. Donde mejor melva canutera se envasa es justamente en su pueblo, en la gaditana Tarifa. A Adriano, probablemente, la melva le traía recuerdos de los olores de su desvalida infancia.

Como las toquillas de lana inglesa que Isabel se pone para dormir les recuerdan a los tres a su madre. En la cama, por las noches, en cuanto ven la toquilla, se ponen a mamar de la lana, como si fuera la ubre de la madre que perdieron. Mientras chupan, con las dos manos van como exprimiendo la fingida ubre. Isabel le dice a esta costumbre gatuna «hacer el-su-mamá». No sólo los pequeños. Hasta el grandullón Remo sigue haciéndolo, aun a sus años todavía. E Isabel le reprende:

—¡Venga, Remo, deja mi toquilla, que eres ya muy grande para hacer el-su-mamá!

No sé mamá, pero el papá de los gatos sí suelo ser a primera hora de la madrugada, cuando, hartos de que nos despierten con sus juegos o que el-su-mamá se lo haga alguno a Isabel directamente en la nuca, en el nacimiento de su pelo o en el cuello, arañándola sin querer con sus uñas. Suelo ser el papá de los gatos porque, gato a gato, sueño a sueño, llevo en brazos a cada uno de los tres a su cuarto, para dejarlos allí encerrados hasta que por la mañana llega Laura y los libera con sus piropos y sus arrumacos:

—¿Dónde están mis gatos bonitos?

Y los tres se ponen a seguirla por toda la casa, sabedores de que antes que a ninguna otra tarea va al armario donde guardamos su comida y les rellena de nuevo los cuenquitos que durante la noche han dejado, los muy glotones, sin una sola croquetita del pienso equilibrado.

Adriano fue creciendo en esta alegría de la casa de los gatos y del Cuarto de los Gatos. Rómulo, glotón y comilón, cada vez se fue poniendo más parecido a Adriano en cuanto a pelaje atigrado y a volumen. Isabel me decía:

—¿Tú has visto la grupa que está echando este gato? ¡Si parecen las ancas de una yegua! Si cuando se los ve por detrás no se sabe ya cuál es el grande y cuál el pequeño.

Adriano, con sus ojitos color miel, con su largo hocico, demostraba también su personalidad desde muy pequeño. Sus costumbres y sus manías. Los gatos son conservadores. Muy conservadores de costumbres. Hacen todos los días casi lo mismo, a las mismas horas, en los mismos sitios. Afanadísimos en sus tareas. Distintas las de unos y otros. Desde el comienzo de estar juntos, los dos romanos atrigrados, Remo y Rómulo, hicieron como pareja bien avenida. Aunque lo aceptaron como uno más entre ellos, Adriano conservó desde el primer momento su independencia cantonal gaditana. Aplicaba el principio de Sarah Thompson: «Un gato no advierte razón alguna para que tenga que obedecer a otro animal, aunque sea bípedo.» Iba por libre. Ir por libre entre unos animales tan amantes de las libertades y que nadie ha amaestrado ni dominado es ser un anarquista.

Adriano, por gaditano, por heredero del espíritu del Cantón y del ideario de Fermín Salvoechea, es un gato anarquista. Se lo digo como una cantinela y él, con sus ojazos de miel, con su puntiagudo hocico, con su panza blanca, con su sabiduría de los campos de Tarifa, hace como si asintiera con la cabeza librepensadora tan distinta a los otros dos:

¡Adriano, mi Adriano,
anarquista y gaditano!

Y quizá me responde con un maullido, dando un salto para tomar cualquier mueble como tribuna de oradores. He llegado a comprender tanto lo que dicen los gatos, que sé que cuando da esos maullidos desde su Speaker Corner, Adriano está en realidad cantando la Varsoviana:

¡A las barricadas, a las barricadas,
por el triunfo de la Confederación!

Por el triunfo de la Confederación Gatuna Anarquista Ibérica. No se lo he puesto nunca, pero tiene que sentarle bien un pañuelo rojinegro en el cuello a este gato.

Es lo suyo. ¡Ay, la que le iba a liar al gato de la Casa Blanca como lo cogiera! Porque estoy convencido de que Adriano pertenece al Foro Social Gatuno y está contra la globalización de la economía.

El novelista Manuel Barrios, que también es de nación gaditana como Adriano, cuando he publicado el libro de Remo, me ha puesto una tarjeta postal con unos gatitos pequeños, mimosones y adorables, y, al dorso, una sentencia manuscrita terrible: «Antonio, ten mucho cuidado con los gatos. Son todos de derechas. Lo que yo te diga: ¡de derechas!»

Manuel Barrios no conoce a mi triunvirato de gatos. Quizá Remo sí sea de derechas. Es un gato liberal y conservador, de costumbres fijas y arraigadas. Es propietario de su fama, un cortijo que pocos gatos tienen, latifundista de su propia imagen, y es más que comprensible que sea de derechas para defender su propiedad privada y sus privilegios de casta. Los gatos, como los humanos, por muy revolucionarios que fuesen en su juventud, y Remo lo fue, acaban todos siendo de derechas. Remo, como tantos, ha pasado de la pana al esmoquin, de la bandera roja al banderín en el coche oficial, del abandono en la calle al lugar más confortable de la casa. La mejor revolución empieza siempre por uno mismo y Remo, gato conservador, se ha aplicado el principio. Remo comenzó pidiendo «poder gatuno» y «los gatos al poder» y ahora no quiere que sus compañeros lo destronen como él me derrocó a mí, quitándome mi sitio preferido en la salita, arrebatándome mi butaca favorita. Como monárquico por razones estéticas que soy, cuando Remo llega a la salita y se pone a dar vueltas y más vueltas, saltos y más saltos, hasta que consigue echarme del cómodo sillón de orejas, me siento totalmente identificado con aquel gran patriota español que fue el Rey Don Alfonso XIII, a quien sospecho que le tendrían que gustar los gatos, y que quizá por eso mismo muriese en su exilio en Roma precisamente, en la felina Roma, ciudad imperial de los mininos. Remo cumple la norma dictada por Pam Brown: «Los gatos pueden determinar matemáticamente el sitio exacto en donde al sentarse estorbarán más.»

Cuando Remo llega y me echa de mi sillón, creo sentir lo que Don Alfonso XIII experimentaría en abril de 1931, cuando los gatos republicanos lo echaron de su trono y tuvo que marchar a un incierto destierro, tomando un barco de guerra en Cartagena. A Don Alfonso XIII, como a mí, le preocupaba que no le destrozaran su sillón.

Que se llamaba España, como el mío se llama simplemente sillón de orejas.

Para que no destrozaran aquel sillón llamado España, Alfonso XIII se levantó y se fue.

Para que Remo no destroce el sillón de orejas de la salita, me levanto, me siento en el sofá y le dejo el sitio.

La suya es una revolución de derechas, pero revolución al fin y al cabo. Hasta los gatos conservadores como Remo tienen un trasfondo revolucionario.

Rómulo, en cambio, desmiente totalmente esa calumnia sobre la ideología derechista gatuna. Rómulo es de izquierdas. En cuanto oprimido. En cuanto segundón. Lo que pasa es que tiene tan buenos sentimientos como todos cuantos sienten en su corazón la utopía igualitaria y justiciera de la izquierda. Si Rómulo fuera de derechas, ya habría hecho como su tocayo el fundador de Roma: habría matado a Remo. Pero Rómulo es de mantequilla, no de cañones, un gato pacifista, enemigo de la lucha de clases gatuna, y acepta completamente resignado la política de destino manifiesto de Remo, en cuanto presidente y mandatario máximo en los pasillos de la casa, en el salón y en el Cuarto de los Gatos.

Rómulo tiene, como toda la izquierda universal, un hambre de siglos. Rómulo siempre tiene su propia hambre y la de todos sus antepasados callejeros. Remo, elegante, discreto, sabe comer con distinción, como cumpliendo un deber social, como una atención a estos señores que le han puesto esa comida tan rica en su tazón y no es cosa de dejarla allí, sin probarla. Educado como pocos, Remo nunca rebaña los platos. Pero Rómulo casi nos pide pan para mojar en la salsa, cuando le tocan latitas de bocaditos de hígado estofados. Come con fruición y satisfacción. Devora. Remo, consume;

Rómulo devora. Y no cree en más orden que en el supremo caos. Remo se sube en el salón al mueble donde están las fotografías en sus marcos de plata y pasa entre ellas como una estrella de ballet pisa el escenario, con las puntas de los pies, elegante, elástico, sin tirar nada. Por el contrario, Rómulo, ¡hala!, ¡allá que voy!, pega un salto, y cae donde puede: o sobre un jarrón de cristal, que cumple con la obligación de romperse al llegar al suelo, o sobre el marco de una foto donde estoy con Su Majestad el Rey, cuyo soporte saca de su bisagra al tirarlo.

Paradójicamente, Rómulo es tímido. Muy tímido. O precavido. Los gatos llevan en sus genes siglos y siglos de persecuciones, y es lógico que huyan ante los desconocidos, no vayan a ser un obispo medieval que los tome por agentes

Romulito, tímido, pacifista y de izquierdas.

del diablo. Los gatos tienen el viejo temor de todas las sociedades primitivas ante la llegada de lo nuevo. Cuando los indios de la isla caribeña de Guanahaní vieron llegar a Cristóbal Colón el 12 de octubre de 1492, seguramente lo mirarían con esta desconfianza que ahora veo en casa cada tarde, cuando Rómulo oye el timbre de la puerta, va a curiosear quién es, y sale huyendo cuando comprueba que es un amigo que no conoce. O que se confunde al reconocerlo a él. No hay nada que fastidie más a Rómulo que el hecho de que lo confundan con Remo. Suele ocurrir. Llega un amigo que nunca ha estado en casa, lo ve al llegar y dice:

—Anda, éste es el gato del libro, ¿no?

Rómulo sale corriendo inmediatamente. Para demostrar que no. Que él, precisamente él, no es el gato del libro. Que es un gato más revolucionario, que se siente depositario de todas las persecuciones de que fueron objeto sus antepasados.

Espero que tras la publicación de estos «Alegatos» quede satisfecho el ego de Romulito y no huya para negar sus antecedentes literarios. Por izquierdoso e igualitario, espero que comprenda que tenga compartida su fama con Adriano y con Remo, y que acepte su parcela de notoriedad en este reparto de la reforma agraria de la tierra de los gatos según su ideario de izquierdas.

¿Y qué es Adriano? ¿De derechas o de izquierdas? De ninguna de las dos cosas: es de Cádiz. Le pasa a Adriano como cuando Federico García Lorca preguntó al cantaor Ignacio Ezpeleta:

—¿Tú en qué trabajas, Ignacio?

Ignacio, muy digno, respondió con todo su arte flamenco:

—Yo soy de Cádiz.

Lo mismo me responde Adriano con sus ojos de miel, en los que lleva la rebeldía anarquista, tan hija de la Constitución de 1812, de la emancipación de las naciones hispanoamericanas, del Cantón, de la Revolución de 1868. Gato y Cádiz. Gato y Cuna de la Libertad. Libertad al cuadrado.

—Adriano, ¿tú eres de derechas o de izquierdas?

Me mira y es como si me respondiera, flamenco:

—Yo soy de Cádiz.

Y para proclamarlo y afirmarse en su ser y condición anarquistas, lanza su gritito revolucionario.

Que es su débil maullido.

Aún no he logrado traducirlo, mas debe de ser algo así como el «¡Viva la Pepa!» de los liberales del XIX que defendían la Constitución de 1812 frente a los absolutistas. Los otros dos gatos apenas maúllan. Cuando maúllan, es que lanzan un S.O.S. porque se han quedado encerrados en un cuarto o porque han despertado de una larguísima siesta y se han encontrado atrapados entre los mullidos chalecos de punto del vestidor de Isabel donde inadvertidamente se metieron.

Cuando Adriano da un salto y se nos pone encima de la mesa, se hace acompañar de ese maullidito como de manifestante contra una Cumbre Mundial, para que sepamos que ha llegado. Cuando Adriano decide libremente bajarse de la mesa, el mismo maullidito lo acompaña al posar sus elásticas patas en el suelo. Con toda la elegancia Art Déco del expresionismo del realismo socialista, como un cartel republicano de la guerra civil española.

Es el más saltarín y acrobático de los tres. Desde muy pequeño. Distancias entre la mesa de la cocina y el fregadero que Remo y Rómulo tardaron meses en poder saltar, Adriano las salva desde que era un pequeñajo anaranjado con dos enormes orejas y un hociquito oscuro sobre la carita blanca. Y en cuanto al agua, ahí sí que se ve que es de puerto de mar. Es el gato que menos le teme al agua de cuantos he visto. Practica el deporte de beber a chorro en el grifo del fregadero en la cocina o en el del lavabo en el cuarto de baño.

Y para hacerlo, para adoptar la postura más cómoda, no le importa que el chorro le caiga a caño libre sobre la cabeza o sobre el lomo. Es gato que, cuando llueve, no huye de la terraza como los otros, cuando les caen encima los goterones del chaparrón en su curiosidad de subirse al pretil a ver qué pasa. Adriano se queda mirando llover como quien contempla un espectáculo. Como puede llevarse minutos y minutos observando fluir el agua por el grifo del lavabo o del fregadero.

Va Adriano por libre. Adriano es libre entre los gatos libres. Remo y Rómulo hacen pareja. Adriano los acompaña o no los acompaña, según le pida el cuerpo. Va la pandilla de gatos por el pasillo y siempre hay uno como descolgado de la manada. Casi siempre es Adriano. Quien, a su vez, toma iniciativas de subirse donde sea, de trepar donde haga falta. Y entonces son los otros quienes le siguen. Aún no he dilucidado quién es en verdad el jefe de los tres gatos, si en las elecciones que hayan celebrado han ganado las derechas, que es Remo, si ha ganado la izquierda, que es Rómulo o si han ganado los antisistemas y antiglobalización, que es el anarquista Adriano.

Anarquista Adriano que es el gato más buena persona de los tres.

Sí, los gatos son buenas personas o malas personas, como los humanos. Tienen malos o buenos sentimientos. Los gatos son la mejor prueba sobre la bondad de las personas, como nos dice Schopenhauer: «La conmiseración con los animales está íntimamente ligada con la bondad de carácter, de tal suerte que se puede afirmar seguro que quien es cruel con los animales, no puede ser buena persona. Una compasión por todos los seres vivos es la prueba más firme y segura de la conducta moral.» Adriano es buena persona, tiene buenos sentimientos y los muestra a cada instante. Descubre a las buenas personas. Si se le respeta su independencia y se le reconoce su Estatuto de Autonomía Gatuna, se deja coger en brazos mucho más que los otros. No hay nada que le guste a Adriano más que se le coja en brazos, como un bebé. Se deja. Se roza contra nuestras piernas, buscándolo. Y cuando se le ha tomado en brazos, se pone dócilmente panza arriba, su blanca panza arriba, y dispone sus manitas como el bebé que realmente es y que nunca está dejando de ser. Vuelve a ser, como cuando lo recogimos, una verdadera reina mora. Y como sus colegas, ha aprendido a esconder las uñas dentro de sus garras para tocarnos sin arañarnos.

Adriano, anarquista y libertario.

Isabel cuando me ve coger a Adriano, y comprueba lo quieto que se está el gato gatusón, mientras a Remo y a Rómulo no hay quien los tenga un minuto en brazos, lo reconoce:

—Será todo lo libre que quiera, pero esta reina mora es el gato más cariñoso del mundo...

Mala prensa que tiene vuestra gatuna libertad de ideas, Adriano, mala prensa que tiene tu pensamiento libre, tú que no eres ni de derechas ni de izquierdas.

Sino completa, absoluta, hermosamente gato.

Tanto, que al ponerte Adriano es como si hubiéramos dejado abierto el banderín de enganche para futuros gatos adoptados por nosotros. O nosotros adoptados por ellos. Isabel me dice:

—Lo malo es que después de Adriano estoy viendo que va a venir Trajano, para hacer la pareja de Adriano y Trajano, como la de Rómulo y Remo. Y cuatro gatos serían ya muchos gatos.

Y eso que cuando quieren despreciar la poca asistencia a algún acto o descalificar su importancia, dicen que había cuatro gatos o que son cuatro gatos.

¡Pues no son gatos ni nada cuatro gatos!

El chapapote y la escuela

La mañana en la casa es la pura estampa de la alegría llena de la vida que le dan los gatos. Laura está arreglando los cuartos y los gatos la acompañan por todos sitios. Los requiebra y los besa. Les ha inventado una canción. La escucho desde el escritorio mientras trabajo. Se la va diciendo con una voz clara y cantarina. Le ha cambiado la letra a una copla de Manolo Escobar, «Tres amores tengo». Y se la canta, mientras los tres, acompañándola, la escuchan encantados y a mí me dan esa grata sensación de la alegría de la vida:

Tres amores tengo,
uno, dos y tres,
todos diferentes
todos a la vez.
Uno es de mi Remito,
el otro es de Romulín
y el otro de mi Adriano,
qué suerte tienen los tres.

La tienen. Nosotros los consideramos nuestros niños; Laura, sus amantes. Remo lo sabe, y pone cara de gato satirón cuando tras cantarle su canción, lo intenta coger y le dice:

—¡Ven aquí, chulo mío, que te voy a comer enterito!

Cuando está arreglando la terraza de los gatos, limpiando su cajón de arena, reponiéndoles el agua y la comida,

Laura les habla. Eran los días de la marea negra del vertido de fuel del «Prestige» cuando, con toda la gracia popular, les dijo una mañana:

—A ver cuánto chapapote habéis echado esta noche, ¿eh?, que ya me tenéis harta de recoger tanto chapapote.

Desde entonces, a la cacorra gatuna la conocemos como chapapote. Tanto chapapote dejaban los tres gatos en el vertido de la arena sanitaria, que tuvimos que disponerles un segundo cajón. Cada uno tiene sus preferencias. Incluso he observado que alguno de los tres usa cada cajón para distinto fin. En el uno hace su cacorra, en el otro deja eso que se toma como paradigma de la nimiedad y que para ellos, en aquel momento, es lo más importante del mundo: la meada de un gato.

Como cada noche soy yo el encargado de limpiarles la arena del cajón, Isabel me dice:

—¿Tú has visto si los gatos tienen menos chapapote que otras veces, porque parece que están malos y no han querido comer el pulpo que les he dado?

—No, el cajón tenía una cantidad importante de chapapote...

Laura les limpia cada mañana el chapapote y luego coge a los gatos y los besuquea. Se los come a besos. Se pone en su boca un caramelito de queso y los gatos, especialmente Remo, se lo quitan, como besándola de tornillo. Un día alguien que subía a casa me dijo:

—Laura está entretenidísima besando gatos en la ventana. Ha juntado gente en la calle para verla, porque es digna de ver, con el cariño que trata a esos gatos y los besos en la boca que les pega.

Laura quería llevar a Remo al acto de presentación de su libro. Le decía:

—Remo, te ponemos tu trajecito y tu corbatita para que salgas en la tele, pero me tienes que prometer que vas a ser un gato bueno y no vas a salir huyendo cuando veas a tanta gente, como hace Romulito con los desconocidos...

Remo se deja querer por Laura, enamorado de ella como está. Remo es su machote. Rómulo y Adriano son sus niños. Niños y machote que un día decidió Isabel que fuesen encerrados en el Cuarto de los Gatos durante toda la mañana.

Laura, besando gatos, cantando canciones a los gatos, acariciando gatos, sirviendo a sus amos y señores los gatos, apenas tenía tiempo de terminar sus tareas en la casa. Por lo que Isabel le dijo:

—Laura, desde hoy, hasta la hora en que termine usted, los gatos van a estar todas las mañanas encerrados en su cuarto. Porque no le dejan hacer nada...

Laura se imagina cada mañana que el Cuarto de los Gatos es su colegio o escuela, donde cursan la enseñanza obligatoria gatuna. Cuando los va a encerrar, oigo desde mi escritorio que les va diciendo, recogiéndolos uno a uno por su huidiza libertad de la casa:

—Venga, que vais a llegar tarde al cole y os va a reñir la maestra.

El peor estudiante de la matinal escuela del Cuarto de los Gatos, donde hay ciertamente gato encerrrado, es Rómulo. En cuanto presiente que es la hora del cole, Rómulo se esconde debajo de nuestra cama, en todo el centro, completamente al fondo, junto al cabecero, y no hay estirado brazo ni mano de Laura tirada en el suelo intentado cogerlo que logre atraparlo. Le reprende:

—¿Otra vez vas a hacer rabona en la escuela hoy?

Rabona, en la tierra de nuestros gatos, es hacer novillos. Romulito hace rabona casi todos los días. Es un gato rabigordo que hace rabona. Cuando Isabel llega a casa a mediodía le pregunta a Laura:

—Y Romulino, ¿ha vuelto a hacer rabona hoy?

—¡Digo, señora! No hay quien pueda hacer carrera de este gato.

E Isabel, siguiéndole la corriente, cuando ha visto que el gato simpaticón y remoloncete ha llegado a su encuentro, le riñe cariñosamente:

—Romulito, Romulino, ¿tú no ves que así no vas a aprender a leer y a escribir como Remo, no vas a llegar a litergato, y no vas a poder publicar tu libro ni nada? Ay, qué mal estudiante está hecho este gato, ven aquí que te coja.

Y se deja coger. No sin que antes, envidioso, aparezca con su saltito Adriano, que la espera siempre sobre el radiador de la entrada de la casa en cuanto oye el ascensor y que se siente dueño y señor absoluto de la plaza de gato bueno y cariñoso, de gato que se deja acariciar y no huye, de gato que se deja querer.

Para fingir más la escuela, Laura ha colocado en el Cuarto de los Gatos sus tres fotos, como en un cuadro de honor de alumnos aventajados. Las fotos se las hizo Antonio Gómez el escolta, mi ángel protector, cuando la boda de su hija Eva. Eva Gómez se llama igual que Eva Díaz la Veterinaria. También vive para los animales. Eva Gómez trabaja en una tienda de mascotas y es la que, por medio de su padre, surte a los tres gatos de sacos de comida y de toda clase de atenciones y regalos. Eva se casaba con Curro, que también trabaja en gatunas y perrunas materias, como ejecutivo de ventas de una casa de piensos para mascotas. Y nos invitaron a su boda. Y tuvieron la ternura de considerar también convidados, en nuestra mesa, a los tres gatos. Como no era cosa de ponerles una corbata de lazo y un tra-

Remo recibe sus caramelos de queso en la cena de Navidad.

je de ceremonia a los tres, porque no se iban a dejar. Eva y su padre, cariñosísimo padre adoptivo de los gatos cuando está de guardia en su tarea oficial de protección en casa, inventaron poner en la mesa una tarjeta de invitación para cada uno de los tres, cada cual con su foto y con su nombre, más un pequeño cubierto de plástico adherido a la cartulina. Los gatos, ciertamente, estuvieron en la boda de su otra Eva, porque cuando vinimos del convite nos encargamos de darles su propio banquetazo extraordinario a base de sus pescados preferidos y sus latitas favoritas, a fin de que fuera verdad la ficción de la foto de las tarjetas de convite.

Tarjetas que Laura ha colocado en la pared de la matinal escuela del Cuarto de los Gatos, y que se las señala cuando les dice:

—¡Que como seáis malos y os escapéis, especialmente tú, Adriano, que eres muy rebelde y muy fuguista, os voy a quitar del cuadro de honor de los gatos buenos de la escuela!

Y como en las escuelas ponen mapas del mundo o carteles didácticos, Laura ha colocado también en la pared del Cuarto de los Gatos una lámina titulada «Gatomaquia», impresa y editada por el librero José Manuel Padilla, con los dibujos de las siluetas de ocho clases de gatos, cada uno con los atributos de su oficio, y con la descripción de cada uno de ellos, que nos trajo de regalo Antonio el Portero, el salvador de Remo. Quizá Laura les ha puesto allí esa lámina para que Remo, Rómulo y Adriano vayan eligiendo itinerario escolar, su futura carrera y les nazca la vocación gatuna que quieren seguir de mayores: gato Visitador, gato Orador, gato Filósofo, gato Político, gato Poeta, gato Alcalde, gato Abogado, gato Artista.

¿A qué arquetipo profesional quieren parecerse cada uno de los gatos, qué quieren ser de mayores? Estos tres gatos no tienen su vocación decidida. A veces son artistas, a veces poetas, a veces filósofos. Le dije a Laura una mañana que la noche anterior se la había pasado Remo ante el cristal de la ventana del Cuarto de los Gatos, contemplando la luna llena. Comentó, dirigiéndose a él más que a mí:

—No me digas, Remo, que me vas a salir un gato poeta y que mirabas a la luna para inspirarte en el verso de amor que me vas a escribir.

Los poetas escriben versos en nombre de los gatos. Por cuenta de los gatos. Gerardo Diego parece haber visto a Remo contemplando la luna cuando lo describe en su poema «El gato»:

Las profesiones felinas, en la «Gatomaquia» de Padilla que decora el Cuarto de los Gatos.

El gato. Siempre el gato
que era el gato, el gato eterno,
la gracia de un garabato,
la luz de un maullido tierno.
El gato era Persia, Egipto,
magnetismo, dinastía,
la selva, el tigre conscripto
a soñar filosofía,
a coser —tan siderales—
sus ojos en sus ojales.

Poetas, artistas o filósofos estáticos que nos hacen pensar con su peludo silencio, siempre son lo que son: completamente gatos.

Quiero decir: completamente adorables, como Laura les canta en la cancioncilla de sus amores:

Qué suerte tienen los tres...

Tienen, no: tenemos. Qué suerte tenemos los tres, Isabel, Laura y yo, con estos tres gatos y el maravilloso universo mágico que en nuestra casa han creado.

Los gatófilos salen del armario

Ya estaba «Gatos sin Fronteras» en las librerías, una edición tras otra en pocas semanas, y ya Remo era famoso. Presentamos el libro en el Museo de Carruajes de Sevilla. Entre arneses con adornos de plata y charolados landós, cueros de tiros de cinco alazanes, el gato, gracias a las andanzas y venturas de Remo, empezaba a tomar tanto prestigio literario y social como el caballo.

Hasta cierto punto, no vayamos a pasarnos. La literatura popular sigue descargando mucho odio contra el gato. Por ejemplo, en el cante flamenco. Los fandangos dan siempre no gato por liebre, sino liebre por gato. Con la de gatos que hay en los cortijos del horizonte de campos, sierras, escopetas, amores y olvidos, en el fandango se harta de salir la liebre, pero nunca el gato. El que le da un tiro a una liebre debe de estar condenado, mientras no le pasa absolutoriamente nada en el Tribunal Supremo del Fandango a quien ahoga a un pobre gato recién nacido porque la gata tuvo más de la cuenta. En los fandangos salen caballos, perros, pájaros, palomas, leones, águilas reales, pero no salen los gatos. Apenas he podido encontrar una letra, naturalmente que de un fandango del estilo del Gatillo:

Tengo yo un gato en mi casa
que se mea en el perejil,
y cuando vengo borracho,
me echan las culpas a mí,
como lo coja lo mato.

Presentó el libro Jesús Quintero, en un guiño literario, un inmenso retruécano. ¿Quién mejor para hablar a favor de los gatos que quien tiene un programa en televisión que se titula «Ratones coloraos»? Quintero es el único Ratón Colorao que no odia a los gatos, porque en nada de cuanto hace en su virtuosismo de la comunicación hay gato encerrado, ni da gato por liebre. Demuestra el proverbio alemán: los que odian a los gatos es porque en una vida anterior fueron ratones. Quintero lo es en la presente.

Junto a Jesús, presentó el libro Carmen Tello, la mujer de Curro Romero. Cuando vemos a los gatos tan altivos y solemnes, siempre en su sinfónico movimiento «andante maestoso», comprobamos que saben que en Egipto fueron dioses. Eso no se olvida tan fácilmente. Y en aquel antiguo Egipto de pirámides y gatos-dioses, los más armónicos y elegantes felinos, los más bellos, los más cariñosos, eran los que vivían junto a los faraones. En la honrosa cercanía de su generosa amistad, había comprobado que Carmen Tello era hermosa, elegante, cariñosa, apasionada. Como una gata espléndida y maravillosa. Ahora comprendía finalmente todo, gracias Remo. Remo me dijo que quería que le presentara su libro Carmen Tello, porque es como una Nefertiti felina: la fantástica gata divina que no en el antiguo, sino en el actual Egipto del arte, en la bella sombra del Aljarafe, junto a las palmeras, acompaña con su amor al faraón... Al Faraón de Camas.

Laura quería que Remo acudiera en triunfo de multitudes a la presentación de su libro, como posaba orgulloso y vanidoso ante las cámaras de televisión que venían a casa para filmar el habitual reportaje de escritor con gato. Y que, si no Remo, fuesen Rómulo o Adriano los que lo representaran. Pero no era cuestión de quitarle al protagonista su cuota de notoriedad, la que intentaba Laura, con el apoyo de Antonio el Portero:

—Nosotros lo llevamos en su transportín, lo sacamos, lo ponemos en el estrado, sólo un momento, y cuando Remito se canse nos lo traemos directamente a casa.

—¿Usted cree que va a soportar los aplausos, que no se va a asustar y va a salir huyendo?, y cualquiera coge a Remo cuando él no quiere.

Total, que Remo no asistió a la presentación de su libro. Con sus verdes ojazos inmensos me dictó lo que tenía que decir en su nombre al comenzar el acto. Cumplí su deseo. Dije: «En realidad quien debería hablar aquí no debería ser yo, sino Remo. Porque aparte de haberme inspirado el libro, los que verdaderamente saben de gatos son los gatos. Pero Remo, que es gato educado y burgués, y que como buen gato romano sabe hasta latín, me ha dicho que les exprese sus disculpas, porque estaba muy cansado con las exigencias de la fama. No ha podido venir porque ha dormido muy poco. Hoy ha dormido *sólo* veinte horas. Aparte de ello, en su sentido de la prudente elegancia, me ha confesado que tenía miedo a hacer el ridículo si lo traía y me ha recordado una de las Verdades Gatunas formuladas por su ilustre colega el gato filósofo Garfield: "Tigres, leones, panteras, elefantes, osos, perros, focas, delfines, caballos, camellos, chimpancés, gorilas, conejos, pulgas... ¡Todos han pasado por ello! Los únicos que nunca hemos hecho el imbécil en el circo... ¡somos los gatos!".» En la presentación, como Remo es romano, hablé de los gatos de Roma. Ser gato en Roma es como ser caballo en Inglaterra o vaca en la India. Los gatos han sido declarados por el Ayuntamiento como monumento biológico local. Gatos, pues, monumentales. Que tienen su Santuario de los Gatos entre las ruinas romanas de Torre Argentina, donde una asociación protectora los cuida. Aquel verano mi her-

Antonio Burgos con Adriano,
en el programa de Jesús Quintero.

mana Fina, la que está adoptada por el temible y fiero gato Albero, que ella dice que es un gato cruzado con tigre, estuvo de crucero por Italia y naturalmente la encaminé a Largo Argentina, para que hiciera devota estación entre los congéneres romanos de Remo y de su Albero. Vino encantada de ver cómo Silvia Viviani, una cantante de ópera retirada, en las ruinas imperiales da cobijo, comida, agua, asistencia veterinaria y sobre todo cariño a los muy literarios Gatos de Roma. Silvia Viviani, con un grupo de protectores, ha montado la organización del Santuario de los Gatos para la adopción y apadrinamiento de los que son Bien de Interés Cultural y símbolo de la ciudad, y recibe para ellos ayudas desde todo el mundo civilizado, que es el mundo que ama a los gatos. Entre camisetas con los gatos de Roma y publicaciones periódicas de su Santuario, Fina me trajo la dirección de Silvia Viviani. De los primeros ejemplares del libro que me llegaron, envié dos a sendas Gatófilas Ilustres. El primero, a doña Sofía, la Reina española que no se olvida de aquella muchacha griega amante de los gatos de la isla de Santorini. El segundo, a Silvia Viviani, para sus Gatos de Roma, los antepasados de Remo. En su carta de respuesta con el agradecimiento de los gatos de Roma al bético gato Remo, Silvia Viviani me puso unas palabras que son una proclamación de cómo los gatos nos hacen mejores a los hombres: «Dice usted que los gatos no tienen fronteras. Por eso nuestros gatos de Roma son sus gatos y viceversa. También nosotros los humanos, cuando estamos unidos por los mismos sentimientos y los mismos ideales no tenemos fronteras y formamos parte de un único país: la Humanidad.»

(Silvia Viviani, sin que ella lo sepa, tiene una corresponsal en España. Es otra señora italiana gatera, Raffaella Di Nicoli, que vive en Marbella, donde anima la Asociación de Amigos y Protectores de los Gatos. El Largo Argentina de Raffaella es el espigón de Puerto Banús, entre cuyos bloques y escolleras viven cientos de gatos callejeros y marineros, a los que esta asociación les proporciona alimento diario y cuidado veterinario, colocando en casas de confianza a los más desvalidos. Los gatos de Puerto Banús, gracias a estos gateros marbellíes, son auténticos personajes de la «jet», en su Milla de Oro gatuna. Cuando se ven, piensa uno en los gatos de todos los muelles españoles, a veces tan amenazados, en los gatos de los puertos de Barcelona o de Valencia, en los gaditanos gatos de los bloques del Campo de Sur, gatos compañeros de las gaviotas, gatos de salitre y atardeceres, gatos de mareas y aguajes.)

Y si Remo no quiso ir a «su» presentación, porque no le gusta andar por salones de actos y platós de televisión, menos

Raffaella Di Nicoli, de la Asociación de Amigos y Protectores de los Gatos de Marbella, atiende a la colonia de Puerto Banús.

Rómulo, siempre tan tímido, que huye y se esconde bajo la primera cama que encuentra en cuanto llega un desconocido, del cartero a Andrés, el nuevo portero de la casa, que sustituyó al querido Antonio, que se jubiló, aunque sigue ayudándome con su trabajo, entre ellos y el principal el de llegar a casa para cualquier faena o recado que le encomiendo y conseguir que Remo se deje acariciar, temeroso, en sus brazos.

Y que Rómulo no salga huyendo.

Y que Adriano le obsequie con el rubio rozamiento de su enarcado lomo por sus piernas.

Adriano le prestó un impagable servicio de relaciones públicas a sus compañeros de colonia romana. Remo y Rómulo, pero sobre todo el famoso Remo libresco, nombraron a Adriano su representante para las relaciones institucionales y corporativas, su agente de relaciones públicas. Adriano es un gato como les gusta que sean los gatos hasta a quienes

Los gatos marineros del espigón de Puerto Banús.

los odian. Un gato tranquilo, calmado, estático, cariñoso, que se deja acariciar y tomar en brazos, respondiendo a las caricias con un sonoro ronroneo. Adriano es tan cariñoso que es el único de los tres que no demuestra su amor a mordiscos. Sí, los gatos son como el título de aquella película de humor sobre Drácula: «Amor al primer mordisco.» Remo y Rómulo, si se les acaricia en el momento en que ellos quieren que se les hagan esos arrumacos y no en otro instante, cuando ven cerca tu mano que los acaricia, terminan siempre haciendo lo mismo: dándote un mordisco. Un cariñoso, amoroso mordisco. Más que mordisco es mordidita. No te muerden: te aprisionan la mano o los dedos en su boca,

Los protectores de Marbella alimentan los gatos y los gatos a las gaviotas.

sin herirte, entre sus dientecillos. Lo que más les encanta es morder el borde carnoso de la palma de la mano, bajo el meñique. Muerden cariñosamente. Nunca hincan los dientes. Los inexpertos gatófilos que quizá acaban de ser adoptados por uno pequeño no lo saben, y mueven la mano cuando el gato se la aprisiona con su boquita. Entonces únicamente es cuando el gato te puede hincar los dientes. Pero si le dejas la mano amorosamente quieta, para que te incorpore a su mundo y te haga como cuando está lamiendo a otro gato, a alguien, como tú, de su familia, nunca te morderá ni te clavará los afiladísimos colmillos como alfileres.

Como alfileritos de plata para el velo de una novia.

O como las agujas que nos enhebra Pam Brown: «Los gatitos poseen grandes ojos, son suaves y dulces. Pero tienen agujas en sus mandíbulas y en sus patas.»

Nombrado agente de relaciones públicas, Adriano vino conmigo al plató de Jesús Quintero, donde grabó una aparentemente contradictoria entrevista sobre gatos en el programa «Ratones coloraos». Adriano permaneció sobre la mesa del estudio de grabación, ante las cámaras, bajo los focos, todo el tiempo de la larga entrevista. Sin moverse. Como Remo en su vanidad ante las cámaras de televisión cuando van a casa, Adriano estaba encantado en su placidez bajo el calorcito de los focos. Lo tomé en mis brazos mientras contestaba a las preguntas y allí se estuvo todo el tiempo. Se dejaba, como siempre, acariciar. Lo volví a poner sobre la mesa, y no se salía de ella, ahora acostado, ahora de pie, pero cumpliendo a la perfección con lo que le había dicho el patriarca Remo antes de salir de casa:

—Adriano, ten en cuenta que nos vas a representar a todos los gatos, a nosotros tres y a todos los gatos del mundo. ¡A ver cómo te portas y en qué lugar nos dejas, que ya sabes la mala fama de ariscos que tenemos!

Adriano, en aquel programa, lavó la mala imagen de siglos y siglos de gatos odiosos y ariscos. Entre el libro y las entrevistas, los gatos empezaron a dar otra imagen, más placentera, más literaria, más lírica, más humorística. Empezaron a escribirme muchos gatófilos, animándome a continuar con estos «Alegatos de los Gatos», contándome las historias de los suyos o haciendo que fueran ellos mismos, sus litergatos, quienes las narraran.

Los gatófilos empezaban a salir del armario.

No se avergonzaban de tener un gato, frente a la leyenda de que sólo las viejas solteronas y maniáticas lo alojan en unas casas malolientes a micciones felinas.

Ya era como si todas las jornadas fuesen el Día del Orgullo Gatuno.

Empecé a conocer infinidad de famosos de España y del mundo que tenían gato, a descubrir más gatos literarios, artísticos, pictóricos:

—¿Sabes que el cantante Alberto Cortez tiene unos gatos preciosos? —me preguntó Jorge Prádanos en una entrevista en Radio Nacional de España.

Pude comprobarlo poco después. Alberto y Renata, su mujer, me mandaban una fotografía de Mandela y Didi, sus dioses, en la cama de los artistas que eligieron como mascotas humanas. Ni la fotografía ni la tarjeta eran para mí. Se la dirigían, naturalmente, a Remo, y le decían:

«Remo: somos Mandela y Didi, los amos de Alberto Cortez y Renata. Algún tiempo éramos en esta casa veintidós gatunos, tiempos de locura total. Tiempo divino. Pero vino una epidemia mala y ahora mandamos aquí sólo nosotros dos. Te enviamos un gran ron, ron, mientras esperamos leer más sobre ti. ¡Remo, ya te queremos!»

Otro amigo me decía quizá su descubrimiento:

—Hay muchísimas actrices gatófilas: Aitana Sánchez Gijón, Pilar Bardem... ¡Para que luego digan que los gatos son de derechas...!

Y otros, una serie interminable de hallazgos o preguntas, como si yo supiera de gatos tanto como Remo, cosa de todo punto y humanamente imposible:

—¿No te han dicho que José Manuel Parada tenía un gato al que le puso Joselito y una gata a la que le puso Marisol, unos gatos de cine de barrio?

—No lo tomes muy en serio, pero tengo entendido que Montserrat Caballé suele cantar como «bis» el «Dueto de los Gatos» de Rossini porque siempre ha tenido gatos en su casa. En Cataluña gustan muchísimo los gatos y hay infinidad de gatas que se llaman Lluna.

Lluna se llama la gata de Jordi Casanovas, el regidor del más completo Foro de los Gatos en Internet (www.migato.com),

Mandela y Didi, los gatos de Alberto Cortez.

donde los siervos y siervas de nuestros amos los felinos pronto comenzaron a hablar de Remo como el personaje ilustre que ya se iba haciendo.

Asociaban ya todos el gato al prestigio literario, al pensamiento, que era el encargo que me había hecho Remo:

—Tienes que hablar del amor de María Zambrano por los gatos.

O bien:

—Está muy bien lo que dices: los gatos odian a los dictadores y viceversa. Pero como toda regla tiene su excepción, ¿dónde me dejas el gato de Lenin? Mira que si también va a resultar que Fidel Castro tiene un gato...

Lluna, la gata de Jordi Casanovas, el «webmaster» de migato.com.

Dictadores aparte, amigos que nunca hubiera sospechado que tenían un gato en su casa se me mostraron como inquilinos realquilados de un gato. Se me abrieron como fieles observantes de la fe en estos antiguos dioses egipcios, como creyentes en el culto a Bastet. Me hablaban de gatos ilustres, históricos, como el gato compositor que tenía Domenico Scarlatti, y me enviaban el relato en las propias palabras del músico: «Mi gato mostraba una predilección muy clara por el clavicordio. Paseaba sobre las teclas, de una extremidad a la otra volviendo sobre sus pasos. A veces se detenía un poco más sobre una nota y tendía la oreja hasta el momento en que la vibración cesaba. Una noche me había dormido en un sillón, cuando el sonido del clavicordio me despertó. Mi gato había vuelto a emprender su paseo musical, y realmente producía una frase melódica. Cerca de mí había una hoja de papel donde transcribí lo que el gato estaba componiendo.»

Gatos de los músicos, gatos de los poetas, gatos de los pintores, gatos de los escultores, gatos de los fotógrafos. Ah, ¿qué sería del arte de la fotografía sin los gatos? Los animales más fotogénicos del mundo. Elena Criado Girbal expone las fotografías de «Mis gatos» en una galería de Madrid y nos invita a los dos, a Remo y a mí, de parte de sus fotogénicos Tango y Milonga. Sus fotografías son un piropo a sus gatos, igual que sus palabras:

«Son curiosos, fanfarrones, perezosos, egoístas, caprichosos, indómitos, mimosos, rebeldes... seductores, en fin. No tenemos más remedio que adorarlos, pequeñas panteras en un mundo vulgar. Quien tenga un gato sabe de su elegancia, hasta el más callejero es un aristócrata. Y del placer que es verlos, simplemente. Pasean su belleza con indolencia y nos permiten que los miremos, acariciemos, incluso que los besemos; y, a veces, nos premian con un ronroneo.

Tengo dos gatos: Tango y Milonga, nombres que llevan como homenaje a otros amores. Ellos son la continuación silenciosa de mi soledad. Tal vez por eso me gustan tanto.»

Gatos de los escritores. «Todos los escritores con corazón se han ganado un gato», dejó escrito Osvaldo Soriano, el argentino que los amaba. Otros escritores les dejan el dinero de sus premios. Con su novela «El Desbarrancadero», el escritor colombiano Fernando Vallejo ganó el premio Rómulo Gallegos, dotado con 100.000 dólares. Donó todo ese dinero para la organización «Mil Patitas», dirigida por Fiorella Dubbini. En un refugio de tres mil metros cuadrados de extensión, Fiorella mantiene en Caracas a 140 perros y 110 gatos que fueron recogidos de la calle o le fueron entregados para que les diera techo, comida y atención médica. Al recibir el premio que destinó a los felinos, Vallejo hizo en su discurso como una reescritura de esa Biblia para Gatófilos que hubiéramos todos querido que inspirase el Dios que creó al gato:

«El hombre no es el rey de la creación. Es una especie más entre millones que comparten con nosotros un pasado común de cuatro mil millones de años. Cristo es muy reciente, sólo tiene dos mil. Al excluir a los animales de nuestro prójimo, Cristo se equivocó. Los animales, compañeros nuestros en la aventura dolorosa de la vida sobre este planeta loco que gira sin ton ni son en el vacío viajando rumbo a ninguna parte, también son nuestro prójimo y merecen nuestro respeto y compasión. Todo el que tenga un sistema nervioso para sentir y sufrir es nuestro prójimo.»

En papel o en mensajes digitales a un ordenador que siempre está acompañado por un gato silencioso y filósofo, que pensativo está acostado sobre la mesa del escritorio, empezaron a llegar los «Alegatos de los Gatos», las historias de los prodigiosos projimitos peludos. Ya había hecho su defensa

Tango y Milonga, los gatos fotográficos de Elena Criado Girbal.

en muchos programas de televisión y de radio. La imagen da prestigio y los gatos lo tenían. Tanto, que una mañana acudí, como tantas, a un hipermercado, a acompañar a Isabel en la compra. Y mientras tomábamos unos artículos de los anaqueles, oí que un señor que también estaba comprando le decía a su hijo pequeño:

—Mira, ese señor siempre va con un gato...

—Pero ahora no lleva gato, papá...

—Eso digo yo, hijo, sí que es raro que no lleve hoy un gato...

¡Cualquiera es el guapo que lleva a un gato al hipermercado!

Como no sea para abrirle sobre la marcha todas las latas de delicias del mar en la calle de las comidas de mascotas...

Benito, Malcom y la negritud gatuna

Los gatos comenzaron a escribirme. Más que a mí, a Remo. Más que sus dueños, ellos mismos. Cada gato lleva dentro un escritor. ¿Por qué creen ustedes que cada mañana llevamos a Remo, Rómulo y Adriano a su escuelita? Únicamente para que mejoren la letra, porque lo que se dice escribir, ¡claro que saben ya escribir! Escriben con el pensamiento del silencio de su mirada.

Lo que más me sorprendió de todas las cartas era el fondo común de muchas de ellas. Amantes de los gatos que habían podido descubrir que el suyo no era tan raro, porque ¡hacían exactamente las mismas cosas que Remo! Y como estos romanos y atigrados comunes europeos son todos tan lindos en la llaneza de su estirpe, había muchos que no solamente hacían las mismas cosas que Remo, sino que ¡eran físicamente igualitos que Remo! Iguales de guapos y resultones. Lo de «¡gatos del mundo, uníos!» que quería proclamar Remo, era ya una realidad. Desde Villablino (León) me escribió Jorge A. Torres García, quien me mandaba una foto tan parecida a las de Remo que venían en el libro, que cuando abrí la carta creí que era la fotografía que le había hecho un admirador alguna de las mañanas de invierno en que lo sacamos con su arnés a pasear por el parque, en nuestra rara habilidad de gatopaseadores.

Me decía este señor de León con gato: «Le envío una foto de Aquiles en la que podrá observar su gran parecido con Remo. En la foto tenía cuatro meses; ahora tiene siete. Fue encontrado con apenas diez días en una obra y no sabía ni comer, pero poco a poco se ha hecho el dueño de la casa. Su nombre se debe a que es un gato-guerrero, que nos tiene abrasados a arañazos y mordiscos. Al igual que muchos otros gatos, bebe agua del grifo, roba comida y quiere cazar pájaros y palomas.»

Remo, que está aquí acostado en la alfombrilla del ratón cuando escribo, ha mirado a la pantalla del ordenador y con el silencio de sus ojos me ha dicho:

—¿No podrías quitar esa frase donde Jorge dice que Aquiles araña y da mordiscos?

—Hombre, Remo, no me pega que tú, que eres como la estatua de la Libertad, quieras aplicar la censura a los otros

Aquiles, clónico de Remo y también de Rómulo.

gatunos. ¿No crees en la libertad de expresión? ¡Ni que fueras el gato de Lenin!

—¿Pero no hemos quedado que como mi agente de relaciones públicas que te he nombrado tienes que hacer todo lo posible para que los gatos no tengamos mala imagen ni fama de ariscos? Como sigas contando historias de gatos ariscos, vas a tirar por tierra todo lo que hemos conseguido...

He llegado a pensar que todos los gatos están repetidos. Sí, sí: repes. De costumbres, de hábitos, de travesuras y hasta de apariencia.

Ana María Vilardell, cuando vio «Gatos sin Fronteras», identificó a su gata en la portada del libro y me comunicó inmediatamente su descubrimiento: «El gato que está con usted en la portada es mi gata Atila, cuyo nombre responde, aunque sea chica, al Rey de los Hunos, y que mis nietos admiran por su belleza, fiereza y rayado de su traje, que también adorna ese collar natural que tienen los de su raza; además tenía ya de nacimiento un rabito corto con el extremo negro, de unos cuatro centímetros, que me recuerda a un lince que vi en televisión. Pero no sólo está Atila en casa. Por la misma época, hace ocho años, vino un gato persa, precioso, con una cara tan bella que muchas hermosas quisieran tener, se llama Tigre. Es cariñoso y dulce, y comparte su vida con Atila y con su hijo común, Fan Fan, que es negro, con el pelo como la seda, los ojos verdes y misteriosos de mirada profunda. Además Fan Fan, que es limpio como los chorros del oro, siempre bebe el agua con su manita, que luego seca con cuidado. Siendo hijo de padres rayados Fan Fan es hermosamente negro, pesa seis kilos y es un habitante tímido y silencioso de esta casa. Los tres siempre esperan junto a la puerta mi llegada y están siempre donde yo estoy. ¿Qué pensarán? ¿Qué concepto tendrán de mí? Obras son amores y yo cuido con esmero a estas tres criaturas que Nuestro Señor creó tan bellas.»

Lo mismo que a Ana María con Atila y Remo le ocurrió a Elena Cambronero con el suyo, con Mozart, y con el mío:

«Me he divertido mucho con el libro, pero no me gusta que cuente usted lo que hace mi gato diciendo que lo hace el suyo. Mozart es un gato negro precioso y buenísimo. Me encontró un día cruzando un semáforo en Madrid. Hacía muchísimo frío, llovía y daba mucha pena verlo tan pequeño, tan flaco, tan mojado y sucio. Yo no sabía nada de gatos, en casa había un perro y me dio miedo cogerlo, pensando que el perro podría hacerle daño. Lo dejé en los jardines de la urbanización donde vivo y subí a casa. Al rato pensé que tendría hambre y mandé a mi hija pequeña con un cacharro de leche. Subió enseguida, diciendo que el gato no quería comer. No podía quedarme tranquila, así que bajé a intentarlo yo. Me agaché para acariciarlo y me miró reconociéndome, dio un salto, pobrecito, tan pequeño y tan sucio, se metió dentro de mi abrigo, se acurrucó y se quedó dormido. Yo, sin saber qué hacer y con miedo a moverme por si se caía. Así que decidí abrazarle, y ¡para casa! Cuando mi perro lo vio, decidió que sería para siempre su hermano mayor, lo lavó, lo llevó a su cesto y ya no pudimos separarlos. Naturalmente que Mozart sigue en casa, tiene trece años y es el gato más guapo, listo y bueno del mundo. Es la alegría y la paz de todos. Hemos aprendido tantas cosas con él, que no puedo contarle todas, porque usted ya se las sabe. Ahora tenemos otra gatita, Hada, a la que está enseñando, pero ella es una raspa que se cree la dueña de Mozart, del perro Lennon y de todos nosotros. El perro y el gato le consienten absolutamente todo. Come la primera, duerme donde quiere y ellos la adoran absolutamente. Yo creo que hasta presumen y se cuentan todas las novedades de Hada. Desde que recogimos a Mozart hemos adoptado a muchos gatitos abandonados y han estado en casa hasta que hemos encontrado una casa en la que sean todo lo felices que podrían ser en la nuestra. Pero Mozart será siempre El Gato, nuestro gato, grande, brillante, bondadoso. Nos quiere a todos, a las visitas, a la chica que trabaja en casa. Hasta los que odian a los gatos dicen que, vale, a Mozart sí, porque "es tan especial...". Mozart le envía saludos a Remo y quiere que le diga que estaría encantado de compartir su ratón de peluche, sus croquetas y su cesto.»

Mozart es negro. Como Benito el Negro. Otra de las primeras cartas de gatos que recibió Remo fue de un viejo conocido, encantado tras haber comprobado que aparecía como personajazo importante en su libro, como también le escribió Rufus, contentísimo de ser gato famoso incluido en la obra. Era aquel negro Benito, gato aeronáutico, que permite que en su casa, entre vuelo y vuelo, viva Mercedes Oceja, la azafata que, recogiéndolo como nosotros a Remo, me inspiró la idea de nuestros «Gatos sin Fronteras», esta ONG unifamiliar que existe en tantas casas del mundo convertidas en felices hogares felinos.

Ahora no es Remo quien me apremia, es Rómulo el que me insiste en que me deje de sus historias y de historia y que permita hablar cuanto antes a Benito el Negro, en su propia voz, en su largo maullido escrito. No seré yo quien se atreva a contradecir a un gato:

«Querido Remo: por fin la pesada de mi mascota me deja el ordenador libre. Aunque me sacas en el libro hay animales y personas que no conocen mi historia. Digamos que ésta que te pongo aquí es mi "biografía autorizada". Un gato no va a ser menos que una artista de cine o una cupletista.

Nací hará cosa de año y dos meses en Las Rozas de Madrid. La dueña de mi madre (por llamarla de alguna manera),

Benito el Negro, inspirador de esta ONG literaria de los Gatos sin Fronteras.

nos metió en una bolsa de plástico a mis dos hermanos y a mí y nos dejó en medio del campo. Bueno, de ese poco campo que queda sin urbanizar por esta zona. Y allí estábamos, muertos de hambre y de sed, muertos de miedo y llorando porque nos habían separado de nuestra madre. Además las hormigas habían empezado a aprovecharse de nosotros, y nos estaban comiendo, cuando apareció nuestra hada madrina, Virginia, que había sacado a pasear a sus tres perras mascotas. Nos oyó maullar y nos llevó a su casa.

Allí abrió la bolsa y una de las perras, Connie, empezó a quitarme las hormigas con la lengua. Me dio tal lavado que me dejó como el jaspe.

Inmediatamente la familia de Virginia se puso en marcha para buscarnos unas buenas mascotas humanas a las que adoptáramos y que nos trataran como lo que somos: reyes.

Mis hermanos se parecen muchísimo a ti, Remo: son como Mil Rayas, pero yo soy negro, y si hay algo contra lo que no se puede luchar es contra la superstición humana.

Dicen que damos mala suerte.

¡Y una porra!

Que se lo pregunten a mi mascota Mercedes, a ver cómo le va desde que estoy yo en casa. Pero no me quiero desviar del tema: la realidad es que mis hermanos se fueron con sus mascotas enseguida, y pasaban los días hasta que apareció por allí la que luego sería mi mascota Mercedes, a preguntar a los padres de mi hada madrina, Silvia y Tomas, si conocían algún remedio contra los ratones que se habían afincado en su casa.

Éstos le dijeron que lo mejor para luchar contra los ratones era, es y siempre será, un gato, y que si quería, me podía ir a vivir con ella.

Mercedes contestó que a lo mejor iba a ser un problema porque en su casa vivía desde hacía seis años un perro, que ya se sabe de perros y gatos como se llevan... Me acercó a su casa, y yo hice lo que tenía que hacer: me fui a comer con Gus el perro a su comedero, mientras charlábamos, porque los animales somos así de civilizados, ¿qué se creerá esta gentuza humana? Gus me dijo que comiera lo que quisiera, que me sintiera como en su casa.

Y hasta hoy. Aquí me he quedado. Desde que yo aparecí, no ha vuelto a haber ratones. ¡Ah! Y a pesar de que mi mascota Mercedes se empeña en comprarme comida de gato, a mí la que me gusta es la de Gus, la comida de perros, y además es que no le entra en la cabeza que nos gusta comer juntos, en el mismo comedero.

Soy muy feliz. Tengo un hermano que me quiere y soporta mis arañazos con estoicismo. Tengo tres mascotas, porque en casa viven Isabel, amiga del alma de mi mascota, y la hija de Mercedes, que se llama igual que ella y que me puso de segundo nombre Farinelli cuando Rosita la veterinaria me quitó... bueno, como me imagino que te han quitado a ti, Remo, como si fuéramos "castrati" para cantar ópera, ¡qué perrerías nos hacen a los gatos machos!

Dormimos todos juntos, unas veces en la cama de Merce, otras en la de Isa... Lo malo es cuando se va mi mascota de viaje, a su trabajo, y me dejan solo. Las echo de menos. Menos mal que los viajes duran poco. Me encanta meterme debajo de las camas, porque las tienen llenas de cajas, y cuando se acercan, las agarro de las piernas para asustarlas. ¡Y vaya que si lo hago! Es a lo que más me gusta jugar. Le he dado tu dirección a unos amigos que tengo en Buenos Aires. Te escribirán un día de estos.

Bueno, Remo. Te dejo que viene mi mascota con la misma cara que le pone a su hija cuando se engancha al Messenger. ¡Qué paciencia hay que tener! Recuerdos a tus mascotas humanas. Beni.»

De Benito en aquellas primeras horas de su adopción a pesar del maleficio de su negritud he tenido otro relato, un punto de vista complementario, otro plano de narración, ¿será por técnica novelística gatuna?, que es el recuerdo de Nerea Iturbe: «Conozco a Mercedes, la azafata, desde hace ya más de diez años, porque éramos vecinas; y conozco a Virginia porque actualmente es vecina mía, de la que también soy amiga desde hace ya muchos años. Recuerdo el día en que Virginia me llamó para decirme que había encontrado a tres gatitos recién nacidos y casi muertos. Desde el primer momento sentí adoración por Benito, pero en mi casa no me dejaron quedarme con él porque no les gustan los gatos y porque tengo un perro llamado Yako (cruce de setter con labrador) que tampoco es muy amigo de ellos. Me dio mucha pena ver cómo los hermanos de Benito, supuestamente más guapos que él, iban encontrando un hogar y que Benito, por ser de color negro, se quedaba solo. Tengo muy buenos recuerdos de su crecimiento, ya que lo visitaba diariamente en casa de Virginia para verlo y jugar con él hasta el día en que supe que Mercedes se lo iba a quedar. Ahora lo veo de vez en cuando porque Mercedes lo deja en casa de Virginia cuando se va de viaje y no lo pueden cuidar y se nota que es un gato feliz y bien cuidado, además de guapísimo; todavía no entiendo cómo es posible que nadie lo quisiera. Nerea Iturbe.»

Ni Benito el Negro ni ningún gato del mundo ha conseguido quitar ese maleficio a los de su color.

La palabra «negro» es ya políticamente incorrecta y huimos de usarla: menos cuando se aplica a los pobres gatos negros.

No he oído nunca, y ya va siendo hora, que un gato de ese color sea «un gato subsahariano». O como dicen en Estados Unidos de los hombres con esa tez, «un gato de raza de color».

Nada: gatos negros para arriba y gatos negros para abajo. Negros de toda negritud. Sin que tengan los hermosos gatos negros un Léopold Sédar Senghor que les reivindique su negritud.

Por eso me colmó de alegría que a Remo, desde Pamplona, le contara su alegato racial y antirracista un gato del «Black Power» gatuno: Malcom. Éste es su alegato:

«Me presentaré, Remo: mi nombre es Malcom, en homenaje a Malcom X. Soy un perfecto cruce de siamés y persa, negro con ojos dorados y aunque esté mal que lo diga, soy un gato realmente guapo.

Fui separado de mi madre y hermanos a los dos meses, ¡hace ya casi cinco años!, y comparto desde entonces mi casa con una amiga humana.

Como buen navarro, me gusta jugar a la pelota; la tiro al aire y cuando baja... lanzo un saque con la mano que ni los mejores pelotaris conseguirían igualar. En casa tengo varias camas: ahora duermo aquí, después allá... También comparto con mi amiga humana "nuestra" cama, pues sé la ilusión que le hace que me suba a media noche, apoye mi nariz en la suya y se despierte cuando mis bigotes le hacen cosquillas en la cara. Entonces ronroneo y me hace mimitos.

Ahora me alimenta con... ¡ejem!, estoooo, ¡croquetas Obesity! Pero que esto quede entre nosotros, ¿vale? La veterinaria cree que estoy un poco gordito. ¿Qué sabrá ella de gatos gordos? Yo me veo como lo que soy; un auténtico chicarrón del Norte, grande y fortachón, pero gordoooo, ¡no!

Aparte de los juegos, mimitos y besitos (¡cómo se pasa la colega!, ¿a ti no te ocurre igual, Remo?), comparto con mi humana la afición al yoga y a la relajación. Ponemos música tibetana, hacemos las posturas y nos relajamos. Cuántas veces me quedo dormido de puro placer, cuando sus manos van recorriendo mi cuerpo y en susurros me va diciendo: "Manita izquierda, relax, manita derecha, relax, orejita izquierda relaaaaaax..." ¡Un auténtico vicio!

Mi humana personaliza para mi figura una canción de Antonio Machín que nos viene muy bien a los gatos negros, para que se acabe nuestra mala fama. Y me la suele cantar. No sé si te la sabes. Dice así:

Siempre que pintas iglesias
pintas tú gatitos bellos,
pero nunca te acordaste
¡de pintar un gato negro!

¡Qué le vamos a hacer, Remo! Estos humanos son como niños. Pero por lo menos mi humana nos defiende a los gatos negros. A ver si haces lo mismo y nos echas una garrita. Malcom.»

Un chicarrón del Norte y una chica del Sur

¿Son distintos los gatos según las latitudes y los paralelos? ¿Existen diferencias entre las distintas Gatonomías, tienen distintas competencias sus Estatutos Gatunos? Buffon cree en la superioridad de unos gatos sobre otros según su nación: «Las distintas razas de los gatos se distinguen según los diferentes climas siguiendo más o menos el mismo orden de las razas humanas; son, como los hombres, más fuertes, más corpulentos y valientes en los países fríos; más civilizados y afables los de clima templado; más cobardes, débiles y feos en los de clima demasiado caliente.» Quede citado Buffon en alabanza de los gatos del Norte y en denuesto de los gatos romanos y andaluces de la Bética, de los que tantos elogios llevamos hechos. Todo sea en compensación. Como un Fondo de Compensación Interterritorial Gatuna, para que no se enfaden los gatos chicarrones del Norte como Malcom.

O como Nano de Getxo, que los defiende mejor que nadie, con sus propias palabras, en las que demuestra que la resistencia física y psíquica de estos chicarrones gatunos del Norte es algo fuera de lo común:

«Me llamo Nano y soy un litergato bilbaíno, exactamente de Getxo. Vivo con mi humana Xandra de quince años que está aquí redactando ésta que es mi historia, porque según dice ella, soy demasiado vago para escribirla yo mismo (no creo que tenga razón, pero bueno).

Me acogieron hace unos dos años, cuando yo aún tenía unas semanas. Mis humanos tenían a su abuelo en una residencia y allí estaba yo con mis padres, hermanos, hermanastros y madrastra. No tenía apenas tres semanas cuando llegó Nuria y su madre (hermana y lógicamente también madre de Xandra), y me adoptaron.

Pasé tres días espantosos, llamando a mi madre hasta que me habitué a la convivencia con mi nueva familia. Ya llevo más de dos años aquí y, como diría mi humana, "vivo como un marqués". Y es que no me puedo quejar: como latitas, como el que más; duermo unas quince horas diarias; juego siempre que me apetece y sobre todo tengo el lujo de que como vivo en un chalé, me dejan salir a la calle y puedo fisgonear todo a mi antojo, aunque en más de una ocasión he recibido algún palo.

Como aquella vez que entré a tumbarme en el jardín de la casa que hay enfrente de la mía, cuando salió un humano cruel y me echó el perro, me estuvo mordiendo y me rompió los tendones. Cuando llegué a mi casa mis humanas se asustaron mucho y me llevaron al pediatra gatuno para que me curasen, me operaron y lo pasé fatal. Qué mala pata tuve, que además de eso cogí una bronquitis. Nadie daba ni dos duros por mi vida. Pero yo, que soy un chicarrón del Norte, lo superé y volví a ser el mismo de siempre después de haberme pasado más de un mes con la patita vendada y ese capirote que me pusieron, como la pantalla de una lámpara, para no andarme en la herida, aparte de los "estornudos" que tenía.

Pero bueno, yo en estos momentos estoy contento con tu libro, Remo. A ver si ya se nos quita esa mala fama que tenemos de ariscos. Mi humana Xandra (que también se lo ha leído) se siente muy identificada con muchas aventuras tuyas. Nano de Getxo.»

Para que puedan observar la diversidad entre las Españas gatunas, lean ahora el relato de Maui, una adorable gata del Sur:

«Querido Remo, soy Maui, una gatita de casi cuatro años, romana atigrada, preciosa y bastante dada a dar bocados y arañazos; vamos, que soy poco cariñosa. A pesar de todo, tengo a la familia con la boca abierta conmigo y piensan que su vida no sería lo mismo sin mí. Porque igual que tú adoptaste a los Burgos, yo adopté a los García: María Luz y Antonio. Ellos son maestros de Enseñanza Primaria y tienen dos hijos que estudian en la universidad. Desde que yo los adopté, María Luz ha desarrollado un cariño tan grande hacia los gatos que además de cuidarme a mí (aunque ésa es su obligación), cuida a montones de gatos callejeros de Aguadulce, lugar donde pasamos los fines de semana y veraneamos.

María Luz pidió de regalo el libro "Gatos sin Fronteras" y mientras lo leía, yo la observaba y sonreía y soltaba carcajadas. De vez en cuando decía:

—¡Igual que mi gata!

Mi gata soy yo. Quiero comentarte dos anécdotas sobre mí que a María Luz le llaman mucho la atención. Una de ellas se refiere a cuando yo tengo el celo. Entonces prefiero a los machos humanos a las hembras, y más a los jóvenes que a los viejos... ¡tonta que soy yo! Los persigo por toda la casa maullando lastimeramente y haciendo posturas coquetas para llamar su atención; en cambio a las hembras, si se acercan a mí o me cogen, les gruño.

Pero lo que más le impacta es que yo, al igual que los humanos, trato a cada uno de mi familia de manera distinta, adaptándome a su forma de ser.

La madre es la Humana-Necesaria. Ella me da de comer, me cambia el cajón de aseo, me lleva al pediatra (como dice ella) y me baña. A ella la trato bien, es a la que menos araño y es la única que sería capaz de meter la mano a oscuras en un cajón conmigo dentro sin verme la cara ni saber mis intenciones. Los otros nunca se atreverían, les doy miedo.

El padre es el Humano-Regañón, es el único al que obedezco. Cuando me subo en lo alto de un armario o en una estantería que no debo, sólo con mirarle sé que no puedo estar ahí y de momento me bajo. Le temo tanto que cuando estornuda fuerte, creo que me está regañando y me tiro a sus pies a morderle. Si rompo algo y me regaña y está varios días sin mirarme, me pongo cariñosa y coqueta, espero a que se siente en el sofá, entonces le maúllo, me tumbo a su lado y recuesto la cabeza sobre su pierna.

El hijo es el Humano-Hartible, como dicen en Cádiz, donde nació María Luz, cerca de tus queridos compañeros los gatos del Campo del Sur, Remo, en la calle Sagasta. Siempre me está enrabiando con las botas Panamá Jack negras que me asustan y con él voy a degüello. Lo espero en el dormitorio que hay en mitad del pasillo y cuando pasa le muerdo en los tobillos. Pero cuando estoy en celo... es mi favorito, me acuesto encima de la ropa que deja encima de la cama y me subo en el respaldo del sillón donde se sienta y le doy con la patita en el hombro.

La hija es la Humana-Juguetona. Ella me trajo a casa y le dio la oportunidad a la familia de que yo la adoptara. Estudia en Granada y cuando viene no la dejo concentrarse en los libros. Me pongo en la puerta de su dormitorio con el lomo arqueado y el rabo en forma de S, le maúllo y cuando me mira salgo corriendo para que ella me siga y juegue conmigo. No la dejo estudiar.

Ah, una cosa que le he oído contar a la madre, a la Humana-Necesaria: su hermano es profesor de la Universidad de Almería. Una vez invitó a un compañero que odia a los gatos.

Maui, la gata almeriense socióloga, que clasifica los tipos de humanos que tiene a su alrededor.

—Tendremos que encerrar la gata en una habitación —dijo ella.

—Pero si mi gata tiene más vacunas puestas que él —respondió el hermano.

Bueno, Remito Remolón, ya me he enrollado bastante. Me gustaría que algo de lo que te he contado te sirviera para un nuevo libro, aunque luego el mérito se lo llevará el señor Antonio Burgos, ¡cómo son estos humanos! Con mucho cariño gatuno, te maúlla, Maui.»

La herencia de los gatos pobres

Los hombres andamos buscando siempre la calidad de vida y los gatos no tienen el menor problema: la han encontrado. Son como Picasso. Otros buscan; ellos encuentran. Llevan dentro la serenidad de la calidad de vida, el bienestar, la felicidad. Quizá por egoísmo, no lo niego. Como observa Ramón Gómez de la Serna en una greguería: «El gato sólo admira al hombre cuando echa un leño más en la chimenea.»

En casa no hay chimenea, y no por eso dejan de admirarnos estos tres afortunados gatos de nuestra colonia. Menos afortunados, por cierto, que nosotros con ellos. Me siento reflejado en las observaciones de «El Bosque Animado», de Wenceslao Fernández Flórez:

«El gato es el más romántico de los animales; su alianza con el hombre está hecha tan sólo para poder ensoñar con comodidad, libre de los absorbentes cuidados de ganar la vida y de defenderla. El perro da, en cambio, su trabajo y se muestra siempre dispuesto a él, con celo impaciente. El gato no. Si coge un ratón, es porque le distraen las peripecias de la caza; pero a veces, cuando está sumido en fantasías cautivadoras, los deja pasar a su lado sin molestarse en entreabrir los párpados. No admite dueños, sino anfitriones, y por eso no sirve, sino que se deja servir. Tan seguro está de sus propias perfecciones, de la belleza de su piel, de la elegancia de todas sus actitudes, que entiende pagar la máxima merced con su presencia; sabe que embellece un hogar y que nunca, ocurra lo que ocurra, ni en el abandono del sueño ni en la imprevisión de una caída, desagradará con una postura ridícula a quien lo mire. Después, lo que le importa es soñar. Enroscado junto al fuego, o sobre el más mullido mueble de la casa, o inmóvil en el alféizar de una ventana para dejarse ver —más que para ver— del mundo exterior, imagina estupendas historias y no gusta de que alguien le estorbe. Cuando todos duermen y son tan densas las sombras que a un hombre le parece tropezar en ellas, sentirlas como cuajadas de terciopelo los rincones que el misterio de la noche transforma. Pero es la luna la que ejerce sobre él un poder irresistible. Siempre conoce él una rendija por donde deslizar su flexible cuerpo y salir, cuando la luna alumbra líricamente el mundo. Bajo la luz de la luna le place amar y aventurarse en excursiones cuyo objeto nadie conoce más que él, y mirar todas las cosas maravillosas que ocurren en un bosque en una noche lunada.»

El gato nos enseña que se puede ser feliz con muy poco. Con el disfrute de lo que se tiene. Dentro de un orden. Del orden descrito por Arthur Bridges: «Un gato no es exigente, mientras usted recuerde que le gusta beber la leche en el plato rosa y comer el pescado en el plato azul, de donde lo sacará para saborearlo en el suelo.»

Los gatos gozan de los pequeños encantos de su vida felina: pájaros tras las rejas del balcón, el olor de las plantas y de los brotes tiernos, la luz del sol, la lluvia, el viento, su comida y su agua siempre cerca, una cesta al sol, una colcha, y en el delirio ya, quizá alguna pobre mosca que se cuela inocentemente y acaba desplomándose con un zumbido sordo y agonizante. Es asombroso descubrir qué poco les basta para ser felices, cuando nosotros, por el contrario, necesitamos siempre tantas cosas...

Un buen ejemplo de gato instalado en la calidad de vida puede ser Afrrael, de Mislata (Valencia), que tiene cara de lo que es, de filósofo rancio que le confía sus pensamientos a Remo:

«Me llamo Afrrael y he decidido contarte mi historia. Soy un gato siamés, aunque callejero, tengo catorce años, no me da pudor decirlo porque no los aparento en absoluto. Llegué a esta casa cuando sólo tenía tres o cuatro meses, procedente de una fábrica de hormigones donde trabajaba el humano que vive conmigo. Allí vivía con mi madre y mis hermanos, pero yo era el más tonto, me quedaba siempre sin comer y los humanos que había en ese lugar me maltrataban porque yo no salía corriendo o les atacaba como el resto de mis hermanos, y es que no comprendían mi naturaleza pacifista. Este humano sintió pena al verme y me llevó a su casa, donde ahora soy el rey, me he convertido en un sibarita adorado por todos. Aquí puedo dar rienda suelta a mi naturaleza de filósofo y poeta. Mi afición favorita es olisquear el aire en el balcón, contemplar las plantas de mi alrededor y todo lo que se mueve. Después, reflexionar sobre mis propias conclusiones acerca del absurdo mundo que me rodea. Lo único que me ha quedado de mi anterior vida es el temor a los hombres, a los varones, pero incluso a eso puedo sacarle provecho, porque en el veterinario exijo ser atendido sólo por mujeres y siempre hay dos o tres acariciándome y diciéndome cosas agradables, así que como ves no es tan malo. Todo era perfecto hasta un fatídico día de junio de 2003. La humana que mejor me cae y a la que incluso permito vivir conmigo, tiene una afición que yo sabía que nos iba a traer disgustos, sobre todo a mí. Es voluntaria de la protectora de animales de Valencia y una ONG gatuna de cuanto gato hay por los alrededores. Así que encontró dos cachorros, que además nacieron el mismo día de su cumpleaños,

Merlín y Oberón, y se los trajo. ¡Menudo regalo! Ante la insistencia y largas charlas conmigo para que aceptara que se quedaran, apelando a mi pasado y a mi buen corazón de filósofo, acepté. Estoy un poco arrepentido, no porque me hayan desbancado de mi trono, algo que por supuesto es imposible, sino porque son un fastidio, ruidosos, melosos. No saben comportarse como auténticos gatos. María, mi humana, sigue insistiendo para convencerme de que haga de padre adoptivo y les enseñe todo lo que un gato con clase y educación debe saber, pero por ahí sí que no paso. Quizá cuando sean más grandes nos sentemos a charlar. Y ellos a lo mejor te pondrán unas líneas, pero mejor déjalas para otro libro futuro, porque no quiero que me sigan quitando protagonismo. Afrrael.»

Afrrael habrá acabado aceptando a Merlín y Oberón, movido por sus mejores sentimientos. Los gatos, con sus muchas virtudes, no tienen pecados capitales. No son envidiosos, ni rencorosos, ni violentos. Si algo quieren, lo toman al instante, sin complejos de culpabilidad ni falsos y demagógicos razonamientos igualitarios. Conocen la propiedad privada, vamos que si la conocen. La conocen y la reconocen: cada uno de los tres tiene su propia parcelita en la casa, su vivienda adosada dentro del Cuarto de los Gatos. Pero comparten juegos y alegrías, descubrimientos y hallazgos. Cuando van los tres en pandilla por la casa, uno se sube sobre un radiador de la calefacción al ver algo que le ha interesado y los otros dos lo siguen. Siempre sin violencia. ¿Quién ha leído la historia de un gato asesino que mató a un hombre, que hirió a un niño?

Los gatos están instalados en la calidad de vida. Ni un multimillonario americano en su casa de Beverly Hills se pega la vidorra que Adriano, Remo o Rómulo en la nuestra. Están a pensión completa, con «full credit» para todos sus capri-

Afrrael, en su actitud profesional de gato filósofo.

chos, y asistencia sanitaria gratuita. Gozan de mejor proporción de servicio que los huéspedes de los grandes hoteles de cinco estrellas y gran lujo: aquí hay un empleado por cada cliente. Isabel, Laura y yo estamos al servicio de Remo, Adriano y Rómulo. Con mayor atención que los camareros del «room service» atienden las peticiones de los cuartos, en plena noche Isabel me despierta y me dice:

—Acércate a ver qué les pasa, que me parece que los gatos están armando ruido en su cuarto.

Efectivamente. Es que los señores se habían comido todas las croquetitas de su pienso y querían un tentempié de madrugada. Saben que el «room service» gatuno de su hotel de cinco estrellas gran lujo funciona las veinticuatro horas, y no como en esos hoteles que después de las doce de la noche no te traen ni un triste bocadillo de jamón y queso.

Adriano está más feliz aun que los otros en su paraíso porque como lo hemos recogido con más meses, mayorcito, lo ha pasado peor como *Felis Viator*, durante más tiempo. Observo que el gato hace unos divertidos movimientos con la cabeza. Como si no se creyera algo, lo feliz que es, por ejemplo, y se despejara la cabeza con un movimiento para comprobar que no es un sueño cuanto vive. ¡Claro, como los gatos no pueden darse pellizcos para despertarse ante la felicidad increíble! Pero no es la felicidad del pobre. Son sus orejitas. Nos lo dice Eva la Veterinaria cuando lo llevamos, tras la insistencia de Isabel, que es la médico de cabecera de los gatos. A Adriano, como es tan dócil, no lo llevamos a Eva en su transportín, sino que lo tomo yo en brazos dentro del coche. Rómulo y Remo, camino de la veterinaria dentro de su transportín, se conocen los muy pillos la carretera. Se la huelen. Pasamos por determinado sitio donde los dos se ponen muy estresados, a jadear, a babear. Sí, los gatos babean. Puede ser de estrés o de extremo placer. Isabel acariciaba a Romulito de pequeño y babeaba de gusto. Camino de la veterinaria, los dos babean de pánico, se les cae el pelo a manojitos. A Adriano, en cambio, que le echen lo que quieran. Lo he entrado en la consulta de Eva, lo he puesto sobre la limpísima mesa de acero, la veterinaria le ha acercado un visor con lupa a sus orejitas, luego le ha tomado una muestra, la ha puesto en el microscopio, y exclama:

—¡Pero si el pobre tiene ácaros! ¡Cómo se le tienen que mover dentro de sus orejitas y lo que lo tienen que hacer sufrir, animalito!

Y le dice, mientras Adriano la mira muy fijo, el hocico puntiagudo y rosa hacia su cara, aunque un poco enfadado, porque no le gusta nada que le digan lastimosamente «animalito»:

—Te estarían volviendo loco los ácaros al moverse por ahí por dentro de tus orejitas. ¡Así movías la cabeza! Loco te traerían, bonito.

Nos explicó que estos gatos callejeros sacados del arroyo o librados de la muerte han tenido los pobres tantas carencias y han pasado tantas penalidades de pequeños, que a lo largo de su vida se les presentan muchas enfermedades y problemas que le vienen de esos inciertos orígenes.

Como los humanos desvalidos, las enfermedades son las únicas herencias que reciben los gatos pobres. A Adriano le pasa como a un humano paisano suyo, al cantaor Beni de Cádiz. Tenía Beni una persistente dolencia de estómago y hacía bromas con su mal hasta en el lecho de muerte. Decía:

—Como en mi casa éramos tan pobres, mi padre solamente me pudo dejar de herencia una úlcera de estómago. Y cada vez que voy al médico me lo repite, me dice el doctor: «Esta úlcera es de herencia, Beni...»

En menos de una semana, unas gotas en las orejas le quitaron a Adriano los ácaros de su triste herencia de gato pobre. También debió de recibir de su familia, por cuna, otros tristes legados. Vemos ahora que tiene dificultades para comer, ay, este pobre gato es el rigor de las desdichas. Isabel cree que es de los largos dientes, que los colmillos superiores se le clavan al pobre en la mandíbula inferior. Cuando les abrimos las latitas de sus predilecciones y son tres grupos de gatos encantados sobre los tres tazones, Adriano es el primero que termina. Me acerco, y tiene el pobre casi toda la comida allí, sin comérsela. Tomo entonces un tenedor, cojo con él un trocito de comida de la lata, se lo acerco de lado a su boca y así sí se lo come. Se lo puede comer. Con ansia. Isabel me dice:

—Eso es de los dientes, que a este gato le van a tener que sacar esos dientes tan largos que tiene, o por lo menos cortárselos, porque seguro que se hace daño al comer.

¡Como si hubiese dentistas de gatos! Pienso que es del tazón, que no puede meter su cabezota dentro del cuenco. Tomo un plato de postre, le extiendo la comida y veo que se la toma con mayor facilidad. Para identificarlo, tomo un rotulador de los que escriben sobre cristal y le extiendo la escritura de propiedad gatuna del plato. Pongo: «Adriano».

Pero como no sea con el tenedor, dándole de comer, acercándoselo de lado a su boca enferma, Adriano no come. Adriano, hasta ahora, era elegantísimo comiendo. No rebañaba los platos. No es como Rómulo, glotón, comilón, devorador de todo lo que se le eche en su cacharro, que se come mucho antes que los otros, tras lo cual ayuda a terminar con la comida de sus compañeros.

Por esto de los dientes, a Adriano también le cuesta mucho trabajo chascar con sus dientes las croquetas del pienso, que Remo y Romulito hacen rechinar, cascándolas, cuando con el frasco donde las guardo he hecho como de campanilla y se las he hecho sonar para que sepan donde anduvieren de la casa que se abre el comedor, a lo que acuden los tres presurosos hasta la terraza del Cuarto de los Gatos, quién sabe de dónde sale cada uno, aunque el que más corre que se las pela hacia su comedor es siempre Rómulo, el insaciable.

Adriano tiene los dientes mal.

Nueva visita a Eva, que nos dice que no son los dientes, que sus piezas son normales para un cazador de la selva de Tarifa como él. Que es la encía del pobre. Que tiene inflamación de encías: gengivitis. Y aquí viene el problema. Con lo mal que come, encima, las pastillas. El deporte olímpico de dar una pastilla a un gato.

—¿Este antibiótico no lo hay en jarabe, o en inyecciones, o de otra manera que no sea en pastillas, Eva?

—Qué va, lo he mirado en el vademécum y sólo son pastillas.

Y Eva las saca de un estante, nos da el tratamiento completo, y con esa destreza de los veterinarios, que son todos medalla de oro en el deporte olímpico de dar la pastilla a un gato, consigue darle a Adriano la pastilla.

Creíamos que lo había conseguido. Combate nulo. Cuando llegamos a casa, pusimos a Adriano sobre la blanca mesa de la cocina, para prepararle como premio una latita en el plato de postre con su nombre. Y en ese momento, ¡Adriano expulsó de la boca la pastilla que mucho más de media hora antes le había dado la veterinaria! El muy truhán se la había dejado entre los dientes y la encía, para no tragársela y hacernos creer que se la había tomado. Como señalando que el gol de Eva con la pastilla por la escuadra de su boquita había sido anulado. Como diciendo, en vez de «a otro perro con ese hueso»:

—¡A otro gato con esta pastilla!

¿Cómo darle la pastilla? Lo intentamos de todas las maneras inimaginables. Triturada, disuelta en su comida húmeda de las latas, mezclada entre las croquetitas de pienso. El gato llegaba, olía aquello, se daba media vuelta y muy digno, se iba. Aunque se quedara sin comer. Todo menos claudicar como un humano y hacer caso al médico. Isabel inventó la manera:

—¡Ya está, se la vamos a dar con una jeringa de insulina, disuelta en agua!

Isabel podría patentar el procedimiento. Fue el único con el que finalmente pudimos administrar al anarquista Adriano el antibiótico para sus encías inflamadas. No sin contrariedades. ¿Hay camisas de fuerza para gatos anarquistas? Adriano la hubiera necesitado. El que nunca me araña, me arañaba cuando intentaba cogerlo, pero bien firme, cada una de sus patas en una mano, para que Isabel le pegara el jeringazo. Cerraba la boca, sacaba sus largos colmillos. Laura nos vio intentarlo y preparó el plan de ataque:

—Déjenlo ustedes. Mañana por la mañana le digo a mi hermana Sofía que venga a ayudarme, y entre las dos seguro que se la damos.

Sofía es auxiliar de clínica. Adora a los gatos, como su hermana Laura. Pasé a llamarla directamente la Doctora Sofía la primera mañana que la vi en la amorosa faena de la medicación del gato enfermo, Laura con los guantes de goma de la cocina enfundados tomando a Adriano por las patas y sosteniéndole la cabeza bajo la axila, y Sofía aprovechando una apertura desesperada de su boca para introducirle al pobre la jeringuilla de insulina y administrarle la pastilla triturada y mezclada con agua.

Así, todo el tratamiento de la caja, que tenía una infinidad de pastillas. Los veterinarios siempre recetan a nuestros gatos cajas enormes, con una abrumadora cantidad de pastillas, con lo difícil que es darles sólo una.

Cada mañana, cuando llegaba Sofía, Laura buscaba a Adriano y le decía:

—¡Venga, Adriano, que está aquí la Doctora Sofía y se va a abrir la consulta en el ambulatorio gatuno!

Gracias a la Doctora Sofía la boca de Adriano está ya perfectamente. Incluso tuvimos que darle en aquellos días pienso de gato bebé, el de las pequeñas croquetitas, para que su dolorida encía no tuviera que chascar las grandes de gato joven de uno a cuatro años. Ganó en peso inmediatamente.

Se le dejaron de ver los huesos de los homóplatos en su lomo esquelético. Come ya con fruición. Y ronroneo.

Yo tengo dos gatos de silencio y un gato de ronroneo. Adriano ronronea que da gusto, Ronronea a placer. Remo y Rómulo, desagradecidos que son, no ronronean ni cuando más contentos están. Ni cuando son las tres de la tarde y le digo a Rómulo:

—¡Venga, Romulito, a dormir la siesta conmigo!

Y Rómulo lo entiende. Vamos si lo entiende. Muy diligente se va a nuestra cama y se acuesta, esperándome. Es un gato romano encantado de dormir en la Hora Sexta, en la siesta. Echa su cabecita sobre mis rodillas, tomando mis corvas por almohada. O se pone, cuando tiene frío, cabeza con cabeza con la mía. Porque un buen gato andaluz no perdona la siesta ni en invierno, al calorcito de una manta inglesa de lana, de las de viaje. Tanto, que cuando algún día tengo un almuerzo fuera de casa y me pierdo la siesta, Rómulo no la perdona. Isabel observa que cuando llega la sagrada hora de la siesta, Rómulo me busca por toda la casa, como diciendo:

—¿Pero qué pasa? ¿Que hoy aquí no hay siesta?

Tras lo cual decide irse él solo por su cuenta a la cama, como todos los días. Isabel dice que es por egoísmo, por no perderse la siesta. Yo sostengo que es por fidelidad, que está allí esperándome.

Porque a mí me gusta perderme una siesta todavía menos que a él.

Adriano da masajes Shiatsu

Cada gato tiene sus habilidades. Por ejemplo, ante una puerta. ¿Qué hace un gato ante una puerta cerrada? Pues depende del gato. Hay gatos que hasta han aprendido a dar un salto para abrir los picaportes, pero los míos no llegan aún a tanto. Se empeñan en cumplir el axioma de Louis J. Camuti: «La mayoría de los gatos, cuando están fuera quieren estar dentro, y viceversa. Y a menudo, simultáneamente.» Y el de Rosemary Nisbet: «Los gatos prefieren que las puertas estén abiertas, por si cambian de idea.»

Remo, ante una puerta cerrada, no se altera. Soberano y altanero, elige otro camino. No sé si es resignación senequista de un gato, indolencia cernudiana o simplemente filosofía de irse tomando las cosas conforme van viniendo, sin alterarse.

Rómulo, ante una puerta cerrada, decide abrirla. Y acaba abriéndola. ¿Quién dijo miedo? Con Rómulo nunca hay gato encerrado. Toma carrera, y con su cabezota, ¡plas!, da un golpe certero y termina abriéndola del tirón. Si la puerta se resiste, se acerca, inspecciona aquello, muy pacientemente, le da con su garrita a la ranura por la que ve que entra la luz y huele los olores de lo que hay detrás. Y vuelve a las andadas, al cabezazo. Sólo cuando la puerta se le ha resistido adopta la sabia actitud de Remo, sabedor de que allí hay gato encerrado. Por ejemplo, él es el gato encerrado.

Adriano, ante una puerta cerrada, como es un posibilista y sabe que en su lucha por la utopía conviene siempre pedir lo imposible, hace lo que usted haría: llamar para que le abran. Adriano llama ante todas las puertas que encuentra cerradas. Se incorpora sobre sus patas traseras y hace pasar las delanteras, rítmicamente, sobre la puerta que quiere abrir. Saca sus uñas, y sobre la madera hace un ruido que ya reconocemos de lejos:

—Adriano se ha quedado encerrado y quiere que le abramos.

De los tres, claro, es el que más puertas consigue abrir. Sabe ponerse del lado del enemigo que lo encierra, meterle el alma en un puño. Sobre todo porque sabe que nuestras almas gatófilas están encantadas de que nos las meta en el puño de sus garritas llamando a las puertas. A las que no hace el menor daño pasando las uñazas.

—Yo creía que os tenía las puertas destrozadas...

Pues no. No hay una sola señal en la madera de ninguna puerta a las que llama. Adriano es un virtuoso en los trabajos manuales. Es el que mayor destreza manual tiene de los tres.

A esos efectos, es como muchos otros gatos, expertísimos en raros menesteres. Como Antoñín, que le ha contado a Remo sus habilidades: «Yo soy Antoñín, un gato con personalidad, que vivo junto a otros tres coleguis gatunos, una perra y tres humanos. Los citados humanos son mis mascotas. En mi casa hay unas cosas que se llaman picaportes, no sé a qué se debe este nombre porque no pican. Bueno a lo que vamos, eso sirve para que yo pueda abrir las puertas cerradas, no hay ninguna que se me resista. Te cuento: doy un salto, me engancho en el picaporte, me dejo caer, empujo con mi hociquito y para dentro, está abierta. Voy siempre detrás de mi humana que dice que soy un gatito perruno, pero lo que pasa es que la mimo mucho, no sea que un día se enfade y se marche y la verdad es que no quiero quedarme sin mascota. Antoñín.»

El tal Antoñín es colega de piso de Curro, que también le ha contado sus habilidades a Remo: «Estimado colega: soy Curro, colegui de Antoñín el abrepuertas. Ya que Antoñín te escribió no quiero yo ser menos que él, que se va dando aires por ahí. Yo encontré esta casa ya de mayorcito, porque yo tenía otra mascota antes, pero se fue al cielo y me quedé solito, pero mi mascota tenía un sobrino al que yo adopté, fui a su casa, me gustó y aquí me quedé. Soy un gato grande, majestuoso que dicen mis mascotas huma-

Antoñín Abrepuertas y Curro, su colega.

nas, tengo el pelo completamente negro, pero mis mascotas dicen que soy subsahariano que es más políticamente correcto, aunque yo pienso que es una tontería. Tengo las patas muy largas y camino con mucha gracia y donaire, vamos, que si fuera humano estaría a la altura de un tal Nacho Duato o quizá llegaría a cotas aún más altas, a lo mejor esto suena a vanidad, pero lo dicen mis mascotas. ¿Sabes lo que sé hacer? Pues otra disciplina para las Olimpiadas Gatunas: bebo agua de mi grifo, aunque yo como

Curro practicando el Deporte Olímpico Gatuno de beber a morro en el fregadero.

no tengo nada de egoísta dejo que mis humanos lo utilicen también. Aquí no se come mal del todo, pero en mi antigua casa comía mejor, me compraban langostinos, jamón dulce del bueno y me hacían pescado cocido para comer y ahora me dan Royal Canin, que me gusta, pero menos. Algunas veces cae algo de lo que cité antes, aunque intento domesticar a mis mascotas para que no sean rácanos y me lo compren siempre, ellos dicen que es porque antes estaba solo yo y que ahora somos muchos. Bueno, no quiero cansarte, un abrazo felino de Curro.»

Al contrario que Antoñín el Abrepuertas, Rómulo, que sabe beber del grifo como Curro, es torpón de garras y manos, por eso lo arregla todo a cabezazos, como un ariete gatuno abriendo puertas de castillos encantados.

Encantados de estar con estos gatos.

Remo pasa de habilidades manuales que no sean la captura de la mosca o el diestro manotazo para sacar fuera del tazón el trozo de pulpo que está demasiado caliente todavía, para que se enfríe. Adriano, en cambio, menos punto con dos agujas como una solterona inglesa amante de los gatos y menos afeitarse, porque se está dejando sus larguísimos bigotes blancos, sabe hacer de todo.

Especialmente, darnos masajes.

Adriano sabe que Isabel es muy deportista, amante de saunas y masajes, y que rescató a Remo una mañana a la vuelta del gimnasio. Y como su especialidad es saber hacerse querer, ha conquistado a Isabel por medio del masaje. Con sus dos garras, los otros gatos hacen lo que Isabel llama «el-su-mamá»: toman cualquier tejido, preferentemente de lana, y hacen como si sus garras estuvieran en la ubre de su madre, haciendo presión para mamar como lactantes. Con sus dos garras, Adriano da masajes.

Masajes japoneses exactamente.

Masajes Shiatsu.

Doy unas breves instrucciones para recibir masajes Shiatsu de un gato:

1. Ese gato se debe llamar Adriano, y debe ser un rubio anarquista gaditano salvado del «paseo», modelo España 1936, en el que iban a matarlo.

2. Debes estar sentado en un sillón o mejor todavía en un sofá. Si estás acostado, te encuentras en la posición óptima.

3. Tomas al gato en tus manos, que se deja perfectamente. Siempre está deseando que lo cojas, lo que te demostrará inmediatamente con el altísimo volumen que le pone a su ronroneo. Hay gatos con silenciador de ronroneo y gatos que llevan el ronroneo a toda pastilla. Los gatos del masaje Shiatsu, como Adriano, son de este último grupo.

4. Depositas al gato de pie sobre tu estómago, de modo que te dé la cara y te mire, agradecido, con sus ojos de miel y su hociquito rosa, y sus cuatro patas queden sobre tu barriga.

5. Sin más instrucciones, él solo, por su cuenta, pondrá sus patas sobre tu estómago y con sus dos garritas bien hundidas en las grasas que él mejor que nadie sabe que te están sobrando, mientras con sus ojos te dice «a ver si no comemos tantos hidratos de carbono y no bebemos tanta cerveza», rítmica, acompasada, frenéticamente empezará a empujarte en esas chichas que deberías perder, en un perfecto masaje Shiatsu que ni el más experto de los fisioterapeutas de técnicas japonesas, ni el más fervoroso seguidor de los principios de Tamai Tempaku sabrá darte. El gato mejor que nadie sabe que Shiatsu es una palabra japonesa, que viene de *Shi* (dedo) y *Atsu* (presión): presión de los dedos. ¿No

ves esta presión que te está haciendo con los deditos de sus garras, bien cerradas para que ni te enteres de sus uñas?

Y más habilidades que tiene Adriano. Por anarquista, se resiste al obligado cumplimiento del cajón sanitario. Al igual que a sus compañeros, lo habíamos tenido que hacer «castrati» de la Ópera de los Gatos cuando, negando lo que Eva la Veterinaria me había explicado, que una vez operados ya no marcaban la casa, entré en un cuarto de baño y de pronto olí un inconfundible hedor a casa de vieja solterona cargada de gatos que vive sola.

A meada de gato.

Es lo único desagradable de estos animales tan limpios, que pierden su buena fama por la meada de un gato. La que dejan por los rincones y por las paredes, por los muebles y por todas partes cuando son machos enteros y quieren marcar así su territorio y extender de este modo la escritura de propiedad de todo lo que les gusta. Esterilizándolos como recomiendan todos los veterinarios para los gatos de piso, no marcan el territorio y además no corren el riesgo de tirarse por una ventana desde un octavo piso si han visto en la calle a una gata sexy y buscona en celo.

Por eso me extrañó ese olor a gato entero y macho en un cuarto de baño. Miré y olí, y por el suelo no había ninguna micción, ni señal alguna de orina gatuna. Esa orina que se oye caer, como un caño, cuando se ponen sobre la arena de su cajón y que inmediatamente tapan con sus garras a conciencia, para que no huela ni nadie sepa que en aquella casa hay gatos, que son los verdaderos dueños.

Me fijé dentro de la bañera y allí, junto al desagüe, había un líquido amarillo. Y al instante me acordé de que el día antes había visto a Adriano, muy serio, en el fregadero de la cocina. Pero no pegado al grifo abierto, para beber el agua a lametones, como le gusta. El grifo del fregadero estaba cerrado y Adriano estaba muy orondo. Sentado dentro del seno del fregadero y mirando hacia el infinito. Tan callado como cuando hay niños en la casa, se han perdido y alguien encuentra extraño tanto silencio:

—¿Qué estarán haciendo estos niños?

Eso mismo me pregunté: ¿qué estará haciendo este gato sentado dentro del fregadero, tan serio e inmóvil, con la mirada perdida en el vacío?

Por aquel liquidito amarillo de la bañera oliendo a meada de gato lo supe: estaba... ¡orinándose dentro del fregadero! Matizo: justamente en el desagüe del fregadero, con tremenda puntería, como ahora lo había hecho en el de la bañera. Por eso también se pasaba las horas muertas dentro del lavabo. Estaba como le gusta puesto sobre el lavabo, viendo cómo Isabel se arreglaba y pintaba en el cuarto de baño, y al quedar libre, se metía dentro. Isabel me lo advertía:

—Fíjate Adriano, que cuando me vengo del cuarto de baño, se queda acostado en el lavabo, como si fuera una cunita.

No, acostado, no: haciendo pis es lo que estaba. Porque ya advertido, me fijé, y allá que vi su liquidito amarillento oliendo a aquella casa del pueblo con la solterona maniática de los gatos que todos conocimos de niños. Me fui fijando, y no había desagüe de sanitario de la casa donde Adriano no hiciera su pis; en los bidés, en las bañeras, en los lavabos, en la ducha. Justa, exactamente en el desagüe. Como queriendo imitarnos a nosotros. Le comuniqué inmediatamente el descubrimiento a Isabel:

—Este gato se acuesta en el lavabo porque es un gato porcelanoso, le encanta hacerse pis en los desagües de los sanitarios...

Hemos decidido no dejar nunca un desagüe sin tapar. Tapón puesto siempre en los lavabos, en las bañeras, en el bidé. Adriano, a veces, llega, los mordisquea, los saca y, si no están con su cadenita de cuentas metálicas, se los lleva lejos. Y se hace su pis en su desagüe, como está mandado en un gato completamente porcelanoso.

Tras mucho rogarle, he conseguido que no lo haga en la ducha, cuyo plato no tiene tapón que valga. Sin pegarle, sin reñirle. Razonándoselo, porque, aunque totalmente porcelanoso, es listísimo:

—Adriano, hijo, no te hagas pis en la ducha. ¿Tú no ves que como huela la casa así me van a tomar por una vieja solterona con gato y no como un escritor al que sus gatos han nombrado su agente de relaciones públicas y su creativo de publicidad, para que hable bien de ellos? ¿Cómo voy a hablar bien de ti, si te sigues haciendo pis en mi ducha, gato porcelanoso?

Como no renuncia a su libertad, su más atrevida y personal opción mingitoria está en el macetón de un rosal de la terraza. Salen los gatos a la terraza a la hora del atardecer de los pájaros, y Remo y Rómulo se ponen a mirarlos, a ver el modo de poder atraparlos. No así Adriano. Adriano se sube al macetón del rosal florecido, husmea su tierra, escarba con sus garras, hace un hoyito y se sienta sobre ella, como en un trono. Hace su pis, lo tapa, y hasta entonces no se suma a la colectiva contemplación del sonido de los pájaros, orientando perfectamente hacia los árboles la antena parabólica dirigible de sus antenas.

Sé que Adriano se ha sentado en su trono del rosal porque luego toda la negruzca tierra con mantillo está esparcida al pie del macetón, sobre la terraza.

La tierra debe de recordarle su perdida libertad en Tarifa.

En esos montoncitos que echa fuera del macetón del rosal, el anarquista Adriano vuelve a su tierra.

Los gatos tristes del 11-M

Estos señores gatos cuya compañía nos hace mejores a los hombres nunca dejan de darnos supremas lecciones de cariño y lealtad. Si son capaces de sufrimiento, deben de tener algún tipo de alma. Así me lo han demostrado muchas veces y así volví a comprobarlo con Rómulo. En los terribles días de la matanza del 11 de marzo de 2004 en Madrid, cuando la televisión desgranaba las noticias del abyecto asesinato colectivo, vi que mis gatos, comúnmente contentos, encantados de pegarse la gran vida, estaban muy tristes.

«Tres tristes tigres», no: tres tristes gatos que retitulaban la novela del gatófilo Guillermo Cabrera Infante. Los animales de compañía nos aventajan tanto con su sexto sentido que perciben cuando algo raro ocurre. No sólo los gatos presagian las tormentas y los perros adivinan nuestro estado de ánimo, sino que advierten las situaciones extrañas. Así mis gatos en los terribles días de la sangre inocente y la muerte incomprensible de Atocha.

De los tres, Rómulo, era el más apenado y triste, siendo normalmente el más comunicativo, cariñoso, saltarín, travieso, entrometido y sinvergonzón. Estaba la televisión aún dando noticias espantosas de las explosiones asesinas cuando Romulito, Romulino, gato divino, de pronto, desapareció. No se encontraba por toda la casa. Lo buscamos por todos sitios. En sus escondites preferidos habituales: en el vestidor de Isabel, plácidamente dormido entre la lana de los jerseys; acurrucado sobre el televisor, a su calorcito; hecho un ovillo en un perdido sofá del salón.

En ningún sitio estaba.

Hasta que por fin lo hallamos debajo de nuestra cama, pero en el lugar más recóndito. No lo pudimos sacar ni ofreciéndole sus más ansiados caramelos de salmón. Allí se mantuvo horas y horas. No salió ni a comer, aunque le hicimos sonar el frasco de las croquetas del pienso equilibrado que lo hacen correr hacia su plato. Salía al cajón sanitario cuando no lo veíamos, muy ligero, con la panza muy pegada al suelo en su carrera, como atemorizado, y se volvía a ocultar. Sólo al día siguiente salió. Pero siguió sin probar bocado, siendo el más comilón y ansioso de la colonia gatuna. Sin querer nada con nadie, ni con Adriano ni con Remo. Sin jugar a hacerse llaves de judo con ellos. Sin morder el dorado lomo de Adriano cuando lo pillaba descuidado. Andaba Rómulo por la casa atemorizado. Rechazaba las caricias que suele agradecer tumbándose en el suelo y dejándose manosear su barrigota de gato prematuramente obeso. Se ponía en un rincón, acobardado, con las cuatro patas muy flexionadas y el cuerpo pegado al suelo.

El gato Rómulo tenía una depresión de caballo.

Pronto supe por qué Rómulo estaba tan deprimido. Estaba de luto. En aquella España compungida y entristecida, guardaba luto literalmente hasta el gato. Rómulo, deprimidísimo, lo guardaba.

Igual que en aquellas amargas horas los humanos se transmitían noticias por sus teléfonos móviles, como los mágicos gatos tienen sus propios sistemas de comunicación, estoy seguro de que se enviaron mensajes cortos SMS por su telepatía especial y misteriosa. Gracias a Catherine Soriano, una amiga gatera de Madrid, criadora de angoras turcos, supe finalmente por qué Rómulo estaba que no levantaba cabeza.

Catherine me contó la impresionante historia, que había venido en el periódico «20 Minutos».

Lo de Romulito era por Truchi.

Truchi es una cariñosa y hermosa gata siamesa de seis años, que vivía en Alcalá de Henares, en casa de una muchacha de diecinueve, estudiante de Filología Inglesa en la Universidad Complutense de Madrid: Angélica González García. Truchi era la alegría de Angélica. Las he visto a las dos en una foto de la Nochebuena de 2003: Angélica le ha puesto una corbata a la gata para la fiesta y está allí Truchi, feliz y sumisa a pesar de la fama de los siameses.

Truchi acompañaba a Angélica en su cuarto mientras estudiaba. Truchi estaba haciendo con ella toda la carrera de Filología Inglesa, como tantas gatas que, de estudiar con sus dueñas, terminan licenciándose en Biología, en Económicas o en Ciencias de la Información y hasta hacen luego un MBA.

Truchi iba tras Angélica por toda la casa, como un perrito. Dejaba que le acariciara la barrigota. Dormía en su cama, acurrucadas las dos. Cada mañana, antes de salir hacia la Facultad, Truchi se acercaba a Angélica para que le diera un beso de despedida. Aquella mañana fue para Truchi una mañana repetida, una forma de felicidad. Había dormido con su cara pegada a la de Angélica, compartiendo almohada. Antes de salir de la cama, la muchacha, como cada mañana, ofreció a la gata su primera voz, el primer mimo:

—¡Ay, mi gatita preciosa!

Truchi le mostró entonces como siempre la panza, que es la forma en que los gatos preguntan por los sueños. Angélica le rascó la barriga, que es la forma en que las mujeres dicen que están alegres. Luego, se arregló, desayunó, tomó sus libros y se fue hacia la universidad, no sin darle un beso a su gatita. Era el día 11 de marzo de 2004 en que, como todos los amaneceres del curso, iba a tomar el tren hacia su facultad. En ese tren, entre su casa y la facultad, Angélica había ido leyendo una vez un libro que se titulaba «Gatos sin Fronteras», donde se hablaba de un gato, Remo, que tenía muchas cosas muy parecidas a Truchi y a todas las gatas cariñosas y melosas.

Pese a la huelga convocada para ese día por los profesores, Angélica tenía cosas por hacer en Filología Inglesa, libros que devolver, trabajos que ultimar. Vivía para sus estudios de Filología Inglesa. Tomó de la mesilla «A sangre fría» de Truman Capote, una novela sobre crímenes de inocentes que le habían encargado en clase como lectura obligatoria, y se fue a la estación de Alcalá de Henares para montarse en el tren de cercanías de todos los días.

Angélica González, la estudiante de Filología Inglesa que murió en la matanza de Madrid del 11 de marzo de 2004, con su gata Truchi.

Aquel tren que aquella mañana como todas había tomado Angélica fue el que los asesinos de Al Qaeda hicieron estallar en la estación de Santa Engracia.

Una muchacha con gata, tan llena de vida, iba en uno de aquellos trenes de la muerte.

Truchi seguro que lo supo al instante.

Y sabe desde aquella mañana del 11-M por qué Angélica no ha vuelto.

Desde aquella mañana en que había dormido con ella como todos los días, Truchi vaga penando por la casa. Va a la cama de Angélica. La huele buscándola. Se arrebuja en su ropa, y allí se pasa las horas, como si se negara a separarse de lo único que le queda de su amiga: su olor, su espíritu, su alma.

Yo no sabía por qué el picarón Rómulo estaba tan triste y azul, y por fin lo pude saber. Por esa telepatía sin necesidad de SMS que tienen estos soberanos, Truchi le había contado su tragedia. Rómulo estaba, como yo ahora, pensando en los azules ojos de la siamesa Truchi, inmensos como el mundo, incapaces de albergar tanto dolor, tanta tristeza, tanta rabia por la muchacha que ya no podrá nunca más dormir acurrucada con una gata que la sigue esperando en un hogar donde permanece la cercanía de su juventud, de su sonrisa.

De su vida alegre de muchacha con gata.

Truchi llora por Angélica

Poco después de aquellos tristes días tuve el honor de hablar por teléfono con Florentina García Zapata, la madre de Angélica González. Me contó que Truchi es el diminutivo de Truchada, que tal es el nombre completo de la gata que aún busca a su dueña en una casa de Alcalá de Henares, donde ahora vive junto a su ausencia, con su esposo Ángel y con Abraham, su otro hijo, de dieciocho años, que no sólo perdió a su hermana, sino a su mejor amiga. Y me envió Florentina, firmada por ella, por Ángel y por Abraham, la historia completa de cuanto en resumen le había contado Truchi a Romulito por el secreto teletipo de la magia que tienen los gatos o por el mágico sistema de intercambio de mensajes de breves de texto que usan. Éste es el impresionante alegato de Florentina sobre Truchi:

«El sábado 17 de abril de 2003 se cumple el sexto año que una maravillosa gata se digna a compartir la vida con nosotros y proporcionamos momentos intensos de ternura y cariño. Siempre hemos celebrado su "cumpleaños" con una tarta y sus correspondientes velitas. Ninguno de los cinco años anteriores han faltado en la foto de la celebración Angélica y Abraham, abrazando a Truchi, para inmortalizar el momento. Pero este año aunque tenemos que celebrarlo porque si no fuese así ella se pondría muy triste, no sabemos si tendremos pulso para encender las seis velas.

Quiero decirle que nos emocionó mucho su intención de incluir en su próximo libro el nombre de nuestra hija y su gatita. Eso sería para nosotros y para ella, que todo lo ve desde el Cielo, el regalo más importante y valioso jamás recibido. Nosotros tenemos todas las habitaciones llenas de libros (libros que se leen) y consideramos que un libro es una joya que se transmite de generación en generación durante siglos. Por lo tanto, sólo pensar que el nombre de nuestra hija quede inmortalizado por usted en una obra sobre lo que más le gustaba en el mundo, los gatos, sería el mayor honor y el mejor consuelo recibidos.

Cuando salió su libro a la venta nos apresuramos a comprarlo. Y se lo digo con total sinceridad y sin ánimo de peloteo, que es uno de los libros que más nos han gustado a Angélica y a mí, el que nos ha proporcionado momentos inolvidables de gozo y sonrisa constante. En casa somos todos fanáticos de los gatos y leemos todo lo que encontramos sobre ellos y sobre otros animales. Pero "Gatos sin Fronteras" fue la cumbre porque veía reflejadas en él las costumbres y vivencias de nuestra gata.

Angélica estaba esperando a tener vacaciones y por lo tanto tiempo libre para escribirle contándole cosas de su gatita. Por ejemplo, quería contarle que en noviembre de 1998 pasamos una tarde terrible porque Truchi se subió a la barandilla de nuestra terraza (un sexto piso) y cayó al vacío. Yo no quería ni mirar a la calle pensando que estaba destrozada. Inmediatamente bajaron Angélica, Ángel y Abraham, y regresaron a casa con Truchi en los brazos, con unos enormes ojos abiertos por la sorpresa y el susto.

Mientras Ángel y Abraham la llevaban a una clínica veterinaria de urgencias, Angélica optó por quedarse conmigo para hacerme mimos y consolarme. Me aseguraba que no estaría reventada por dentro como pensaba yo y que iba a regresar sana y salva. Así fue. No tenía ni una sola lesión, sólo el cuerpo dolorido. Siempre tendré grabada de aquella tarde la imagen de mi hija tan triste y dulce conmigo porque yo lloraba y ella no quería verme nunca triste.

Otra cosa que Angélica también quería contarle sobre Truchi era su amplio repertorio expresivo-comunicativo. Con cada miembro familiar se comunica con sonidos diferentes y parece que mantiene conversaciones. Pero con Angélica era especial. Era enternecedor escuchar las parrafadas de ambas:

—¿Y mi gatita linda? ¿Quién es la más guapa y la más bonita? —preguntaba Angélica con su voz alegre y cantarina. Y Truchi contestaba con una serie de sonidos, unos más largos que otros, melosos, alegres, felices. Parecía una conversación entre las dos. Angélica volvía a dedicarle piropos y la gatita volvía a contestar al tiempo que daba una voltereta rápida para ofrecerle su barriguita.

Desde el 11 de marzo de 2004 a las 7.05 horas, última vez que Angélica salió de casa ilusionada como cada día para coger el tren de las 7.19 horas que le llevaría a la universidad y no regresó más, no hemos vuelto a oír esos sonidos de Truchi. Aquella alegría se ha transformado en unos enormes lagrimones que la gata derrama cuando me ve a mí llorar, al tiempo que mira hacia la puerta de la calle y luego hacia el dormitorio de Angélica. Créame, que es verdad lo de las lágrimas y no por conjuntivitis. Yolanda, su veterinaria, me ha dicho que ella ha visto otros animales llorar (sobre todo perros). Está controlando su salud y no es descartable tener que aplicarle algún tratamiento a pesar de que estamos muy pendientes de ella y seguimos el consejo de Yolanda: hablar con ella como uno más de la familia y explicarle que Angélica está con nosotros aunque no la veamos y que desde el Cielo nos ama y nos cuida. Pues aunque usted me pueda tomar por una chiflada, le aseguro que nos están ayudando estas conversaciones a todos, incluida Truchi, y estamos llevando este dolor tan inmenso con bastante dignidad y entereza. Parece que Truchi también va a ser capaz de superarlo.

Los primeros días de la ausencia de Angélica era desgarrador oír sus lamentos de persona. No decía "¡miau!", sino que emitía el mismo sonido que nos sale a los humanos cuando nos duele el alma y no tenemos aliento para articular palabra: algo parecido a "¡ah!, ¡ah!". Otras veces se pone pegada a la puerta de entrada y lanza unos maullidos desgarradores, como pidiendo explicaciones a alguien por la ausencia.

Esta preciosa gata, extraordinariamente cariñosa y dulce, que le encanta estar en los brazos humanos todo el día, también tiene una peculiaridad que Angélica quería contarle, porque a ella le hacía mucha gracia. Cuando Truchi tiene ansiedad por algo, da un salto, se sube a nuestros brazos, coge suavemente con su boca el lóbulo de nuestra oreja (siempre la izquierda) y se queda quieta ronroneando exageradamente, al tiempo que mueve sus patitas delanteras acompasadamente, apretando nuestros hombros, como hacen los gatitos cuando maman. Así se queda unos minutos y luego da un suspiro de satisfacción y relax, da unas lametadas a su brillante, mullido y suave pelaje y se acurruca en el regazo de alguno de nosotros para dormir una siesta.

Ahora nos queda cumplir el último deseo de Angélica: adoptar un gatito negro cuyo nombre será Pelito. El nombre es por lo que implica de suave y el color porque ella consideraba que los gatitos negros eran más desafortunados porque la gente supersticiosa no los quería. Y ella era tan bondadosa que sufría si algún amigo tenía problemas porque no tenía la fortuna de ella al tener una vida tan feliz con una familia tan perfecta como ella decía. También sufría cuando veía animales abandonados o maltratados como la pobre galga que encontramos tirada en un solar cercano a casa el 1 de enero de 2004. Estaba en un lamentable estado (maltratada y herida) y sus ojos tristes partían el corazón de cualquier persona de bien. Angélica le hizo compañía, le dio alimento con sus manos porque la galga se negaba a seguir viviendo, la tapó con una manta vieja y estuvo hablándole con suavidad mientras acariciaba su cabeza.

Al día siguiente, laborable, avisamos a Alba (una protectora de animales que funciona muy bien encontrando hogar a perros y gatos en familias alemanas), que vino inmediatamente a recogerla. Pagamos un donativo para ayuda de gastos veterinarios y nos hicimos socios apadrinando a un animal. Veinte días después, Inicia, la bella galga, ya estaba en Alemania, recibiendo el cariño que en España se le había negado. Angélica estaba rebosante de felicidad con esta noticia.

Le pido perdón por el tiempo que quizá le estoy haciendo perder con la historia de mi hija y su gata. Le ruego que transmita nuestro cariño a Isabel (de quien decía Angélica que debía ser muy guapa y muy buena persona por el hecho de recoger gatitos desvalidos) y también a su conserje Antonio, al que usted nombra en su libro. Y usted, reciba todo nuestro cariño y gratitud. Angélica que sólo puede estar en el Cielo porque siempre ha sido un Ángel, le estará enviando su mejor sonrisa y cariño.

Y Truchi envía su gratitud a sus gatos Remo, Rómulo y Adriano. Abraham González, Ángel González y Florentina García.»

La gata perdida y hallada por Angélica

Junto con su emocionante escrito, Florentina me mandó la fotografía de Angélica con Truchi. Esa misma fotografía, impresa por medio de su ordenador, encabezaba otro relato que también me enviaba Florentina. El de su hijo Abraham, el hermano de la «mamá» de la ahora huérfana Truchi:

«En el calendario de Angélica, un dibujo y unas palabras recuerdan que el 17 de abril Truchi cumple seis años. El dibujo es un boceto de la Truchi, y las palabras, además de Truchi y su edad, son "¡Hambre!" y "Miau!" Todo ello en color rojo, el color que en el calendario significaba que la persona (o gata) era muy especial para ella. La historia entre Truchi y Angélica comenzó casi seis años antes del fatídico 11-M.

Ella hacía su último año en el colegio cuando un día llegamos a casa y nuestra madre (Mus, como ella la llamaba), que andaba ya hace tiempo tras un gato, nos comentó que había llamado a una tienda de animales y le dijeron que quedaban dos gatas siamesas. Esa misma tarde nos fuimos a comprar a Truchi. Cuando llegamos a la tienda estaban ella y su hermanita (aunque en total eran siete gatitos, sólo quedaban dos). Mi madre escogió a Truchi porque estaba jugando con una mosca, y Angélica y yo estuvimos de acuerdo, si bien nos dio mucha pena dejar a su hermanita sola.

La relación de Angélica con los gatos al principio no fue tan buena como después sería. Cuando Truchi vino a casa, la relación con Angélica pasaba por ser un tanto fría. A Angélica no le gustaban mucho los perros en aquellos tiempos —incluso los temía— y con los gatos tenía una relación seria, por así decirlo.

Poco a poco, y a base de convivir con Truchi, esa relación fue mejorando, hasta que en los últimos años la fría relación pasó a ser correlación para terminar siendo dependencia. Recuerdo perfectamente cuánto quería a la gatita, a lo que ayudó que ésta cada vez fuese correspondiendo más a los gestos de Angélica. También me viene a la memoria que alguna vez yo le resaltaba eso, que había mejorado a pasos agigantados en los últimos años su relación con Truchi, en particular, y los gatos en general, y ella respondía con una sonrisa que reflejaba una mezcla de orgullo y ternura y un "¿verdad?".

También recuerdo numerosos episodios de la vida de Angélica que guardan relación con los gatos. Como, por ejemplo, que en la facultad de su primer año de carrera había —y sigue habiendo— numerosos gatos, y ella estaba deseando llegar cada mañana para verlos. También cuando veía algún gato callejero se paraba y se estaba buen tiempo mirándolo y si estaba enfermo se estremecía. Y cuando algún gato se le cruzaba en la mirada, no dudaba en comentar lo mucho que los quería o lo bonitos que eran, y decía en un tono de semibroma que quería a los gatos más que nadie, y que nadie la comprendía cuando hablaba de las maravillas de los felinos. En muchas ocasiones se quedaba ensimismada contemplando lo bonita o lo bien proporcionada que está Truchi, y no paraba de repetir:

—¡Qué guapa es!

En cuanto a su Truchi, el amor mutuo que se tenían había alcanzado extremos inimaginables cuando la gatita vino a casa. Siempre que Angélica se levantaba o venía de la calle, o simplemente se encontraban por la casa, respondía Truchi con enérgicos maullidos. Tenía para con Angélica un maullido especial, mezcla de alegría y sorpresa, que no hemos vuelto a oír desde el nefasto día. Yo siempre pensé que Angélica siempre tuvo la suerte de llevarse los mejores maullidos, al menos los más efusivos y briosos. Y Angélica respondía con una onomatopeya o piropo hacia Truchi, y ésta volvía a responder, y luego Angélica, y así se completaba una conversación entre ambas durante unos segundos como para saludarse y preguntarse si todo iba bien. A propósito de maullidos y sonidos gatunos, Angélica les inventaba nombres a algunos de ellos, así como a sus posturas, y por supuesto a ciertas razas e incluso a determinados gatos callejeros. También ponía motes cariñosos a Truchi, coincidiendo con una etapa o manía de la gatita. Así, cuando se le rebajó la cantidad de pienso y pasaba largas esperas junto a su plato vacío de comida, Angélica le puso el apodo de "Gluttony" (gula, en inglés). De ahí se explica la anotación de "Hambre" en el calendario.

Últimamente, a Truchi se le había antojado quedarse después de cenar y parte de la noche en la habitación de Angélica y las siestas que empezaban en la mecedora o en la silla de estudio acababan frecuentemente en un largo sueño en la cama de Angélica, bien a sus pies, bien en la almohada, al lado de su cabeza y ronroneando. Luego por la mañana, cuando se levantaba a desayunar, Truchi le hacía compañía en la mesa, como para aliviar la soledad de ese tiempo de todavía oscuridad fuera en la calle.

El amor de Angélica por los gatos se demostró hasta el último día que pudo vivir: en un parque cercano a casa había una gatita negra (su color de gato favorito) abandonada. Se dejaba acariciar en un principio, pero con el paso de los días se mostraba huidiza, seguramente debido a malas experiencias. Por ello, resultaba difícil de coger. Pero Angélica quería capturarla para después llevarla a la Protectora para buscarle una vida mejor. El 10 de marzo fuimos con nuestra madre y un transportín a intentar cogerla. A pesar de todo el tiempo que estuvimos, fuimos incapaces de capturarla. Ella se fue algo apenada, pero no paraba de repetir que se lo dijéramos a la veterinaria de la Truchi, porque seguro que ella tenía más recursos para atrapar a la gatita. También planteaba la opción de venir sobre la hora de la comida (hora de la siesta de la gatita), para cogerla desprevenida y tener más posibilidades de éxito. Esa noche se acostó como siempre con Truchi, y tal vez le daba vueltas al modo de coger a la gatita abandonada. Por la mañana desayunó como siempre, se despidió de Truchi y se fue a la universidad, sin saber que unos terroristas habían decidido segar todas sus ilusiones, entre ellas la de ver a la gatita negra feliz. El 12 de marzo nos llamó la veterinaria muy contenta para comentarnos que había conseguido hacerse con la gatita. Estaba tan contenta porque se imaginaba que Angélica iba a alegrarse enormemente con la noticia, sin saber que no pudo enterarse del desenlace de ese tema que tanto le había ocupado y preocupado en los últimos días de su vida. Yo supongo que allá donde esté se habrá enterado, como también habrá sabido que Truchi le agradece infinitamente no sólo ese último gesto para ayudar a una congénere, sino toda la alegría que le dio durante casi seis años a su vida gatuna. Abraham González.»

Dos legisgatos argentinos

Los colegas argentinos de Beni, ¿o eran otros rioplatenses distintos? Bueno, los que fuesen, pero argentinos de toda argentinidad, no tardaron en escribir. Eran dos, Gurki y Muski. Gatos muy letrados, con el precioso «voseo». Remo y ellos se han seguido carteando a través del espacio de Internet, pero ésta fue la presentación y el «book» biográfico que enviaron a este literario Congreso Mundial de los Gatos:

«Somos dos gatos argentinos. Nuestros nombres son Muski (mestizo europeo) y Gurki (siamés). Remo, te has sacado la lotería al haber sido adoptado por gente tan cariñosa. Nosotros teníamos una hermana muy parecida a vos. Lamentablemente se enfermó y ahora está en el cielo viviendo en una nube mullida parecida al colchoncito que tenía en casa. Era La Gordi. No sé si sabes que los gatos podemos hablar con los antiguos colegas que están ya en el Cielo de los Gatos. Si no lo sabes, así es. La Gordi, desde allí, nos cuenta cómo es aquello y quién hay. Por suerte La Gordi está muy bien y cuenta que todos los gatos sin excepción van al cielo. También estuvo esperando ver a Dios, pero como ella ha sido siempre agnóstica, nunca, hasta el momento lo vio aparecer. Visitó por breves instantes el infierno y pudo ver a políticos, estafadores, banqueros y embaucadores gritando porque se estaban quemando el culo. ¡Pero no había ningún gato! Todos los gatos estaban en el cielo. Escuchar las noti-

La Gordi antes de ir al Cielo de los Gatos para escribirnos desde allí.

cias nos alivió tras la pena que sentimos cuando nos dejó solos. Por fin hay castigo para esta gente.

Yo Gurki soy varón, y tengo los ojos celestes. Muski es hembra. Esto de que nosotros los gatos tengamos nuestra libertad de expresión con tu libro es genial. ¿No somos acaso tan importantes como la Pantoja? ¿Quiénes somos nosotros? Yo, Muski, era chiquita alrededor de cinco o seis meses. Vivía en un restaurante llamado Herman. Un día viernes del mes de enero vinieron dos señores. Uno jugó conmigo por debajo de la mesa. Después de un rato preguntó si podía llevarme. El señor que me llevó a su casa estaba con un fiscal federal y él mismo es abogado y trabaja como funcionario en una defensoría federal. Por lo tanto, puedo decirte que soy una Gata del Poder Judicial. Como vos, Remo, no me gusta que me tomen en brazos. Los mestizos europeos somos así. En cambio este señorito Gurki, por ser siamés, se pegotea a todos.

Yo además de pertenecer al fuero penal, zapateo y largo grititos de placer. Y me encanta romper papeles, que es una de mis ocupaciones laborales favoritas. Soy cordial y cariñosa con toda la gente que llega a mi casa. Me especializo en perfumes de hombres. Mis favoritos: sprays para cabello, desodorantes, loción para después de afeitarse.

Yo, Gurki, estaba en una veterinaria para ser vendido. Como se presentaba un fin de semana con lunes feriado, una señora le dijo a la dueña (que es además su íntima amiga) que se lo llevaba y se lo devolvía el martes. Ella no quería que yo me quedara solo por tantos días en una jaula. Me trajo en una transportadora el veterinario que trabajaba en esa clínica y tienda de mascotas. Ese mismo veterinario luego emigró a España. Le fue difícil su vida como inmigrante.

Bueno nosotros somos gatos «racounters» y nos vamos por las ramas. Sigo relato. Nunca me devolvieron y oblaron la suma de $70 (en esos momentos U$70). Gracias a esta señora que es profe de inglés (por eso cree que todo el mundo entiende inglés) y además licenciada en Gestión Educativa. Te aclaro que de licenciada se recibió hace dos años y nosotros le ayudamos en su proyecto final para la facultad. ¡Las horas que habremos pasado leyendo y tipeando, tachando y corrigiendo!

Muski y Gurki, los legisgatos argentinos.

Vivimos en una zona casi céntrica de la ciudad de Buenos Aires. Nuestro veterinario es Federico. Nosotros no lo queremos mucho, pero aquí hablan maravillas de él. Cada fin de año le hacemos un regalo. Nos da bronca de echar mano a nuestros ahorros para regalarle algo a este sádico que nos pincha y corta las uñas. Pero hay ciertas formas que debemos guardar. Tanto lo quieren a Fede, que cuando se casó con Vanesa (también veterinaria) muchos de los parientes de las mascotas fueron al casorio (en lunfardo, casamiento).

De aquí al estrellato, Don Remo. Te veremos en las páginas de las revistas de cotilleo o las páginas de crítica literaria. No importa dónde. Lo importante es que pongas a los gatos en el lugar donde siempre merecieron estar. Y todo esto, a través de vos. Ladran, Sancho, señal de que cabalgamos.

Te aviso, Remo, de que por estas latitudes hay gente muy mal predispuesta hacia los gatos. Fascistas gatunos hay por todas partes. Sin ir más lejos, ayer, una señora (si es que se la puede llamar así) dijo a viva voz: "Odio a los gatos. Si pudiera los mataría. Son traicioneros." La señora en cuestión está capacitada para escribir la Enciclopedia de las Infamias o la Enciclopedia de las Ideas Erróneas. O quizás le apliquemos una pena que consista en trabajar en la Torre Argentina ayudando a esos pobres gatos de Roma. Pero no. Mejor la enviamos al Refugio San Roque para gatos y perros.

La gente que lo organiza en Argentina da protección a más de setecientos animalitos entre perros y gatos, y necesita mucha ayuda. Una anécdota preciosa del refugio es que un perrito adoptado por un diplomático alemán se fue a vivir a Bonn con sus parientes adoptivos. Imagínate, de la provincia de Buenos Aires (lugar en este momento en franca decadencia por los altos índices de pobreza), a Europa. Un perrito sudaca en la casa de un diplomático. Eso sí es vida.

La profe de inglés que vive en mi casa les advierte a sus alumnos de que aquellos que tengan la osadía de expresarse en contra de los gatos tendrán dos puntos menos en su calificación final: por el contrario, aquellos que tengan gatos sumarán un punto por gato.

Bueno, Remito también esto es fascismo, con sentido inverso. Pero en realidad se trata de un simple chiste. Llegó el pedido del supermercado y tenemos que investigar si hay algo para nosotros. Nos pasamos horas y horas investigando en cajones y armarios. Controlamos que todo esté tal como lo habíamos dejado el día anterior.

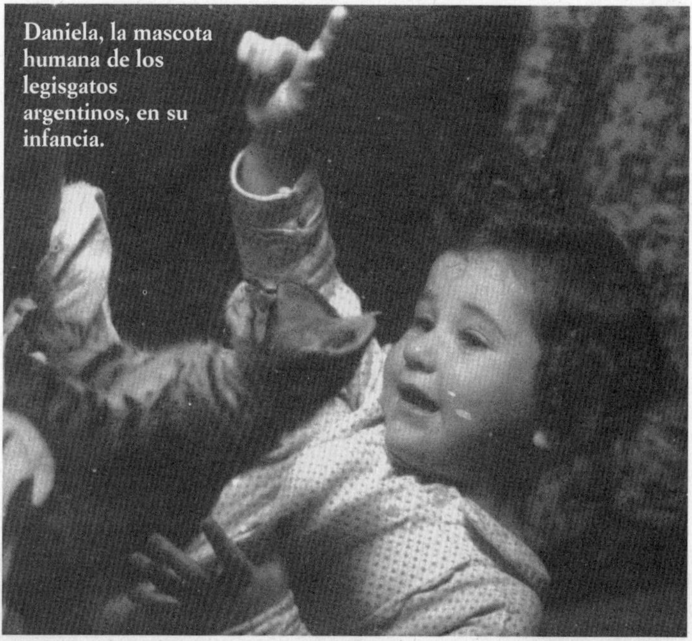

Daniela, la mascota humana de los legisgatos argentinos, en su infancia.

Tus amigos del subdesarrollo Gurkincito y Muskincita apoyarían encantados que tú, como gato común europeo y ya famoso que eres, lanzaras la idea de crear la Organización de las Naciones Gatunas (ONGA en español, la A final para que no la confundan con las ONG), que defienda nuestros derechos. Somos defensores de los derechos gatunos y además garantistas. Lo más parecido a cuanto te proponemos lo hemos encontrado ahí en la Madre Patria, en una ciudad que se llama Valladolid, donde hay una asociación que se llama Defensa Felina y que ha dado a conocer un texto que es como una aproximación a la Declaración Universal de los Derechos del Gato, cuya redacción habrá de ser el primer objetivo de la ONGA.

Este texto legal vallisoletano se titula "Contrato Humano-Felino", a ver si te gusta, aunque a nosotros, que somos legisgatos, nos parece timorato, habría que llegar más lejos en la defensa de nuestros derechos. Pero, bueno, algo es algo. Dice así ese contrato, que nosotros debemos presentar para que lo firmen nuestras mascotas humanas.

"El Felino acepta ser anfitrión y aclara que él vivirá como quiere mientras que usted lo hará como pueda respetando las siguientes condiciones:

1. Dónde debe ubicarse la Bandeja de Piedras Sanitarias.

2. Se instalará en tantos sillones, almohadones, y muebles de alta calidad como los necesite para su comodidad.

3. Seleccionará para su comida las marcas y gustos de toda clase de alimentos.

4. Será libre de brindarle afecto cuando él así lo necesite y no usted.

5. No admitirá ningún tipo de prevención o procedimiento médico-veterinario de manera sumisa.

Por Ley Universal el Felino repelerá erizadamente a las personas que quieran imponer de cualquier manera la prestación médica: atacará, soplará, morderá, arañará. Defenderá su independencia.

6. Es obligatorio permitirle al Felino la libertad de entrar y salir de su morada cuando éste lo juzgue necesario.

7. El Felino, si es macho, podrá marcar con su orina todo lo que considere su territorio sin que esto afecte a nadie.

8. El Felino expresará libre y públicamente con maullidos sus deseos sexuales, siendo éstos aceptados como Reglas de la Naturaleza.

9. Ante cualquier ofensa, reprimenda o provocación, el Felino se reserva el derecho de ignorarlo y privarlo de su afecto por tiempo indeterminado e incluso de huir en caso de que dicha acción fuera imperdonable."

En la Organización de la Naciones Gatunas podríamos incluso organizar un congreso a nivel mundial. A nosotros no nos gustan mucho esas exposiciones de gatos de raza donde lo único que buscan los humanos es lucirse y competir con sus otros congéneres. Como decís vos: ¿quién nos protege de los chiflados humanos? Pero para el congreso ya tenés nuestro voto a favor.

Hoy es el Día de la Independencia y hace bastante frío, como casi todos los días de la Independencia.

Tenemos visita de Córdoba de la Nueva Andalucía. ¿Sabías que Manuel de Falla, vuestro paisano, vivió allí cuando se escapó de la guerra civil española? ¡Un gran músico Falla! ¿Le gustaban los gatos? Volviendo a nuestros visitantes, están encantados con nosotros. Hicimos de todo para que nos digan bonitos. Bueno, Remo, disfrutá de las delicias del Mercado Común Europeo. Mientras que aquí intentan avivar el fuego del Mercosur. Nunca te olvidés de la frase "los Gatos al Poder". Tienes todo el salero español, con una gran dosis de picardía. Fíjate que escribimos "tienes" cuando por aquí decimos tenés. ¡Ya nos salió la gallegada! Aquí a todos los

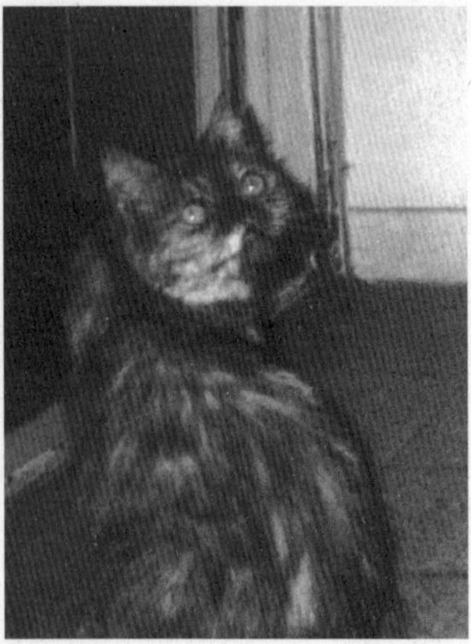

Esta exótica persa con ojos color cobre es la argentina China Ghost.

españoles les decimos gallegos. Eso se entiende si pensamos que la mayoría de la colonia felina argentina vino de Galicia.

Saludos desde esta "lejana tierra mía" que cantaba Charles Gautier (que dicen era el verdadero nombre de Carlos Gardel), tus compañeros de la Revolución gatuna. Gurki y Muski.»

Posteriormente, como a Remo y a Rómulo se les añadió Adriano, a Gurki y a Muski se les unió China Ghost. Así fue cómo contaron su llegada, muy alarmados:

«Estamos bastantes nerviosos porque han traído una gatita exótica de dos años que vivió hasta el sábado pasado en una jaula. No es la gata que vive con nosotros pero es bastante parecida. Bueno esto de que nos traigan otros gatos sin consultarnos... no nos gusta. Ayer desapareció como por arte de magia. Pensamos que se había tirado por el balcón. Por la noche volvió a aparecer para luego hacer nuevamente mutis por el foro. Se llamaba Mafalda como el personaje de la tira cómica (aquella niña argentina que decía "la sopa es para mí lo que el comunismo a la democracia"). Los de acá le pusieron Ufi y luego decidieron que se parecía a un chino con bigotes tipo mandarín y la rebautizaron China y como desaparece como un fantasmita le agregaron Ghost. Nuevamente enhorabuena por el libro y a disfrutar de los euros que dará. Las nuevas tecnologías globalizadas te permiten ser chismoso, porque hasta de la plata de Europa nos enteramos. Cariños de los gatos de la civilización, que los humanos bastante bárbaros son. Gurki, Muski y China Ghost.»

En sus últimas cartas, los tres cuentan que ya se llevan divinamente entre ellos. Como Remo, Rómulo y Adriano.

Todos los gatos de todo el mundo son iguales.

Se llevan bien entre ellos aunque los tomemos de tres en tres y aún nos falten muchos gatos para llegar a los que tenía Tío Ernesto Hemingway.

O a los que tenía Tía María Zambrano.

Los filósofos, el judío, el rejoneador

María Zambrano merecería estar unida para siempre a las imágenes literarias de los gatos, como Borges, Neruda, Edgar Allan Poe, Baudelaire o Cortázar. La pensadora malagueña fue siempre acompañada por los gatos en su exilio español tras la guerra civil, largo y doloroso en el espacio y en el tiempo. Los gatos fueron sus compañeros en París, en México, en La Habana. En 1946 viaja a París, donde encuentra a su hermana Araceli, torturada por los nazis, al borde de la locura. Se quedará ya siempre con ella, hasta el fin de sus días fraternales, entre gatos. María Zambrano vuelve a La Habana, ahora acompañada de Araceli, donde habrán de quedarse hasta 1953, fecha en la que viajan a Roma. La salud de Araceli es cada vez más precaria, y delicada también la situación económica cuando, en 1964, a causa de la denuncia de un vecino fascista, reciben de la policía la orden de abandonar Italia en un plazo de doce horas. Causa de la denuncia: los gatos que tenían en su piso de Lungotevere Flaminio. Los fascistas siempre odian a los gatos. La orden fue cancelada por el presidente de la República, Saragat, a petición de Croce. No obstante, en septiembre de aquel año, las dos hermanas dejan definitivamente Roma y se trasladan a una casa de La Piéce, en la frontera suiza.

Los gatos acompañaron a la intelectual española en su salida de Italia hacia Suiza, paraíso de las libertades y tierra siempre neutral para las guerras y para los gatos, que allí forman su cantón, integrado en una especie de Confederación Helvética Felina. Siempre con sus gatos y sin abandonar a su hermana Areceli, que muere en 1972, María sigue en su retiro de Ginebra, donde se había instalado en 1980, hasta que consolidada la democracia en España, y ya reconocida universalmente su obra, regresa por fin a Madrid en 1984, tras cuarenta y cinco años de exilio... Con gatos, que como la infancia para Rilke son muchas veces la verdadera patria del hombre.

Siempre evocaremos a María Zambrano danzando por esos mundos del pensamiento libre entre sus libres gatos, como la recuerda José Lezama Lima en el poema que le dedicó en 1975:

María se nos ha hecho tan transparente
que la vemos al mismo tiempo
en Suiza, en Roma o en La Habana.
Acompañada de Araceli
no le teme al fuego ni al hielo.
Tiene los gatos frígidos
y los gatos térmicos,
aquellos fantasmas elásticos de Baudelaire
la miran tan despaciosamente
que María temerosa comienza a escribir.
La he oído conversar desde Platón hasta Husserl
en días alternos y opuestos por el vértice,
y terminar cantando un corrido mexicano.
Las olitas jónicas del Mediterráneo
los gatos que utilizaban la palabra
que según los egipcios unía todas las cosas
como una metáfora inmutable,
le hablaban al oído,
mientras Araceli trazaba un círculo mágico
con doce gatos zodicales
y cada uno esperaba su momento
para salmodiar «El libro de los muertos».

Doce gatos por lo menos, o catorce gatos zodiacales siguen escoltando a María Zambrano en su tumba, en el cementerio de su pueblo, de Vélez-Málaga. María Zambrano era tres cosas: filósofa, republicana y gatuna. Defendió a los gatos como defendió a la República española. Demostró su valentía en la defensa heroica de los gatos.

María Zambrano, cuando en España recobró la libertad hasta el gato, volvió a su tierra y a su muerte fue enterrada en su pueblo de Vélez-Málaga. En uno de esos hermosos cementerios andaluces de cal y geranios, de silencio y mirto. En esos cementerios suele haber gatos. Parece que están esperando la reencarnación a pie de obra: a ver qué alma pillan, como el gato que coge una cabeza de pescado para salir corriendo. Los gatos del cementerio de Vélez-Málaga reencarnan la gloria del pensamiento libre de María Zambrano. No están de acá para allá por el camposanto, sino que todos los que hay viven sobre su tumba. Precisamente sobre su tumba. No en otro lugar del cementerio que en su tumba. Generaciones enteras de gatunos han nacido y crecido junto al mármol que cubre las cenizas pensativas de la amiga de los gatos. ¿Quién les ha dicho que la señora que está en aquella tumba que han hecho su casa los amaba? La magia de los gatos, junto a la magia del pensamiento. Los gatos que María Zambrano defendió y cuidó en vida le siguen ofreciendo ahora el homenaje de la permanencia en su tumba. Ni la más heroica tumba de un soldado en Arlington tiene una guardia de honor más honrosa que los gatos que con su magia y hermosura velan a María Zambrano en su sepultura. Prueba de que los gatos son mágicos. Al fin y al cabo, filósofos, colegas de María Zambrano. Alguien, quizá una gata-diosa desde el antiguo Egipto, ha dicho a los gatos malagueños que allí está la que defendió la libertad que representaban y allí permanecen, en el mejor homenaje a su memoria.

María Zambrano con uno de los muchos gatos que la acompañaron.

Que fascismo y gatos se llevan muy mal, la eterna antítesis entre libertad y dictadura, me lo corroboró otra deliciosa escritora con gato: Julia Uceda, Premio Nacional de Poesía. Al publicar el primer Libro de los Gatos, Julia, vieja amiga, me escribió. Me decía: «Leeré tu libro sobre los gatos porque tengo varios y me gustan. Pero hay uno que tal vez no conozcas. Se llamó Muschel y era alemán. Sus dueños, Eva y Víctor Klemperer, tuvieron que sacrificarlo porque la Gestapo prohibió que los judíos tuvieran animales domésticos —perros, gatos, pájaros...— y ordenó que los entregaran al Estado. Los Klemperer habían compartido con Muschel años buenos y malos, hambre y persecución, y prefirieron sacrificarlo ellos antes de que sufriera la muerte espantosa que le esperaba a un gato "judío" a manos de los nazis. Como el gato había pasado hambre, antes de llevarlo al veterinario le dieron gran parte de la ración semanal de carne que les correspondía a ellos. Un gato pequeño de casa se llama ahora también Muschel, en homenaje a aquel gato "judío". Como vivo en el campo, en Galicia, tengo varios gatos que van y vienen libremente: Rosita, porque cuando era pequeña tenía una pata rosa —es barcina—, Jeremy, Curro, Muschel, Tina (Modotti)... y dos perros, Bilbo Bolson y Gina.»

Impresionante historia del gato Muschel, que quizá ha terminado encontrando la libertad en Galicia, reencarnado en el gato de la escritora. Los símbolos de la libertad forzosamente tenían que ser perseguidos por Hitler. Crueldad sobre crueldad con el pobre Muschel. Sangre sobre sangre. Gato, y encima, ¡de unos judíos! El III Reich fue una nueva Edad Media para los hombres... y para los gatos.

Gatos que acompañan tercamente a los escritores. Por algo será. Si son ellos quienes nos eligen a nosotros, y no al revés como suele creerse, ¿por qué los gatos prefieren siempre estar junto a un escritor que los venere antes que al lado de un millonario que nunca pueda dedicar una palabra hermosa a la belleza de sus ojos o al silencio de sus movimientos acolchados?

Julia Uceda es coetánea, paisana y compañera de grupo poético de Manuel Mantero, ahora profesor emérito de Lenguas Románicas en la Universidad de Georgia, Estados Unidos, y también Premio Nacional de Literatura. Otro escritor con gato. Manuel Mantero ha publicado unas líricas memorias y desmemorias, tituladas «Había una ventana de colores», y en ellas están presentes sus gatos: gatos de pueblo andaluz, gatos de casa profesoral y lírica del Sur de los Estados Unidos. Remo le ha pedido autorización para que ustedes también disfruten de la belleza de su prosa de poeta, evocando los gatos del Aljarafe, a orillas del Guadalquivir, o los gatos sudistas de Georgia, entre los pinos de Athens:

«Mi abuelo no era muy partidario de los perros. En la casa de Sanlúcar había una galga, la Benita, mansita. Pero mi abuelo sí era muy partidario de los gatos. Tenía media docena de gatos preferidos, a los que dejaba subirse a la mesa mientras comía. Nada pudo mi abuela, nada mi madre contra tanta gatofilia; el genio de mi abuelo se disparaba en prontos que sobrecogían.

Aunque mi madre odiaba a los gatos, permitió que nosotros criáramos algunos en Sanlúcar y en Sevilla. Aún no entiendo el grado de paciencia al que llegaron mis padres, viendo cortinas y muebles valiosos estropeados por las uñas de los gatos.

Un gato pequeño está lleno de gracia, no muestra —todavía— egoísmo, se mueve como danzando, juega, juega. Para Pablo Neruda, los gatos son los seres más perfectos del universo, más que el mismo sol; su belleza, su independencia y su misterio los hacen criaturas del destino.

En Madrid no tuve gatos. A mi mujer, como a mi madre, no le gustan los gatos; es más, le producen alergia. En Estados Unidos tuvimos dos gatos, los dos en Georgia. Aparecieron no sé de dónde, los dos negros. El primero era lustroso, guapo de veras: una hembra, a la que pusimos el nombre de Afrodita. Lo de afro, por el color negro de África, aunque sé que en griego la palabra se refiere a la espuma del mar. A poco descubrimos su sexo, macho, no hembra, y nuestros hijos le cambiaron el nombre a Afrodito. Un día desapareció. ¿Cómo? Como si nunca hubiera existido.

El otro gato, de menos edad que Afrodito, me siguió una tarde mientras daba mi paseo cotidiano por los bosques, me siguió hasta casa, entró, maullaba de hambre, bebió leche, mi mujer decía que no, no se quedaría en casa, se quedó.

Un día salimos a la calle en el coche y el gato nos siguió corriendo. Un coche lo mató. Lo enterré en mi jardín al pie de un "dogwood" rodeado de pinos.

Los gatos han sido considerados animales malditos, compañeros legendarios de brujos. La Biblia no los tolera. Hay muchas supersticiones sobre ellos, especialmente los de color negro. Los gatos pronostican la muerte o la mala fortuna. Si se lamen, anuncian tormenta. Si están colocados frente al fuego, vendrá la lluvia. Si en la casa hay niños recién nacidos, los gatos les chuparán el aliento hasta ahogarlos. ¿Se suben a la mesa? Catástrofe. Mi abuelo, al parecer, se libró de infinitas catástrofes por intervención divina.

No todo es malo en relación con los gatos negros. Son muy indicados para los orzuelos: se les corta el rabo y con él se frota nueve veces el orzuelo, que desaparece al otro día. Dicen que un gato en el hogar garantiza la fidelidad del marido ausente. O que durante las tempestades no se debe tirar un gato al mar: naufragio seguro.

Los gatos han sido objeto de salvajadas, como echarles gasolina y quemarlos, algunos niños gozan con la escena. Otra costumbre, arrojar los gatitos nuevos contra las tapias. Recuerdo que en mi casa del pueblo mataron así a las crías de una gata con la que yo me llevaba muy bien, y al día siguiente cayó un rayo en la tapia.

Me impresionaba mucho ver los cadáveres de los gatos que habían resbalado en las enormes tinajas vacías del aceite. El gato empalidecía y yo miraba extrañado desde la abertura aquel falso blancor que la lluvia desharía.

Los perros cargan con menos propaganda negativa [...]. Yo he tenido buena suerte con mis perros. Jumble era un medio pastor alemán, noble, empalagoso de tanto cariño; guardaba la casa del pueblo. Noble y cariñoso excepto cuando comía, nadie podía acercársele. Llegué a formar un espectáculo curioso en el patio: enseñé a un gato a montarse en Jumble y perseguir, como para rejonearlo, a otro gato. Vueltas y más vueltas alrededor de la fuente, hasta que no podían más.»

Con aquel rememorado gato que era como un Hermoso de Mendoza sobre un Jumble que hiciera de Cagancho, Manuel Mantero ha formulado otro rotundo mentís en toda regla a la filosofía de Garfield. Si el gato filósofo dice que nadie nunca ha podido amaestrar a un gato, ahí tienen a un poeta andaluz que sí que fue capaz de enseñarle a un gato equitación perruna y hasta el arte del rejoneo, en la horaciana tranquilidad de un patio en el Aljarafe sevillano, junto al frescor de una fuente con surtidor de sueños infantiles.

Y como buen gatófilo el poeta, ha fomentado la afición en la familia. Su hijo Vicente Mantero es arquitecto y vive en Ohio. Él y su mujer Gina tienen en su casa hispano-norteamericana de Ohio cuatro gatos muy especiales. Se llaman Romeo, Frasier, Annie y Birdie; los dos últimos, hembras.

Como sus dueños, los cuatro gatos son bilingües. Maúllan en español dentro de la casa y en inglés con sus amistades del vecindario.

Pero maúllan mejor en inglés que en español.

Será por la televisión que siempre están viendo, claro.

El bilingüismo de los gatos de Estados Unidos no es nuevo, a pesar de que el Gobierno federal está recortando sensiblemente las partidas presupuestarias para la enseñanza bilingüe de la población gatuna. La escritora francesa Colette, gran amante de los gatos, durante una estancia en Estados Unidos vio a un gato sentado en la calle. Se inclinó delicadamente hacia el gato y los dos se maullaron dulcemente durante un buen rato. El gato respondía a los maullidos que le hacía Colette. Quien se volvió a su acompañante y exclamó:

—¡Por fin! ¡Alguien que habla francés en América!

Los gatos de circo y el gato policía

Lo siento por la tesis de Garfield, pero no sólo un poeta ha desmentido su proclamación de la independencia gatuna frente a los intentos de sometimiento por parte del hombre. En Rusia hay desde 1990 un Teatro de los Gatos, donde luce sus habilidades con ellos un domador, un Tarzán de los Gatos que los hace trabajar para el circo, aunque parezca imposible.

Yuri Kuklachov se enorgullece de ser el único domador de gatos del mundo. Kuklachov desmiente a Mark Twain: «De todas las criaturas de Dios, sólo una no puede ser sometida por el látigo. Ésa es el gato.»

Yuri lo somete. Desde hace más de treinta años Kuklachov ha conseguido que la criatura más dormilona, independiente e indomable del reino animal imite, emule con docilidad canina, que no felina, a los amaestrados monos de circo. Kuklachov es un domador sin látigo. No tiene otro látigo que su mirada. No atemoriza a los gatos, como suelen los domadores con los leones y los tigres. Sabe que los gatos son sobre todo gatos, y aunque mucho más fieros que los tigres, sólo pueden ser sometidos de una forma: convenciéndolos. Para ello, hay que establecer una conversación con el gato, darle charlita para razonarle las cosas. Los gatos se avienen a razones con tal de que se les expliquen. ¿Cómo se les explica? Pues como Yuri Kuklachov: con la mirada.

Yuri comenzó a comprobar sus dotes de convencimiento con su primera gata amaestrada, que se llamaba Romashka, en ruso, Manzanilla. Lo más difícil para el ruso Tarzán de los Gatos es encontrar personajes razonables, que se dejen convencer. De cada cien gatos, sólo tres razonan. Yuri ha explicado el complejo proceso de diálogo: «Cuando fijo mi vista en los ojos del gato empiezo a hablar con él: dialogamos no por medio de la lengua sino a través de la creación de ideas. Yo le envío mi idea. Y él me contesta con la suya. No se trata de hipnosis. Es el lenguaje de los sentimientos, comprensible para todos los seres. A un gato no se le puede obligar a hacer nada. Hay que detectar sus cualidades y después estimularlas jugando, sin violencia. Con un simple objeto atado a un hilo empiezo a jugar con él y lo empiezo a educar.»

Kuklachov es un virtuoso en la más secreta aspiración de todo humano al que un gato le permite vivir en su casa: acariciarlo. Todos los gatófilos envidiamos a Yuri cuando dice: «Acaricio a mis gatos de tal manera que ellos siempre corren hacia mí buscando mis caricias.» Y como todo el que anda con gato, está convencido de que algún tipo de alma tienen: «Todos los seres vivos tienen alma. El alma es un estado psíquico y todo lo vivo tiene alma. Los gatos son muy sensibles y muy astutos. Piensan. A diferencia del perro, el gato es extrasensorial y siente mi estado de ánimo. Además son capaces de sanar con sus vibraciones y ronroneos.»

Kuklachov comenzó a mostrar sus habilidades en el Circo de Moscú, donde una tarde Leónidas Breznev pudo ver cómo un gato hacía el pino sobre la palma de la mano de un artista. Kuklachov, cuando tenía veinticuatro años, encontró un gatito callejero entre unos arbustos e hizo lo que muchos: quedó prendado del animal y se lo llevó a su casa. El gato cumplía con su obligación, y se pasaba la noche saltando y corriendo, sin dejar dormir a nadie. Yuri empezó a jugar con el gato, a tranquilizarlo para que se estuviera quieto y los dejara dormir, y ahí descubrió no las habilidades

Yuri Kuklachov, el ruso que, contra la opinión de Garfield, ha conseguido que los gatos hagan el ridículo en el circo.

del gato, sino las suyas: era capaz de ordenar movimientos al gato, tras haber entablado aquella primera conversación con la mirada. A partir de ahí se le ocurrió crear con el gato un número para el circo, hacerle ponerse sobre su mano, haciendo el pino. Su fama mundial había empezado. Dejó pronto el Circo de Moscú y se estableció por su cuenta, en su propio Teatro de los Gatos de Moscú. Rusia había dejado de ser soviética y los gatos habían dejado de ser odiosos seres independientes que no hacen caso a nadie. Kuklachov realizó giras mundiales por Francia, Alemania, Japón, Estados Unidos y Argentina. Jacques Chirac quedó encantado con Yuri y sus gatos. Hasta Bill Clinton se maravilló contemplando el espectáculo y seguro que a la vuelta a la Casa Blanca, le comentó a su gato Socks:

—Los rusos nos ganaron en la carrera espacial y nos han vuelto a ganar ahora en la carrera del más difícil todavía de amaestrar a tus colegas, Socks. Hay un ruso que hace maravillas con sus gatos y ya ves tú, Socks, nosotros no hemos podido hacer carrera de ti...

Rusia es la tierra de los desmentidos sobre los tópicos en torno a los gatos. Si hicieron la Revolución de Octubre, ¿cómo no van a hacer la revolución de la luna de enero de los gatos? En Rusia también desmintieron la conocida frase de Jean Cocteau: «Prefiero los gatos a los perros, porque no hay gatos policías.»

En la misma Rusia de los gatos haciendo el ridículo en el circo para enojo de Garfield también desmintieron a Cocteau.

Hubo una vez un gato policía.

Es más: fue un gato policía muerto heroicamente en acto de servicio.

Se llamaba Rusik. Había sido adoptado por unos funcionarios de Seguridad del Estado cuando no era más que un gato recién nacido y abandonado, un gato vagabundo, que pasaba junto a un puesto de control de la Policía en la ciudad de Stavropol, al Sur de Rusia. Los policías del control lo adoptaron y lo comenzaron a alimentar con sobras de pescado y con lo que haría las delicias del gato más sibarita: huevas de esturión, confiscadas policialmente a los contrabandistas de caviar del mar Caspio. El Caspio, en los límites meridionales de Rusia, produce alrededor del 90 por ciento del caviar mundial, que puede alcanzar en el mercado precios de hasta 3.000 euros el kilo. Su comercio ilegal e incontrolado por parte de mafias de contrabandistas está llevando al esturión al borde de la extinción. De ahí, para preservar la especie de los esturiones, la estricta vigilancia policial contra el contrabando y la confiscación de todas las partidas fraudulentas que encuentran en los controles fronterizos. Y tanto caviar confiscado le dieron a Rusik, que el pequeño gato se volvía loco para encontrar su comida preferida.

Como usted, gatista convencido ve que su gato se vuelve loco cuando ve que le va abrir su lata preferida de estofado de pescado o de bocaditos de hígado en salsa, así Rusik perdía los papeles con el caviar.

—Anda que era tonto el gato ruso de los policías...

¡Qué iba a ser tonto! Descubrieron que era listísimo. En el puesto de control tenían un perro adiestrado, como los que husmean la droga entre los equipajes de los aeropuertos, especializado en encontrar cargamentos de caviar a los contrabandistas, dentro de los coches que detenían para su revisión. Pronto descubrieron que el gato aventajaba con creces al perro a la hora de husmear el matute de caviar. Y lo pusieron a trabajar como gato policía de fronteras.

El primer gato policía del mundo, y a mucha honra de Rusik.

Rusik realizaba registros en los vehículos y pasajeros en busca del delator olor de las huevas de esturión. No se le escapaba un contrabandista y hallaba el caviar por muy escondido que estuviera en dobles fondos de los vehículos. Con estas habilidades, Rusik pronto se granjeó muchas enemistades. Los contrabandistas rusos de caviar están especialmente de acuerdo con Jean Cocteau y dispuestos a lo que sea para que su frase siga siendo verdadera.

Como los gángsters de Chicago en los años treinta asesinaban a los policías que trataban de desmontar la mafia de Al Capone, así murió Rusik, en cumplimiento de su deber.

Atropellado por un coche que se dio a la fuga, como siempre se dan a la fuga los coches de los gángsters.

Aseguran que su muerte fue una venganza fríamente planeada por la mafia del caviar, un atropello intencionado. Días antes de su muerte, había encontrado un valioso contrabando en un autobús, cuando hacía su registro rutinario con el policía que lo cuidaba. Poco después, cuando ese mismo autobús volvió al control, otro coche que sospechosamente pasaba al mismo tiempo lo atropelló mortalmente. Todos pensaron en un premeditado y mafioso ajuste de cuentas con el celosísimo gato policía. Otros aseguraron que Rusik simplemente saltó del autobús que estaba registrando y fue atropellado por otro coche.

Remo, que habla por el teléfono móvil de sus bigotes con el domador ruso de gatos, me asegura que lo del pobre Rusik fue como cuenta la primera de las versiones sobre su muerte.

Que a Rusik lo asesinaron los mafiosos contrabandistas de caviar.

Que Rusik, el primer y único gato policía del mundo, murió en acto de servicio.

No ha podido aclararme, sin embargo Remo, si a su viuda, una gata rusa que ahora lo llora en la frontera del mar Caspio, le ha quedado una buena pensión de latitas de caviar para el resto de sus días.

Remo se relame de sólo pensarlo.

Las gatas de Chamberí y el madroño

Lo que no se le ocurra a un gato no lo puede imaginar nadie. Están todo el día pensativos, filosofando, a solas con sus ideas. El gato es el pensamiento en libertad, por muy cautivos que estén como gatos de piso. Pensando, se evaden. Y cuando pueden escribir, como ocurre en estos alegatos, nos superan en ingenio a los humanos. Tal es el caso de Miss Cifú, la gata más guapa de Chamberí. Ésta es su vida:

«Yo soy una gata de Madrid, igualita que tú, Remo, y me gustaría contarte mi historia.

Nací un día de septiembre en un taller mecánico de Madrid. Todos los días pasaba por su puerta una niña de doce años al volver del colegio. Un día, le enseñaron una caja de cartón, donde estaba yo acurrucada y morronga. Como soy tan bonita, se quedó prendada de mí y me llevó a su casa.

Yo soy Gata Madrileña de Chamberí y al ser la gata más guapa entre las gatas, al menos para mi "dueña", me puso de nombre Miss Cifú.

Como quiera que, a los habitantes del Foro, el madrileño, les llaman Gatos, me apunto a la teoría que defiende, que el símbolo de esta ciudad debería ser el Gato y el Madroño, ¿o no, Remo?

Mi casa nueva era una buena casa. Una séptima planta, muy soleada, con dos balcones a los que me gustaba salir a tomar el sol y a bufar a los pájaros.

En esa séptima planta, había otros cinco pisos más y casi todos con gato, como debe ser. Como sabes, los gatos somos

Miss Cifú,
la gata más guapa
de Chamberí.

curiosones y cuando los humanos salían y entraban de sus pisos, a veces nos escapábamos al rellano, así que pronto pude conocer a mis vecinos. A veces, hacíamos tertulia, como en las castizas y antiguas corralas.

En la letra B, vivía Conan, un gato persa, gordo y un poco tontorrón. En la puerta C, habitaba mi vecina Lluvia, una siamesa, lista como pocas. Y la puerta F, era la casa de Caty, una gatita rubia, que la pobre padecía de diabetes.

Y siempre he sido muy rebelde, sabes, y de joven he hecho todas las gaterías que me ha dado la real gana. Pero desde entonces ha llovido mucho.

Esa niña de doce años, ahora tiene treinta. He vivido con ella su infancia, su adolescencia y juventud. Hemos estudiado la carrera juntas, dormitando sobre sus piernas y sus apuntes y ahora, al comienzo de su madurez, se ha comprado un pisito con su novio, así que vivo con ellos dos. Y estoy encantada, que conste. Me tratan divinamente, dándome una vidorra plácida y placentera. ¡No sé qué va a ser de ella, cuando yo ya no esté!

Ahora, aunque sigo sin dejarme cepillar y mucho menos bañar, me he vuelto más pacífica y cariñosa. Me dicen que me conservo muy bien para mi edad, pero lo cierto es que ya tengo dieciocho años cumplidos. Y es que, querido Remo, la edad no perdona. Ya verás cuando llegues a mi edad, ya. Miss Cifú.»

No está sola Miss Cifú en el Muy Gatuno Barrio de Chamberí. Y no sólo ella reclama el cambio del oso por el gato en el escudo de la ciudad a cuyos habitantes llaman «gatos». De Chamberí, como Miss Cifú, es también la gata Mati, diminutivo de Matilde que sólo permite que se lo diga Arancha, la mascota humana que tiene en su casa para no aburrirse.

Mati es una preciosa gata negra azabache de ojos moscatel, auténtica y castiza, que entró a formar parte de la vida de Arancha una fría noche lluviosa de últimos del mes de abril. Mati es una auténtica ecologista gatuna, y por medio de Arancha le ha hecho a Remo una denuncia en tiempo y forma de la agresión de las grandes ciudades contra los gatos:

«Madrid no es una ciudad de lluvia ni de gatos. Una ciudad como ésta en la que se supone que todos somos "gatos", no les tiene ningún aprecio. Se decía que antiguamente un gato podía atravesar la ciudad saltando de tejado en tejado. Ahora lo tendría verdaderamente difícil. No sólo por el cambio urbanístico sino porque hasta el propio Ayuntamiento ha querido acabar con cientos de ellos en una campaña de exterminio, por aquello de "Madrid limpio, cuida tu ciudad". De nada sirvieron las protestas vecinales. Acabaron con ellos sin piedad por considerarlos una plaga.

Vivimos en un barrio céntrico, en el distrito de Chamberí. De ahí que diga que mi gata es auténtica y castiza. Fue de camino a casa cuando la vi por primera vez. Mejor dicho, la oí. Escuché un "miau" casi imperceptible que salía de no sé dónde de entre los coches. Me agaché y ahí estaba. Una bolita negra, mojada, sucia y asustada que me miraba con unos enormes ojos. Mi primera intención no fue cogerla porque pensé que su madre andaría cerca y que esperaba con impaciencia su traslado a un lugar más confortable. Pero cuál fue mi sorpresa cuando me di cuenta de que me seguía, que intentaba alcanzarme a trompicones. Ya en medio de la acera vi su estado y no pude resistirme. La cogí y sus patitas se aferraron a mi abrigo como un broche. La tapé con la bufanda e inmediatamente dejó de maullar. En ese momento sentí que era mía y que ella había tomado posesión de mi persona. Desde entonces Mati y yo somos inseparables. Ella se sabe importante en la casa y sobre todo querida. Desde la primera noche no deja de seguirme como si fuera mi sombra y siempre es la primera en todo. La primera en despertarme por la mañana, la primera en llegar al baño, la primera en llegar a la cocina a desayunar, la primera en estrenar las sábanas limpias o la ropa recién planchada. La primera en darse cuenta de cualquier novedad, la primera en recibirme cuando llego a casa y darme un beso con su lengüita de lija color chicle Bazoka.

La primera en mi corazón.

Mati es gata sin pedigrí que ha venido de la calle sin haber sido callejera y que se ha convertido en gata de piso sin echar de menos la calle.

Gata juguetona y zalamera que se sabe hermosa. Que explota al máximo todos sus recursos y que se ha hecho la dueña de mi vida y de cuantos vivimos con ella.

Es gata caprichosa, dormilona, celosona y mimosa que a pesar del tiempo transcurrido (va para ocho años) sigue conservando su aspecto juvenil, carita de niña mimada y curiosidad infinita por cuanto le rodea. Que gusta de posar para la foto y ser el centro de atención de todos.

Auténtica gata de Chamberí que bien pudiera ser emblema de esta ciudad en lugar de un oso bobalicón tan soso como desgarbado.

Muchos saludos de las dos, Arancha y Mati.»

Mati, la gata de Chamberí, en plan escudo madrileño de La Gata y el Madroño.

Gato, ¿estudias o trabajas?

Como Miss Cifú la de Chamberí, gatos estudiosos los hay a cientos. Porque hay una injusta discriminación contra ellos, que, si no, habría gatos licenciados en Derecho como nuestros legisgatos argentinos, gatos doctores en Historia, gatos pedagogos. ¿Quién mejor que un gato para licenciarse en Veterinaria, especialidad de pequeñas mascotas? ¿Qué mejor doctor en Biología, en Ciencias del Medio Ambiente que un gatuno ecologista, tan limpio con su cajón de arena?

Han sido muchísimos los gatos que han estudiado la carrera al mismo tiempo que su dueña. Más con ellas que con ellos. Los gatos prefieren ser compañeros de curso de las chicas más que de los chicos. Algunos hasta aprendieron a pasarles las páginas de los libros. Rocío Cáceres, desde Barcelona, me cuenta la historia de sus gatos y entre ellos, Piti, diminutivo familiar de Pitiusa, que convive con el gato Poppy, todo negro con el pecho blanco, un gato como de etiqueta, como vestido de frac, al que sólo le faltara la corbata de lazo. Un gato completamente Fred Astaire, para el que Piti es su Ginger Rogers. Piti es físicamente como la gata de Borges, e igual de letrada. Nos lo dice Rocío:

«Cuando Ana, mi hija, se va a su despacho a estudiar, la llama:

—¡Vamos, Piti, ya es hora, que pronto tenemos exámenes!

Ya puede estar durmiendo la siesta, jugando o tomando tan ricamente el sol, que lo deja todo, y allá que se va, se acomoda junto a la lámpara de sobremesa y, muy atenta, escucha los temas que tocan ese día. Ya están las dos, Ana y Piti, en tercero de Derecho, por la UNED.»

Rosa García Perea, que con su hermana Espe terminaron siendo encontradas a través de Internet por Nía, una gata jerezana que vivía en Cazalla y que buscaba muchacha a la que adoptar, también me ha contado historias de gatas estudiantes:

«Mi familia siempre ha vivido rodeada de gatos y estamos convencidos de que no sólo somos nosotros sus animales de compañía, sino que además a veces nos soportan pacientemente nuestras travesuras. Tuvimos una gata licenciada en Derecho, que se llamaba Tina. Mi hermana mayor estudió los cinco años de carrera con Tina echada en el rincón de la mesa de estudio. Y cuando mi hermana tardaba en pasar una hoja del libro, ella se impacientaba y le daba con la pata en la mano, para que se diera prisa. Se ve que leía más rápido que ella. Cometimos el error de traer el perro de unos amigos a casa, por unos días, y como era yo la que lo paseaba, nunca me lo perdonó. Cuando pasaba por mi lado me volvía la cara para no mirarme... Me costó mucho que me perdonara. También tenemos un Moisés, que se llamaba así por que lo encontramos en un contenedor. No era una cesta en el río... pero le echamos un poco de imaginación. Moisés todavía vive con nosotros y odia los teléfonos móviles. Los esconde dentro de la caja de arena: muy simbólico, ¿verdad?»

El gato esconde el teléfono móvil porque no quiere que lo molesten en su importante tarea. Estos humanos suelen llamar por el teléfono móvil literalmente por la meada de un gato, así que no hay mejor sitio para el terminal que el cajón sanitario, bien enterradito entre la arena absorbente de ruidos y olorosa de silencio.

No sólo Moisés odia el teléfono. Arima es una gata arrabalera de tejado que vive en Ponferrada con Angélica Moli-

Nía, la gata que buscaba muchacha a quien adoptar y encontró a Espe y a Rosa por Internet.

na y que no hay nada que odie más que cuanto la relaciona con el exterior: las maletas y los teléfonos. Es una romana, atigrada gris, guapa, con grandes bigotes, orejas en punta, morro gracioso siempre húmedo, rabo siempre en movimiento, de la que cuenta Angélica:

«Es la dueña de la casa. Tiene elegidos los mejores lugares, sofás, butacas. Le gusta tomar el sol. Tengo que descorrer las cortinas de un dormitorio que es su preferido para que ella pueda tumbarse. Si no he descorrido las cortinas, va detrás de mí, se me adelanta, me lleva al dormitorio, me mira y maúlla, como diciéndome:

Arima, la que no quiere que se hable por teléfono, impidiendo también sobre la maleta que su dueña se vaya de viaje.

—¿No ves que no entra el sol, cómo me voy a tumbar?

Obedezco sus órdenes, dejo que entre el sol y ya queda tumbada, tan satisfecha. Una vez me iba de viaje y me puse a hacer la maleta sobre la cama. Para que no me fuera y la dejara sola, se tumbó sobre la maleta y no había forma de abrirla ni de terminarla de hacer. Se posesionó de la maleta, como diciéndome que no quería que me fuera. Sólo cuando ella quiso pude terminar de hacerla. Y tampoco quiere que hable con nadie por teléfono, para que no deje de prestarle atención a ella un solo momento. Como es tan posesiva, cuando estoy hablando por teléfono más de lo que ella quiere me muerde los pantalones y la bata que tengo puesta, y así sigue hasta que logra que cuelgue.»

Remo llega a más con Isabel. A Remo le gusta el teléfono todavía menos que a Isabel, a la que no le gusta nada. Y cuando está hablando con una amiga, se sube al sofá y comienza a mordisquear el cable del auricular, como queriendo cortarlo. Últimamente ha descubierto que en el propio teléfono hay una tecla en la que da con su patita y no sabe aún por qué milagro, Isabel termina inmediatamente de hablar. Ha aprendido a colgarle el teléfono a Isabel. Tanto, que Isabel ya hasta le pide permiso antes de llamar a sus amigas: «Remo, bonito, ¿me dejas un momento que llame a Carmen?»

¿Estudias o trabajas?, podemos preguntar también al primer gato que nos encontremos por la calle, quizá hablando por el teléfono móvil, como los ejecutivos, si es un gato que no odie el teléfono.

Porque como los hay estudiosos, también los hay trabajadores. Muy trabajadores. Algunos, hasta estajanovistas.

No les cuadra la injusta fama de holgazanes con la que cargan. Duermen, sí, veinte horas al día, pero cuando están despiertos, tienen sus cinco sentidos y hasta el sexto sentido gatuno puestos concentradamente en lo que hacen. Les han faltado a lo largo de los tiempos agentes de relaciones públicas para cuidar su imagen. Que digan a los cuatro vientos que los gatos trabajan sin descanso en el campo, en oficinas y bancos, que cuidan museos y cosechas, que vigilan casas y hospitales, que actúan en películas, que aparecen como modelos en los anuncios publicitarios.

Y desde hace mucho más tiempo de lo que se cree. Aun antes que en el antiguo Egipto, el gato ya estaba al servicio del hombre. El hallazgo de una tumba de hace aproximadamente nueve mil quinientos años en Chipre en la que se aprecian, junto a un hombre, los restos de su gato y una amplia variedad de ofrendas, supone la evidencia más antigua encontrada hasta la fecha de las relaciones entre el ser humano y el felino trabajador que le aleja las ratas, según el estudio de investigadores del Museo Nacional de Historia Natural de París, perteneciente al Centro Nacional de Investigaciones Científicas de Francia, que ha publicado la revista «Science». Es la más antigua prueba de la amistad entre el hombre y el gato. Puede que el perro siga gozando de la leyenda del mejor amigo del hombre; pero el gato puede a partir de ahora defender con todo derecho su condición del más antiguo amigo y servidor.

Hace nueve mil quinientos años que el gato está trabajando para el hombre. Gratuitamente. Sólo a cambio de alojamiento y comida, sin sueldo, sin reivindicaciones laborales. Ya en el antiguo Egipto el gato tenía una honrosa historia de trabajo al servicio del hombre alejando todo tipo de alimañas perjudiciales. El centro de trabajo del gato es muy diverso, lo mismo pueden ser oficinas gubernamentales, tiendas, bodegas, museos, barcos y hasta refinerías u hospitales. En Inglaterra hay gatos empleados en el Lloyds, en la Torre de Londres, en el Home Office. En Escocia desarrollan una importantísima labor: mantienen libres de ratas y ratones las bodegas de grano utilizado para la elaboración de güisqui. Cuando se esté tomando un güisqui escocés, recuerde al gato que mantuvo lejos de los ratones la cebada que dio tan agradable licor. En Nueva Zelanda y Estados Unidos los gatos se utilizan para proteger las oficinas de correos y evitar que las ratas destruyan la correspondencia. ¿Y qué sería del mundo de la publicidad sin los gatos, que trabajan de modelos, posando para los fotógrafos? Que hay que anunciar las excelencias de un aislamiento térmico para la casa, ¿qué mejor que un gato dormitando junto a una ventana?

Los psiquiatras han descubierto el efecto tranquilizante que el gato ejerce sobre las personas cuando los acarician. Acaricias a un gato e inmediatamente experimentas una sensación de paz y bienestar que va en aumento cuando el animal ronronea.

Naturalmente que tal ocurre con una condición bastante difícil a veces; que el gato se deje acariciar. Y a muchos se lo prohíbe su reglamentación laboral, según la norma de obligado cumplimiento de Samantha Armstrong: «Un gato se niega a ser objeto de sentimentalismo; si no quiere que lo acaricien, así tiene que ser.»

De los tres de mi triunvirato gatuno, a Remo, dignísimo, es que ni se le ocurre dejarse acariciar por nada del mundo. Rómulo, según como le pille de ánimo. Solamente Adriano es un gato que trabaja con todo entusiasmo y aplicación en su raro oficio de dejarse acariciar. Se sabe centro de atención a causa de su permisividad para las caricias.

Y como lo sabe, hasta lo celebra con su ronroneo.

La lógica del gato

Los muy laborales y rusos gatos artistas de circo o policías son la excepción que confirma la regla de que el gato va por libre. Por libre, ojo, no por liebre. Lo de gato por liebre es otra de tantas calumnias levantadas contra los gatos. Si dan gato por liebre es porque ambos son libres.

Lo sabemos todos los gatistas. «Gatista»: es el término que usa Mercedes García, que se cree dueña de una gata negra, que, recién nacida, se encontró su hija en un olivar del mismo Aljarafe sevillano donde estaba el gato rejoneador de Manuel Mantero. Como siempre ocurre, fue la gatita negra la que la adoptó a ella. Mercedes la crió con biberón. Y le puso de nombre Cuatro, porque nació el 4 de julio, el Día de la Independencia de Estados Unidos. Pero Cuatro es solamente gata, gata aljarafeña, y esas cosas de la Historia Universal no le conciernen. Se conforma con la Historia Universal del Gato.

Observando a Cuatro, Mercedes ha llegado a formular un tratado sobre «La lógica del Gato», que le he leído a mis triunviros gatunos, quienes no solamente están de acuerdo, sino que han decidido en su S.P.Q.G. que merece ser incluido con todos los honores como parte sustancial de sus Alegatos. Éste es el relato que Mercedes García le envió a Remo:

«Si pienso en la primera o primeras veces que me relacioné con los gatos, tengo que remontarme a cuando era pequeña, creo que muy pequeña. Yo tenía una abuela cariñosa, acogedora e imaginativa. Mi abuela es lo mejor que me pasó en mi infancia y será, sin duda, de lo mejor que me pasará en mi vida (en tanta estima tengo su recuerdo). Cuando pasaba días en su casa, ella intentaba llenar mis minutos de estímulos deliciosos, y lo conseguía... Abrazos enormes repletos de olor a agua de lavanda, susurros tiernos y quejumbrosos en mi oído infantil, sabor de aceite por la mañana en la tostada, olor mágico de cocina siempre humeante, el costado cálido donde me rebujaba para dormir de noche, aunque fuera verano y no hiciera falta calor añadido, mientras la dama de noche y el jazmín de patio entraban por la ventana para entrometerse en esa intimidad cándida de una abuela y su nieta, trazos dispares de la vida, confundiendo sus formas en una cama... Ella me enseñó esos esbozos de paraíso que no dejaré de perseguir nunca. Ella también me enseñó el mundo de los gatos.

Alguna mañana aburrida por el quehacer de los demás y por la inactividad a la que te somete la infancia, mi abuela inventó una manera de distraerme. Fue después de volver del mercado, de donde traíamos alimentos frescos, brillantes y sanguinolentos cuya fascinación fundamentaron mi vocación gastronómica. El hígado consistente y oscuro que mi abuela llamaba "asadura", al que dotaba de una salsa intensa y perfumada. Las cabrillas babosas que luego vería flotar en un exquisito mar de tomate. Más tomates de carne recia para combinar con la lechuga atada y orlada de tierra, cebollas fragantes y boquerones de plata...

Mientras ella disponía de todos aquellos elementos alquímicos de cariño doméstico, yo balanceaba mis piernecitas en una silla de la cocina, algo que a ella no la dejaba indiferente. (Si algo me ha enseñado a amar es ver lo poco indiferente que era mi abuela a nada que estuviera cerca de sí.) Entonces, ella se arremangó, cosa que hacía cada vez que tomaba una determinación y salió con un paso veloz de la casa. Al rato volvió sosteniendo entre sus manos las puntas del delantal, con una majestad y una delicadeza que nunca hasta el momento he observado en humano alguno. Dentro del delantal viajaban hacia mí tres perplejos cachorros de gatos que mi abuela había solicitado a una vecina por un rato y puso a mis pies como si fueran un presente ante una pequeña reina. Me dijo solamente:

—Ayúdame a darles de comer.

Entonces extendió ante mí un papelón de boquerones frescos a los que me enseñó a cortarles las cabecitas y extraerles las espinas con unas, para mí entonces, enormes tijeras de pescado. Después, aquellos despojos serían los manjares de esos tres animalillos sedosos, escurridizos y voraces a los que alimenté con prevención y entusiasmo. Mi abuela convirtió aquella mañana en un lugar mágico para mi infancia y mi recuerdo y abrió dos grandes puertas de mis rasgos actuales: el amor a la cocina y el amor a los gatos.

Pasaría el tiempo y todo esto persistiría. La casa que mis padres adquirieron en el campo era rondada constantemente por gatos libres que acudían a nuestro jardín entre insolentes y zalameros. Mi padre, hombre distinto, pero de cualquier manera hijo de esa dama de delantal lleno de gatos y corazón repleto de abrazos perfumados que era mi abuela, los dejaba residir a nuestro calor y ellos se paseaban por mi infancia con esa cadencia felina que me acostumbró a entenderles. También compartí con él cocina y gatos, aunque no abrazos.

Un gato se clavó una espina de matorral en un ojo y mi padre se la sacó rápidamente y le enjuagó con agua con bicarbonato y compasión.

Otro gato vino a morir a mi ventana después de tomar veneno en un sembrado.

Una gata parió en la leñera de un vecino y el pobre parroquiano no veía la forma de sacar un tronco sin soliviantar el instinto materno de la temible felina. Tuve que acudir y haciendo uso de mi relación amistosa con la celosa madre fui depositando uno a uno a los cachorritos, calentitos y amodorrados, en el faldón de mi jersey. No sé si mi paso fue tan majestuoso y regio como el de mi abuela, pero los transporté con todo el respeto hacia mi casa y así mi atribulado vecino pudo beneficiarse del calor de sus leños. Lo que sí sé es que la gata intentó hacer abuso del uso de la confianza que yo empleé con ella y una vez sus cachorros en casa, se empeñó en trasladarlos uno por uno a mi armario, buscando acomodo entre mi ropa. Así fueron pasando los años sin entender muchas cosas de la vida, entre ellas por qué se empeñaba la gente en sostener que los gatos eran animales ariscos.

También es verdad que luego he comprendido que por lo general, la gente tiende a confundir los términos. Si bien las personas independientes suelen ser incomprendidas, los gatos son grandes repudiados a causa de esa personalidad tan marcada que les hace pasearse por tejados y malecones con una aparente indiferencia a todo lo que les rodea. Decía H. P. Lovecraft que los gatos subían a los tejados para saltar a la Luna. Nunca vería Lovecraft tal suceso, como nunca fue necesario que viera nada de lo que escribió para gloria de la literatura fantástica. Pero si Lovecraft escribía tal cosa sería por algo. ¿Qué animal sería susceptible de ser imaginado aspirando a la Luna sino un gato? El gato es un animal por lo general inútil y bastante indomable pero lo suficientemente seductor como para estar presente de forma doméstica en una civilización tan utilitaria como la nuestra. De ahí su talento. Al gato se le reprocha lo contrario que al perro se le alaba: su falta de compromiso. Ése es el resultado de una de esas grandes confusiones que nos arrullan.

No hay mayor ni mejor compromiso que el que adquirimos ante nosotros mismos, antes nuestros criterios. Por eso un gato no atacará a nadie que no le moleste por muy desconocido que sea y sí lo hará ante su propio amo que le avasallara desproporcionadamente. El gato no es comprometido, ciertamente, pero es justo, al menos es consecuente. Un mundo, tan idealista en principio y tan pragmático a efectos, no está acondicionado para comprender esa filosofía felina, porque es un mundo sustentando por la incoherencia. Da igual que los gatos se paseen por los tejados de la Historia, que ronroneen en las cocinas del mundo, que desplieguen su elegancia en salones o callejones.

El mundo no está capacitado para entender esa lógica del gato.»

Nina, la novelista canaria

Tampoco estamos capacitados para comprender que los gatos escriban. Tenemos que aprender a interpretar sus más que literarios silencios, como nos recomienda Paul Morand: «Los gatos son incomprendidos porque no se dignan explicarse; son enigmáticos únicamente para quien ignora la potencia expresiva del mutismo.»

Por las noches, cuando nuestros papeles están sobre la mesa y nuestros ordenadores con el reflejo de guardia del salvapantallas, los gatos se sienten inspirados a la luz de la Luna de Lovecraft y nos cuentan sus historias y sus pensamientos. Como la canaria gata Nina se las contó a Remo, desde La Laguna:

«Te escribo estas letras a instancias de mi amiga María, cuya casa decidí hacer mía hace ya varios años. María acaba de leer tu libro, Remo, y me ha comentado muchas de las reacciones y costumbres tuyas, comparándolas con las mías en circunstancias similares y asombrándose de que ambos tengamos hábitos tan parecidos. Por cierto, Remo, tengo que decir que me has caído genial y que te envío mis más cariñosos roces y morreos. Cuando María leyó el último capitulo de tu libro, me dijo:

—Nina (ése fue el nombre que me puso, ¡vaya usted a saber por qué!), tienes que escribirle a Remo, ya ves que pide que otros gatitos que tengan algo importante, conmovedor o divertido que contar, lo hagan de sus propias pata y letra.

Le hice ver, a mi manera, que yo no tenía nada que contar que entrara en ninguno de esos apartados.

—¿Cómo que no? —me contestó—. Cuenta tu llegada a casa. No creo que haya nada tan conmovedor.

Y es que María es muy exagerada en lo que a mí se refiere. Para ella no hay gata más lista, más buena, más guapa ni mejor que yo.

Lo pensé y lo pensé y en parte para darle gusto y en parte porque me hacía ilusión escribirme con un gato famoso, decidí hacerle caso. Así que ahí va la historia de cómo llegue a esta casa que es la mía.

Vaya por delante que soy una gata visceralmente callejera y campestre, o mejor debo decir que lo fui porque llegó un momento en que me enamoré de un gato guapísimo del que tuve cinco gatitos y eso cambió mi comportamiento.

Comprendo que no podía continuar con mi vida libre e inconsciente y que tenía que buscar un buen acomodo para mi prole.

Yo había elegido para vivir una urbanización en pleno campo con las típicas casas unifamiliares y con jardín. Comencé a recorrerlas todas en busca de la más adecuada a mis necesidades familiares, y a todas les encontraba algún inconveniente. Hasta que llegué a una donde una señora, manguera en mano, regaba su jardín. La vista de la manguera fue precisamente lo que me frenó para atravesar la verja, porque la verdad, el agua y yo como que no nos llevamos...

Entonces oí la voz de María, pues de ella se trataba, que se dirigía a mí en estos términos:

—Hola preciosa, ¡qué gata mas bonita eres! ¿Qué hace una gata tan guapa vagabundeando por aquí? ¿Tienes hambre, Ojitos de Caramelo? Anda, entra, que te voy a buscar algo de comer. ¿Qué pasa? No te gusta el agua, ¿verdad? Pues nada, cerramos el grifo y ya está...

Yo no podía creer lo que oía. Porque como tú sabes, Remo, los gatos callejeros no estamos acostumbrados a tales recibimientos.

María me hizo que la siguiera, entró en la casa, dejando la puerta abierta (detalle que agradecí, aunque no entré) y salió al momento con un tazón de leche para mí.

Para entonces yo ya había decidido que aquélla sería mi casa y la de mi familia y como ya era tarde, esperé al día siguiente para mudarnos. Mis gatitos sólo tenían días, así que uno a uno y con la boca los fui llevando a aquel jardín y acomodándolos en un lugar seguro.

María, que me vio en este trasiego, estaba emocionada. Llamó a su marido, Juan, y a la señora que va a trabajar a la casa, Tere, para que contemplaran lo que ella consideraba algo conmovedor y maravilloso. Recibí un trato de lujo, una cesta con mullidas mantas, comida abundante y caricias tanto para mí como para los gatitos, aunque que los cogieran en sus brazos sólo se lo permitía a María.

Cuando habían pasado unos días tuve que cambiar a mi camada a un lugar del jardín un poco más amplio porque ya querían aprender a dar sus primeros pasos. Así que, por el mismo sistema (uno a uno y en la boca) los llevé a un rincón más espacioso.

Al día siguiente María, que no había presenciado la mudanza, se llevó un susto de muerte.

—¡Nina! ¿Qué ha pasado con los gatitos? ¡Dios mío, qué pena! ¿Dónde pueden haber ido tan pequeñitos?

A base de maullidos hice que me acompañara al nuevo emplazamiento para que comprobara por sí misma que todos estaban divinamente.

Aún tuve que hacer una tercera mudanza porque ya era agosto y empezaba a hacer un calor sofocante. Así que busqué el lugar más fresco del jardín, que era cerca de los muros de un pozo donde la temperatura era realmente agradable. Cuando llamé a María y vio a los gatitos jugando felices en el parterre de flores que rodeaba el pozo, me puso de "gata lista" y "madre maravillosa", que no había por donde cogerme.

Pero un buen o mal día, noté movimientos extraños en la casa y me preocupé pensando lo peor. María me vino a explicar lo que pasaba:

—Nina, nos vamos de vacaciones, pero sólo será una semana y Tere vendrá todos los días para ponerte agua, comida y ver cómo estás. Te hemos vaciado la leñera por si quieres trasladarte allí. Me da mucha pena dejarte ahora, pero una semana se pasa volando y, cuando menos lo esperes, estaremos de vuelta.

No entendí todo lo que me dijo, pero su voz era tan triste que me temí lo peor. Cuando llegó la noche y no habían vuelto, pensé que mis temores estaban justificados, que no los vería más y decidí llevar a mi familia al cañaveral cercano donde habían nacido.

Pasé unos días que me parecieron una eternidad agazapada con mis hijitos entre las cañas, sin ánimos ni para salir a cazar hasta que una tarde me pareció oír las voces conocidas y queridas de Juan y María. Salí corriendo hacia ellos y cuando María me vio sintió la misma alegría que yo sentí al verla a ella, sólo que María es mucho más expresiva que yo.

—¡Nina! Mi gata guapa... ¿Creías que te habíamos abandonado? Tonta, más que tonta. Me ha dicho Tere que desapareciste con los gatitos al día siguiente de irnos y que no pudo encontrarte. ¿Cómo están esos diablillos? Dinos dónde están y te ayudaremos a llevarlos, venga, vuelve a casa.

Y por supuesto que volví con mis gatitos a casa, de donde no volvimos a salir y donde hemos vivido todos, porque esta pareja que elegí como familia se negó a regalar ninguna de mis crías y eso que como sabrán todos los que han tenido mininos en casa, son muy graciosos de pequeñines, pero sus continuas travesuras pueden llegar a alterar los nervios de cualquiera. A mí, gatunamente, me ponían atacada, así que como Juan y María los aguantaban muy bien, decidí transferirles mis competencias como educadores mientras yo volví a corretear por los campos, aunque jamás faltaba a

Nina, la novelista canaria, en el paraíso que eligió como casa.

la hora de dar de mamar a mi camada y siempre regresé a dormir con ellos mientras necesitaron mi calor.

Hoy ya todos son adultos, yo soy abuela y mis nietos también han vivido aquí hasta que los que quisieron formaron su propia familia en otros lugares.

A todas las hembras nos tocó pasar por el quirófano después de que, en palabras del veterinario "dejáramos actuar a la Naturaleza al menos una vez" (yo concretamente, la dejé actuar tres veces antes de ser operada). A los machos no los operaron y por eso, los muy egoistones, marcharon a buscar fuera lo que no tenían en casa. ¡Naturaleza manda!

Todas nosotras aceptamos la operación de buen grado, porque hubo un tiempo en que éramos doce gatos en la casa y, como decía Juan:

—¡No voy a ganar dinero suficiente para alimentar tanto gato!

Cada día de mi vida bendeciré el instinto que me hizo elegir esta casa y a esta familia como mías. He recibido todo el cariño y la comprensión que un gato puede desear. Jamás han coartado mi libertad aunque reconozco que cuando era más joven abusaba de ella y que me pasaba días sin aparecer por casa sabiendo que esto hacía sufrir a Juan y, sobre todo, a María, que me veía bajo las ruedas de un coche, apedreada hasta la muerte por los gamberros del lugar o raptada por cualquiera que se encaprichara conmigo porque según decía María:

—¡Nina, es que eres de robarte!

Pero yo pienso que los que son de robar son ellos. Por fortuna nadie me los ha robado y aunque de vez en cuando siguen saliendo de vacaciones, lo que llevo muy mal, ya comprendo el significado de esa palabra y sé que es un periodo de tiempo fuera de casa, pero que volverán a nosotros.

Y ésta es la historia de mi llegada a la casa con mis gatitos que María quería que contara porque ella lo ve como una hazaña digna de Hércules. Yo no creo ni con mucho que sea para tanto, pero ahí va por si sirve de algo para tus futuras litergaturas.

Si es así, Remo, te autorizo a que la rehagas con tus propias palabras y que acortes el relato cuanto gustes, porque se lo he dado a leer a María y me ha dicho:

—Nina, un poco más y escribes una novela entera. Eres una gata perfecta, guapísima, lista como nadie y yo te quiero un montón, pero, bonita mía, escribir no es lo tuyo.»

Con una mueca de desagrado, Remo me ha expresado que está en completo desacuerdo con María. Es el mismo gesto que hace cuando encuentra que el pulpo que le hemos preparado está demasiado caliente para comérselo y mete su garrita en el tazón para echarlo fuera y tomárselo en el suelo, sobre el mantel de las fresquitas losas porcelánicas.

Remo me dice que sí, que escribir es lo suyo, lo de Nina. Sobre todo si se escribe con tanta gracia y fuerza gatuna como lo haces tú, Nina, bonita, novelista, que vas a ganar el Premio Planeta de los gatos.

Presidenciales Manolo, Margarita, Lucas y Felipa

Al leer «Gatos sin Fronteras», los legisgatos argentinos Gurki, Muski y Chinita, como están muy politizados, quedaron sorprendidos por la historia de Manolo, el presidencial gato de La Moncloa, que vivía allí junto a la gata Margarita, su pareja de hecho.

No descarto que por la telefonía celestial que ellos usan le pusieran un mensaje al gato Manolo. Mensaje cifrado de alta política gatuna, naturalmente. Porque a los pocos días la mascota humana de Manolo de La Moncloa, esto es, José María Aznar, antes de retirarse de la presidencia del Gobierno del Muy Gatuno Reino de España, le escribió de su puño y letra a la mascota humana de Remo, su colega de preocupaciones felinas, contándole la verdadera historia de Manolo y Margarita.

En el espíritu de humor de todas estas páginas, he aquí la versión definitiva que José María Aznar deja de las hazañas de Manolo y Margarita, así como su compañero Lucas, a fin de que pasen con todos los honores de los documentos oficiales a la Historia de España, ya que Remo piensa donar el original de la carta manuscrita a los fondos gatunos del Archivo Histórico de Simancas. Fondos de archivos gatunos que si no existen, deben crearlos, que ya es hora.

Historia de España en la que esos tres gatos, como todos los gatos nacionales e internacionales, merecen estar, y no tanta guerra como en ella figurar suele.

Dice así el documento del gatista José María Aznar:

«1. Manolo y Margarita no existían en 1996, por lo que es imposible que estuvieran instalados en La Moncloa cuando llegué a esta casa.

2. Manolo y Margarita no son de plantilla ni del Patrimonio del Estado (aunque lo merezcan), son míos.

3. Manolo apareció pequeño, desnutrido y muerto de frío una mañana en las escalinatas del palacio de La Moncloa. Lo acogí hasta hoy: callejero puro.

Después se echó novia: ésta fue Margarita.

También la acogí; desde entonces forman pareja estable.

Tuvieron cinco gatos, que fueron rápidamente colocados.

Te ruego tengas en cuenta estas precisiones a los efectos del respeto debido a mis gatos y a la verdad histórica.

Un abrazo y que siga el humor sobre los gatos, José María Aznar.

P.D. Hay un tercer gato magnífico y nuevo, llamado Lucas, al que acogí después de ser atropellado por un coche. Estuvo un mes con la pata escayolada y se ha recuperado bien.

Aunque ninguno me ha dicho nada, creo que los tres estarán contentos de conocer a Remo algún día.

El libro me lo han traído los Reyes Magos.»

Margarita.

Lucas.

Manolo.

Matizo que fue una reina maga quien le llevó el libro al compañero de Manolo, Margarita y Lucas. Fue la secretaria de Aznar, la benemérita gatera Milagros Rodríguez Falcón, que aún se acuerda de su gata Sabina, que ya la dejó. Milagros convirtió a Aznar a la verdadera fe de la adoración a los descendientes de la diosa Bastet. Y ella fue la que trató de convencerlo acerca de la superioridad de los gatos sobre los hombres. Se lo decía cada mañana:

—Presidente, mejor tener un amigo gato que ciento de otra especie...

A la vista de la más reciente Historia de España, mucho me temo que Aznar no le hizo mucho caso en este sabio consejo a la gatófila Milagros. Pero Milagros obró el que su nombre indica de convertir a Aznar a la verdadera fe gatuna, y sospecho que ella fue quien recogió al atropellado Luquitas en aquellos jardines monclovitas por cuyas carreteras interiores hay tanto coche oficial suelto y quien buscó al veterinario para que le entablillara la patita rota.

Cuando Aznar dejó el poder y la residencia oficial de la Presidencia, no pudo encontrar acomodo para los tres gatunos en su nueva casa de señor particular con señora a la que le gustan los perros. Tuvo que buscar destino para los tres gatos en casas de amigos, donde ahora viven feliz y plácidamente. Me imagino que con la paga que les debe de quedar a los gatos que han ocupado el poder por elección democrática, la pensión de gatos ex presidenciales. Es una pena que Aznar no tenga ya a los tres gatos a su lado y en su propia casa. Ahora es cuando, liberado de pequeñas ocupaciones sin importancia como la gobernación de España, podría estar dedicado a tiempo completo a la más alta empresa de atender como se merecen a Manolo, Margarita y Lucas. A los que añora.

Ya retirado de la política activa, Aznar me habló de ellos la primera vez que vino a la tierra de Remo. De cómo Manolo, en plan gatiperro, lo acompañaba en su trabajo y hasta entraba a las reuniones del Consejo de Ministros. Lo esperaba en la puerta hasta que la reunión acababa, tras la cual le decía: «Vamos, Manolo.» Y Manolo lo seguía por las habitaciones de la casa presidencial. Aznar me enseñó emocionado un poema gatuno que había descubierto en una antología de Baudelaire que le había regalado su amigo el poeta y editor Abelardo Linares. Llevaba el libro en el coche y mandó pedirlo. Me enseñó los versos en la cuidada edición bilingüe. Más que el poder, Aznar había perdido los gatos, y como todo el que los tuvo y ya no puede tenerlos, se consolaba evocándolos en el poema LXVI de «Las flores del mal»:

Los amantes fervientes y los sabios austeros,
aman del mismo modo, en su edad ya madura,
los gatos poderosos y dulces, el orgullo
del hogar, sedentarios y frioleros, cual ellos.

Amigos de la ciencia y la delectación,
de las tinieblas buscan el horror y el silencio;
del Erebo serían los fúnebres corceles,
si pudiesen al yugo someter su fiereza.

Adquieren, mientras sueñan, las noches actitudes
de esfinges que se alargan allá en sus soledades,
que en un sueño sin fin parece que durmieran;

mágicas chispas llenan sus costados fecundos,
y partículas de oro, como una arena fina,
en sus pupilas místicas vagamente fulguran.

Gatos presidenciales españoles que han tenido mayor importancia histórica de la que se les ha reconocido, que ha sido casi ninguna. Hubo un tiempo en que los americanos presumían mucho con Socks, el gato de la Casa Blanca. Y eso que era un solo gato único. El histórico documento de José María Aznar deja bien claro ante la comunidad internacional y ante la Historia que en materia de gatos presidenciales, hubo un momento de gloria en que el Reino de España le ganaba ampliamente a los mismísimos Estados Unidos de América. El marcador de gatos presidenciales anotaba el tanteo de 3 a 1 a nuestro favor, incluido el desvalido y lesionado Lucas, tan callejero puro que sufrió el pobre los efectos de la siniestralidad de la circulación viaria monclovita.

Los referidos y politizados argentinos Gurki, Muski y China Ghost, cuando se enteraron del cambio político producido en España tras las elecciones de marzo de 2004, le escribieron a Remo, muy preocupados por el futuro de Manolo, Margarita y Lucas. Le decían:

«Ante todo feliz día de la primavera. Disfruten del perfume de los azahares. Los políticos pasan, los azahares quedan. Con respecto a Manolo, Margarita y Lucas interpondremos un recurso de amparo (a los que somos tan afectos en Argentina) ante Baltasar Garzón, que tanta fama tiene acá, para que desde ahora en adelante sean considerados como personal de planta permanente de La Moncloa. Obviamente si ellos están dispuestos a quedarse. Por ahí son gatitos conservadores que no pueden llevarse bien con los progres y el efecto Z que se viene... Nosotros en Casa de Gobierno tenemos a Felipa. Quisieron echarla y el señor Néstor Kirchner decretó que debía quedarse. Crónica TV (un canal de cable muy sensacionalista y afecto a dar noticias de animales) puso este titular: "Por Decreto de Kirchner, Felipa se queda en la Casa Rosada.” Así que Felipa anda muy contenta paseando por el histórico jardín de las palmeras. Muchos saludos de Gurki, Muski y Chinita.»

Y le enviaban a Remo sus colegas argentinos la historia completa de Felipa, todo un alegato sobre la importancia que para el poder tiene siempre llevarse bien con los gatos, por lo que pudiera ocurrir:

«Felipa, que desde recién nacida resiste en la Casa de Gobierno, iba a ser retirada por personal del Movimiento Argentino de la Protección al Animal (MAPA), pero no pudieron localizarla, ya que estaba escondida en un despacho. Antes de conocerse la amnistía gatuna decretada por Kirchner, llegaron a la Casa Rosada dos personas de la institución protectora de animales, entre ellas Mario Mele, quien explicó: “Nos haremos cargo de la gatita, en caso de que haya algún problema con ella. Vinimos a llevarla en adopción para que esté más protegida y con sus pares. Estamos esperando para ubicarla, debe andar por algún rincón o por los techos.”

El felino negro, de siete años, que hace poco fue castrado, pareció presentir la situación y se mantuvo resistiendo en el interior de un despacho, durmiendo plácidamente entre los cajones y así los hombres de MAPA debieron retirarse cerca del mediodía dejando para otro momento el rescate de Felipa. “Nos vamos porque no la encontramos, dejamos una jaulita y después volveremos, si la encontramos la llevamos” y ante el comentario de que en la Casa de Gobierno muchos de los empleados quieren mucho a Felipa, Mele recordó: “Vamos a ser democráticos y a respetar la decisión de la mayoría, si la gente no quiere que la llevemos no la vamos a llevar, pero sabemos que tiene problemas, está muchas horas abandonada, desprotegida, y necesita algunos cuidados que aquí no puede tener. También hay aquí mucha gente a la que no le gustan los gatos negros, porque son supersticiosos y

Felipa, la gata presidencial de la Casa Rosada de Buenos Aires, confirmada en su cargo por el presidente argentino.

porque creen que traen mala suerte, entonces maltratan a estos animalitos."

Son pocos los que creen en la mala suerte que puede traer, porque Felipa sólo recibe muestras de afecto en la Casa Rosada. Después que se retiró la gente de MAPA, Felipa abandonó su escondite, se dirigió al hall de entrada y se acurrucó junto al detector de seguridad. Se mostraba tranquila, como si percibiera la buena nueva que llegó con el "indulto" del presidente Kirchner. Por su parte, Mónica, de Prensa de la Casa de Gobierno, contó que "Felipa no es un delincuente; la gata está sufriendo mucho, porque los animales presienten lo que sucede a su alrededor. Todos acá la quieren y la cuidan, porque la gata no es un criminal. Siempre está en la planta baja y jamás entra a una oficina. Los sábados y domingos queda gente de guardia en este lugar y son ellos los encargados de alimentarla". Relató cómo fue la relación de Felipa con los distintos presidentes que pasaron por la Casa Rosada y contó que Carlos Menem siempre se mostraba "cariñoso con el animal". De todas formas, Felipa no es la primera mascota que brilla en la Casa de Gobierno, ya que el perro Poli también tuvo sus minutos de fama en 1995. Ahora y gracias a la amnistía del presidente Kirchner, Felipa podrá caminar sin esconderse por los pasillos de la Casa de Gobierno.»

Para que luego hablen mal de los gatos negros y digan que traen mala suerte. Felipa de momento se ha traído a sí misma una suerte magnífica, que ya hubieran querido para ellos los ya ex presidenciales Manolo, Margarita y Lucas. Felipa tiene la suerte de pertenecer a la ilustre plantilla de los gatos asentados en el poder, como el recordado Snopy, que tuvo su casa en el edificio de las Naciones Unidas en Ginebra, donde estableció magníficas relaciones con representantes de todos los países del mundo. A pesar de ello, un día apareció muerto. Lo habían envenenado. Probablemente el asesino sería algún enemigo de las libertades y de la Declaración Universal de Derechos del Gato, acordada hace miles y miles años por la Convención Felina de Ginebra.

El Gatés o Idioma Gatuno

¿Hablan los gatos? Ya lo creo.

¡Claro que hablan! Lo que ocurre es que a veces no los sabemos comprender. No estamos preparados. Sus maullidos hablan. Comprenden palabras. Los míos saben perfectamente qué significa «caramelo», y en cuanto oyen la palabra se van flechados hacia el lugar exacto del cajón de un mueble de la salita donde les guardamos las bolsas herméticas de los suyos de queso. A veces responden con maullidos de satisfacción. Todo compañero humano de gato sabe que el maullido que lanzan cuando se quedan encerrados dentro de un armario, entre sus chalecos de lana favoritos, es distinto al que emiten cuando sin que advirtamos su presencia les pisamos el rabo. Remo sabe qué significa «¡busca!», y cuando lo oye, se pone inmediatamente a buscar por la casa a Adriano y a Rómulo, perdidos en su escondite ignoto. Rómulo acude a mi cama en cuanto a las tres de la tarde oye la palabra «¡siesta!». En la degradación de los planes de enseñanza y del descuido por la lengua española, muchos graduados escolares hay que tienen un léxico mucho más pobre y un nivel de comprensión mucho más bajo que mis gatos, que saben hasta latín por romanos.

El lenguaje supremo del gato no es sonoro. Es el lenguaje de su cuerpo. Años y años de clases en un Taller de Expresión Corporal se necesitan para que un humano aprenda a hacer con su cuerpo cuanto los gatos saben desde que nacen, para alcanzar esa flexibilidad en los estiramientos sobre la

Merry y Pippin, en estado de alerta total. Algún ruido ha atraído su atención y lo demuestran fijando la vista y dirigiendo los bigotes y las orejas rectas hacia la fuente sonora.

tapicería carísima del sillón que arañan, para llegar con su lengua hasta el último rincón de su cuerpo cuando se asean. Los gatos nos dan discursos sobre la importancia de su especie con sus bigotes, con su cola, con su lomo, con sus ojos. Ni la mujer más enamorada le dice al amado con los ojos lo mismo que una gata a todo el que se acerque a acariciarla, si es que a ella le apetece y se deja.

Todo el cuerpo del gato es pizarra donde escribe con la tiza de su cola; papel en blanco en el que deja los signos de su joroba de satisfacción o de ataque; teclado y pantalla de ordenador desde donde sus orejas, sus patas, sus bigotes, el gato todo, nos envía continuamente sus «e-miaus».

Isabel Gil es una gatófila convencida, que ha leído mucho sobre gatos y que, sobre todo, ha sabido leer el silencio de los ojos de sus gatos, Merry y Pippin. Es como una numeraria de la Real Academia de la Lengua Gatuna, que ha escrito especialmente para quienes los amamos esta Gramática y Diccionario del Gatés o Idioma Gatuno, que ha codificado en el divulgativo estudio sobre «El lenguaje de los gatos» que le envió a Remo como contribución de Filología Felina para estos Alegatos:

«Los signos que utilizan los gatos pueden ser de dos tipos principalmente:

— Signos de naturaleza fugaz: mímica, gestos, voces.
— Signos de naturaleza perdurable: marcas de olor, principalmente.

Hasta hace poco tiempo se pensaba que los gatos eran animales asociales y solitarios, y existía la duda de para qué necesitaban un sistema tan completo de comunicación. Sin embargo, la etología actual expone que los gatos, sobre todo los domésticos, no son esos seres solitarios que se pensaba, y que el hecho de que su domesticación fuese por voluntad propia y no forzosa ha determinado la creación de una organización social compleja, en la que se incluye el lenguaje intra e interespecífico (entre gatos y con otras especies). Recordemos que en el antiguo Egipto los gatos fueron aceptados gracias a sus habilidades como cazadores de pequeños animales dañinos para el hombre (ratones, serpientes...), por lo tanto, no fueron domesticados a la fuerza, sino que fueron alimentados y cuidados con el fin de obtener de ellos un beneficio. No obstante, incluso los tipos más salvajes, no sólo de felinos, sino de cualquier otra especie animal, necesitan entenderse para procrear o defenderse. Por lo tanto, la capacidad para crear e interpretar los signos es innata en todos los animales.

Mímica: El gato posee un buen número de músculos en la cara que le permite realizar gran cantidad de gestos combinándolos con movimientos de orejas, bigotes, pupilas y pelos. Por ejemplo, las orejas dirigidas hacia delante indican un inte-

Pippin, receloso ante el cepillo. Ladea la cabeza para olisquearlo y dobla las orejas hacia atrás, porque si en cualquier momento siente el peligro, huirá sin pensarlo.

rés amistoso y diversos grados de interés según dirija los músculos de la frente hacia arriba o hacia el centro. Las orejas levantadas y dirigidas hacia atrás indican una amenaza de ataque; en este caso, ladea la cabeza ligeramente y fija su mirada intensamente en el contrario. En el caso de que las doble hacia atrás y los lados, está señalando su disposición para la defensa, miedo y huida. Si el miedo es intenso, además de replegar las orejas, los músculos de las mejillas dirigen los bigotes hacia abajo y hacia la garganta, agitándolos.

La disposición de los bigotes en forma de abanico también se encuadra dentro de este grupo de expresiones. Si los tiene hacia los lados y poco extendidos indican tranquilidad, placer, buen humor e incluso indiferencia. Los bigotes extendidos hacia delante y vibrando señalan tensión y actividad inminente. Si están replegados hacia atrás, es señal de timidez y retraimiento.

Las pupilas estrechas expresan tensión, gran interés y amenaza agresiva, y las dilatadas indican miedo, sorpresa y defensa, aunque aquí el problema principal es que la modificación de las pupilas depende de la cantidad de luz ambiental, con lo que es posible que no distingamos bien si el gato está excitado. Aun así, se pueden diferenciar algunas señales básicas. Las pupilas dilatadas indican una emoción creciente o bien que tiene hambre. Por tanto, se agrandan tanto en una situación agradable como en una amenazante.

La apertura de los párpados también expresa el estado de ánimo. El gato los suele abrir mucho ante los extraños, indicando un estado de vigilancia, mientras que en una situación controlada y relajada, como por ejemplo ante su dueño, suele mantenerlos entreabiertos. En cuanto a la mirada fija, claramente los gatos perciben ésta como un síntoma de amenaza, por lo que suelen volver la espalda ante unos ojos que le observen fijamente.

El bostezo no tiene el mismo significado que en los humanos, sino que indica principalmente que todo va bien y el gato se encuentra tranquilo.

Hay dos movimientos de los labios que son característicos de los felinos: el "flemen" y el gesto defensivo de los grandes felinos. El flemen es una curiosa expresión del rostro que se produce ante determinados estímulos olfatorios. El gato abre ligeramente la boca y eleva la nariz y el labio superior, lo que produce unas arrugas características en la zona que parecen indicar que algo le da asco. Sin embargo, se trata de todo lo contrario, ya que es un momento de intenso placer en el gato. Este gesto está relacionado con el órgano de Jacobson, un segundo órgano olfatorio que se encuentra muy desarrollado en el gato y que otras especies como los monos o el hombre han perdido. El segundo movimiento de los labios en felinos se denomina "gesto de turbación", y hasta la fecha sólo se ha observado en grandes felinos, aunque puede que en los gatos sea tan imperceptible que no haya sido percibido. Es muy parecido al flemen, con la diferencia de que la boca permanece cerrada, no arrugan la nariz y los labios se retraen mucho más, además se produce un lento balanceo de la cabeza. Es un gesto amistoso ante un congénere que se acerca a su vez de manera amistosa.

Gestos: Aquí se incluyen todos aquellos movimientos que se realizan con la cabeza, el tronco y las extremidades, incluidos los movimientos de la cola y la capacidad para erizar el pelo. Si mantiene la cabeza ladeada, está indicando su disposición a un acercamiento. El gato que se sienta superior se acercará con la cabeza alta, y el de rango inferior la bajará un poco. La mímica acompañante aclara si se trata de un acercamiento amistoso u hostil.

Si un gato dobla las patas de atrás está demostrando inseguridad o miedo, pero si dobla las de delante se está preparando para un ataque. Si dobla las cuatro patas demuestra inseguridad y disposición para defenderse.

Según los etólogos, el gato puede transmitir doce señales con la cola. Si está recta, indica amistad. Si la eriza señala agresividad. Si la arquea, el gato está a la defensiva. Si la arquea sólo suavemente señala gran interés por el amo, sobre todo cuando le prepara la comida. Si agita la cola al aire fuertemente está en un estado de gran nerviosismo, incluso enfadado. A veces, el gato oscila la cola violentamente cuando observa un pajarillo detrás de una ventana. Este movimiento denota un profundo conflicto interior en el gato, que no sabe decidir si atacar a la presa ya o esperar un mejor momento. Esta última característica del lenguaje corporal del gato fue perfectamente descrita por el zoólogo y etólogo británico Desmond Morris: "La verdad es que el gato quiere hacer dos cosas al mismo tiempo, pero un estímulo bloquea el otro. Por ejemplo, si el gato maú-

Pott bufando. Le acaban de poner su comida favorita, y se siente amenazado por sus compañeros gatunos de piso. Piensa que le van a robar su comida.

lla de noche porque quiere que le dejen salir y la puerta se abre mostrando que fuera llueve a cántaros, el animal puede empezar a agitar la cola. Si se sumerge en la noche para permanecer un momento bajo el aguacero en actitud desafiante mientras se moja hasta los huesos, la cola se agitará aún más furiosamente. Por último, se decidirá: se precipitará a refugiarse en la comodidad de la casa o, a pesar de las condiciones climáticas, se pondrá valientemente a explorar su territorio. En cuanto el animal haya resuelto su dilema, en un sentido o en otro, su cola dejará inmediatamente de agitarse."

En cuanto al lomo, si el gato redondea la espalda significa que desea ser acariciado, pero si la arquea mucho está muy irritado. Si el gato tiene miedo se le eriza el pelo de todo el cuerpo, pero si está dispuesto a atacar sólo eriza los pelos de la zona media del lomo y la cola. Los anglosajones denominan "Halloween" al gato que adopta una actitud defensiva. Éste, para impresionar a sus adversarios, eriza todo su pelo para aparentar ser más grande de lo que en realidad es.

Este gatunito pequeño está asustado. Arquea el lomo y eriza todo su pelo. Sus orejas se dirigen hacia atrás, para comprobar que hay campo libre para dar media vuelta y poder huir.

Voces: El gato dispone de un amplio repertorio de sonidos para comunicarse en distintas situaciones. La gata en celo es capaz de mantener un verdadero diálogo con sus pretendientes. Las madres usan una serie de sonidos para comunicarse con sus crías. E incluso el gato usa unos sonidos específicos en su conversación con el ser humano, que no usa con los demás gatos. Todavía no se conoce con exactitud cómo funciona el aparato vocal del gato. Durante mucho tiempo se pensó que poseía una doble glotis, con dos tipos de cuerdas vocales: las superiores o falsas y las inferiores o verdaderas. Se creía que los maullidos se producían por vibraciones de las cuerdas inferiores, y el ronroneo por las superiores. Pero esta teoría ha sido rebatida por otras que afirman que las cuerdas superiores son un replegamiento de la faringe y, por tanto, no intervienen en la emisión de la voz.

Actualmente se piensa que el ronroneo se produce por la contracción rítmica de los músculos de la laringe, en el que interviene también el diafragma. El ronroneo aparece inmediatamente después del nacimiento, y es un signo de dependencia del gatito hacia la madre, que mediante este sonido puede reconocerlo. En el gato adulto es el recuerdo de una actitud infantil, que indica la subordinación al amo que le da comida. Expresa satisfacción y placer, y puede ser provocado incluso por una voz conocida, sin necesidad de contacto físico directo. Pero a veces denota un estado de ansiedad, miedo e inferioridad, e incluso gatos que están gravemente enfermos ronronean sin parar. Esto se debe a que el gato se nota en inferioridad de condiciones y está intentando tranquilizar a un posible enemigo, aunque algunos autores dicen que lo hace para expresar el alivio que le produce la presencia de una persona conocida.

El ronroneo es una forma de expresión única en los felinos. Pero también usan otros sonidos en su lenguaje. Por ejemplo los murmullos. Este sonido se produce manteniendo la boca cerrada, y es el más usado por los gatos, especialmente en la comunicación intraespecífica.

Además del ronroneo y de los "murmullos" producidos con la boca cerrada, el gato dispone de un enorme conjunto de sonidos que se dividen en dos categorías. En la primera se incluyen los maullidos emitidos con la boca abierta y luego inmediatamente cerrada. A éstos se les llama "vocales". Constituyen el auténtico vocabulario del gato, y tienen una gran variedad de sonidos y modulaciones de voz. Cada maullido es un mensaje perfectamente identificable. En la segunda categoría están los sonidos de mayor intensidad, que suelen utilizar sobre todo para comunicarse con los demás gatos y que están relacionados con mensajes de urgencia. Son por ejemplo, el gruñido del macho que ataca, el bufido del gato amenazado...

Según algunos estudiosos, el bufido intentaría despertar en el gato agresor (al que se enfrenta el gato amenazado) el atávico miedo a las serpientes venenosas.

La expresividad de los gatos depende en parte de su raza. Mientras los siameses son considerados de los más charlatanes entre los felinos, las razas de pelo largo son relativamente silenciosas. Pero en esto influye mucho la estimulación ambiental que tenga el gato. Mientras más se le hable al gato, más desarrollará su capacidad de comunicación.

Señales olfatorias: Desde que nace, el gatito tiene un sentido del olfato muy desarrollado que le sirve de contacto con su madre, ya que nace sordo y ciego. En ello influye sobre todo la presencia de un órgano que sólo tienen los gatos, los perros y los conejos: el órgano de Jacobson. Se trata de un minúsculo conducto que parte de la bóveda del paladar, y que posee doscientos millones de células sensoriales especializadas. Este órgano permite que el gato reconozca las sustancias químicas presentes en el aire y las clasifique y diferencie correctamente.

Los gatos, además de poseer su propio olor corporal, como todos los mamíferos, tienen una serie de glándulas cutáneas que segregan sustancias aromáticas. Estas glándulas se encuentran en las mejillas, la barbilla, la planta de los pies, el dorso, la raíz de la cola, además de las glándulas anales y genitales. En los grupos de gatos estas sustancias aromáticas se comparten entre todos los miembros para establecer la pertenencia al grupo. Para ello se utilizan unas formas de contacto muy características, como el roce de cabezas, de dorsos, frotarse con un poste, pasar el lomo bajo la barbilla de un compañero, etc. Como vemos, éstas también son formas de comunicación. De esta manera, los gatos saben si hay algún intruso en el grupo. Esto también ocurre en los gatos domésticos. Nuestros gatos, aunque convivan sólo con humanos, tienen la costumbre de impregnar toda la casa y

Pott bostezando. Está relajado y tranquilo. Ningún peligro lo amenaza y duerme a pata suelta.

sus habitantes con su olor. Así, cuando caminan por la casa suelen hacerlo rozándose con las esquinas de las paredes, los muebles o las piernas de los humanos. Este comportamiento es muy característico a la hora de prepararles la comida. Tanto en el caso de gatos domésticos como de gatos callejeros, cuando solicitan su comida (bien a su humano o a su madre gata) suelen pegar el flanco contra las piernas del humano o contra el cuerpo de la gata y rodearlos con su cola. De esta manera impregnan con la sustancia olorosa desprendida de la base de su cola a su madre gata o "sustituto humano", demostrando de esta manera su dependencia hacia ellos. Lo mismo se puede decir de los roces de sus cabezas contra la cara, manos o cualquier otra parte del cuerpo de su humano. Es su forma de decirnos que nos aceptan en su grupo, pues una cosa muy curiosa en los gatos es que nos consideran también como gatos. Por tanto, su comunicación gestual con nosotros es idéntica a la que utilizan con sus congéneres. El único rasgo distintivo del lenguaje felino en relación al humano es la utilización del maullido, que sólo usa con éste y no con los demás gatos.

Los machos tienen otras dos formas de comunicarse mediante el olor. Una es dejando sus excrementos a la vista y la otra es marcando con orina determinados sitios. Normalmente, todos los gatos, machos y hembras, entierran sus excrementos y orina, pero en los límites de su territorio los machos suelen dejarlos sin enterrar en lugares bien visibles, para hacer entender a los intrusos que se están adentrando en un territorio que no les pertenece. En cuanto al marcaje con chorros de orina, es característico de los machos, aunque también lo hacen algunas hembras. No obstante, los machos poseen un saco anal que segrega una sustancia olorosa muy desagradable para el olfato humano. El macho mezcla la orina con esa sustancia olorosa. Por lo tanto, el marcaje de las hembras no tiene ese característico olor de los machos. El mismo efecto que tienen estos marcajes con orina lo tienen también los arañazos sobre troncos de árboles. No se sabe a ciencia cierta si las secreciones de las glándulas que hay entre los dedos dejan señales olorosas, pero lo que es cierto es que estos arañazos son interpretados por otros gatos como demostraciones de fuerza. El gato que los produce no sólo se está afilando las uñas por necesidad, sino que indica a otros rivales que ése es su territorio, y de camino les enseña cómo son sus garras.

El término "comunicación" es muy amplio, y durante mucho tiempo la arrogancia humana ha impedido observar que los animales también tienen un amplio vocabulario, aunque sea muy distinto del lenguaje conceptual humano. Sin embargo, entre el gato y el humano se produce una comunicación "natural" sin necesidad de aprendizajes de ningún tipo. No obstante, conviene conocer todos los aspectos del lenguaje de los gatos para que no se produzcan "malentendidos" entre ambas especies, cosa bastante normal, por otro lado. Los humanos que conviven con gatos suelen comprender perfectamente las necesidades comunicativas de sus mascotas, pero la cosa es más complicada de lo que a primera vista parece, pues en la práctica los gatos no utilizan una sola señal para decir algo, sino que suelen mostrar todo un conjunto de señales a la vez. La sensibilidad del humano y su disposición a "escuchar" a su gato es lo que hace posible que esa comunicación sea bidireccional. Isabel Gil.»

Los gatos de Isabel Gil, de la Real Academia de la Lengua Gatuna: Merry vigila el sueño de Pippin.

De cucarachas, moscas y perfume de gato

¿Son las gatas más comunicativas que los gatos? No sé, pero en estos Alegatos están llenando muy cumplidamente su cuota femenina, superando las más igualitarias aspiraciones de paridad entre sexos de los humanos.

Olimpia es una hermosa gata. Proviene de esos escaparates con mascotas que en algunos lugares han sido prohibidos, porque promueven la adquisición compulsiva de gatos y de perros cuando los niños se encaprichan con ellos y las madres se los compran, sin pensar que luego hay que cuidarlos, y que llega el verano y se cumple el espantoso principio de «Vacaciones a la vista, gato a la calle». Evitando esa compra compulsiva se impide que luego sean abandonados tantos gatos, amores de un día de unos niños que se cansaron de ellos y que no comprenden que no son un juguete, sino unos seres con capacidad de sufrimiento y de amor.

Olimpia tuvo más suerte, y aunque procedente de tienda de mascotas, no fue abandonada. Nos lo cuenta:

«Me llamo Olimpia y tengo seis años. Cuando adopté a mi mamá sólo tenía tres meses, y llevaba uno detrás de unos cristales viendo pasar un sinfín de personas que me miraban, se reían y me hacían tonterías con las manos y la cara, hasta que por fin llegó la que yo estaba esperando allí. Ésa sí que me gustaba, me hablaba con tanto cariño que dije: "¡Por fin, aquí está mi mamá!" También estaba Patricio, que es su hijo. Así es que yo, muy ufana, me dije: "Ya tengo papá."

Mamá es muy especial conmigo. Sabe cuándo debe cogerme y cuándo no. Porque yo, como todo gato que se precie, exijo mi libertad. Mi mamá, nada más verme, me cogió en sus brazos y dijo:

—La llamaremos Olimpia, como la princesita.

En esos días había nacido una princesita belga a la que le pusieron de nombre Olimpia. Claro que me he quedado en Oli; es más corto y suena mejor. Ahora, que cuando mi mamá se enfada (por nada, no vayas a creer: sólo porque araño su mueble favorito o porque quiero conocer de cerca esas figuras que no se mueven que están en el mueble del salón), pues entonces se oye un "¡Olimpia!", con todos los sonidos de la palabra, que me asusta mucho.

Tengo mis manías, que no son tales, sino que cuido que a mi mamá no se le pierdan los anillos que deja descuidadamente sobre el tocador. Yo se los guardo rápidamente debajo del mueble para que estén seguros. Me gusta todo en su sitio, pero esta mamá, no sé por qué, cambia las cosas, y, ¡hala!, me toca oler el nuevo sitio veinte veces protestando a viva voz.

No tengo un lugar especial para dormir. Me encantan las alturas y voy del techo del ropero al techo del mueble de la salita, y es que desde esa altura se ve todo mejor y, además, me siento muy importante. Pero lo de dormir, ya digo, me da igual; elijo el sitio que mejor me parece. En invierno, cuando todos están reunidos a la mesa camilla viendo la televisión, yo, por supuesto, me coloco encima de la mesa: ¡y qué calentita se está! Ni qué decir tiene que también duermo a ratos en la cama de mamá y de papá grande, y mi ratito encima de la espalda de mamá, eso no hay quien me lo quite: es lo mejor de lo mejor.

Hago la vida de cualquiera de mi clase. Me pierdo cuando quiero y no hay quien me encuentre. Los roperos son mi predilección, y si quiero entrar en el mueble zapatero llamo a mamá y ella me lo abre un poquito. Soy una cazadora extraordinaria, y han tenido que poner tela metálica en las ventanas y vigilarme mucho cuando me asomo al balcón, porque cazo los pájaros al vuelo y, claro, yo también vuelo, y me he caído ya tres veces: dos por las ventanas al patio interior y otra por el balcón, teniendo en cuenta que es un tercero. Caí a la calle y me asusté tanto que eché a correr y me perdí todo un día y una noche. Pusieron cartelitos por las tiendas con mi fotografía. Mi mamá y papá Patricio lloraban, porque yo era una gatita de piso y no sabría vivir en la calle. Papá grande, que aunque yo no lo quiero tanto él me quiere a morir, me buscó y me buscó toda la noche hasta que por fin me oyó maullando, a miau partido, en el rinconcito de una obra, y ¡qué alegría! Ese día fue el más feliz de la familia. Yo estaba empapada y sucia, porque para más desastre había llovido. Al entrar en casa corrí a hacer mis necesidades, porque una señorita —como dice mi mamá que soy— no puede ir haciendo sus cositas por la calle. En fin, que lo de cazar pájaros se acabó. Y ahora sólo espero, siempre acechando, alguna mosca, arañita u otro insecto para, muy ufana, poner mis dotes a trabajar.

Ahora, que lo que más celebran en casa es cuando cazo una cucaracha. Yo ya he aprendido que ese asqueroso bicho no se come, así que las persigo hasta que las cazo y luego se la llevo a mi mamá en la boca para que ella le dé un buen golpe y la tire por el váter. Entonces yo me paseo con mi rabo tieso recibiendo todas las bendiciones y un caramelito de queso de premio. Olimpia.»

Moscas y cucarachas deben de ser Deporte Olímpico Gatuno. Tanto como a Oli le gustan a Satie, un gato doméstico gallego blanco y canela, de siete años, con signo Leo y domicilio actual en Benicàssim (Castellón), que ha otorga-

Olimpia, la hermosa gata perdida y hallada tras tirarse por el balcón cazando pájaros.

do plenos poderes a su secretaria Aida R. Táboas, ante el notario de las escrituras de sus propiedades que todo gato lleva incorporado: «Satie también habla. Y no sólo me lo dice todo con la mirada o con el pensamiento, sino que también habla cuando está "mosqueado". Cada vez que ve una mosca, como van como locas, creo que lo que hace, como Remo, es proferir tacos y expresiones malsonantes propias de gatos, como:

—Ga-ga, ma-ca-muá, ñaca...

Incluso castañetea los dientes, que es cuando pone cara de pocos amigos, vamos, que la visita de la mosca interfiere sus profundos pensamientos y le resulta una verdadera contrariedad. Por eso digo yo que son tacos los que dice. Pero tacos finos, no como los de "Gran Hermano".

De todos modos, de vez en cuando caza alguna. Pero como Remo, lo que jamás deja escapar, ni una, son las cucarachas. Vamos, que también Satie parece Super-Baigón. Con las cucarachas despliega todas sus dotes de cazador. Pero así como no todos los hombres son depredadores, tampoco lo son todos los gatos. Los hay pacifistas. Lo digo por algunos antepasados de Satie. Con los perros se han llevado muy bien. Un tío abuelo de Satie, llamado Flíper (sonreía como un delfín), era amigo de los ratones. Yo misma lo comprobé un día en el jardín de mi casa de Mondariz (Pontevedra): a unos cinco metros de mí estaba Flíper sentado y, junto a él, de frente y de puntillas, había un ratoncito de campo intentando cazarle el morro. ¿Se besaban? ¿Qué estarían diciéndose? Lo más importante era aquella memorable estampa. Memorable y ejemplar, tiernísima escena de amor entre gato y ratón. Sé que Satie está orgullosísimo de ello. Como también lo está de Silvia II, su tatarabuela, una espléndida gata blanca y gris, de majestuoso porte, valiente y digna. Silvia II también se llevaba muy bien con los perros. Con los perros de casa, no con los ajenos, para los que teníamos que haber puesto en la puerta de la casa un cartel que avisara: "Cuidado con la gata."

Satie posee las buenas virtudes de otros animales: es gato-perro, gato-tigre, gato-canguro. Cuando todavía era un minino, recién llegado a esta casa, como venía del campo, de un lugar mucho más divertido para un felino que un piso de ciudad, temía que se aburriera. Para entretenerlo se me ocurrió arrojarle un corcho de tapón de botella por si le servía de juguete. Yo estaba cocinando, le oí correr por el pasillo, y de pronto lo vi entrar en la cocina con el corcho en la boca. ¡Va y me lo deja junto a mis pies! Se lo volví a arrojar más lejos, una y otra vez, y repetía la misma jugada, depositando siempre el corcho a mis pies. Hasta que se cansó, claro, y dijo a su manera:

—¡Basta por hoy!

¡Yo no le había enseñado a jugar! Es asombroso que actuara igual que un perro y, además, sin haber sido enseñado. Ahora sé, desde la lectura del libro de Remo, que es costumbre lúdica común a otros gatos, no única de Satie. Él me mira y me hace reconocer que yo era una analfabeta en cuestión de gatos. Me comunica:

—Los gatos no necesitamos aprender, como los humanos, que necesitáis aprenderlo todo: a andar, hablar, comer, nadar... Los gatos sabemos las cosas de modo innato, de manera natural.

Hay otra cosa que me asombra especialmente y que a Satie le encanta. A veces, cuando está muy a gusto echado en el sofá al lado de uno, de pronto se pone panza arriba, para indicarnos que es el momento propicio para darle un masajito. Le pasamos la mano por toda la panza y ronronea de puro gusto. A veces hasta se entusiasma demasiado. Hay gatos que no permiten esas confianzas.

Lo de gato-canguro es por los espectaculares saltos que da, a pesar de su exceso de peso (diez kilos). Es como si llevara integrados en las almohadillas de sus patas unos enormes muelles para impulsar los saltos de gran altura. Cuando le arrojamos trocitos de queso (le encanta el buen queso, como buen sibarita que es), lo hacemos a distancia porque le encanta cazarlos en plena acción, y lo hace dando tales saltos que parece jugador de baloncesto o un gran portero de fútbol parando el queso en el aire como si fuera un balón.

Aunque es un gato castrado (y esto lo digo con su permiso, porque Satie es un gato sin prejuicios), no deja de ser todo un señor al que le gustan las féminas de varias especies. Por ejemplo, le gusta Sara Montiel. Cada vez que esta señora sale por la tele se queda embelesado contemplándola. Algo de gata verá en ella, creo yo, o quizá es que Saritísima maúlla ligeramente. También le interesan mucho los reportajes sobre fauna de La Dos.

Los gatos de Mondariz iban a beber al arroyuelo procurando no mojarse las patitas. Pero Satie, al convertirse en gato de piso, no tiene otro remedio que beber directamente del grifo, costumbre que ha abandonado últimamente, quizá porque la considere algo tosca, o porque prefiera beber el agua fresca que le pongo en su cacharrito. Antes de ponerse a beber, probablemente para comprobar la temperatura del agua, introduce una pata muy concienzudamente en el cacharro y luego bebe, mientras balancea la punta del rabito para significar que el agua está muy rica. El agua no le desagrada en ninguna de

Satie, el gato enamorado de Sarita Montiel.

Marilin, la mamá de Satie, con el perro Rico.

sus formas. Lo ducho de vez en cuando, y aunque al principio se hace el remolón o intenta escabullirse cuando adivina mis intenciones higiénicas, luego, ya seco y bien peinado, me lo agradece con cada gesto y me expresa su gratitud de mil modos y maneras, incluida la de trepar a mi regazo y allí mismo ponerse a repasarse el pelo y a perfumárselo con su loción privada, que es su propia lengua. Creo que no soporta otro olor que no sea a puro gato.

Pienso que le falta muy poco para comer de tenedor. La manera que a veces tiene de coger algún trozo de queso u otra clase de alimento con la pata y de llevárselo a la boca, en lugar de comerlo directamente del suelo como hacen otros animales, tiene mucho de exquisitez humana. Y lo mismo digo de comer sobre mantel. Esto es algo que he venido observando en todos los gatos. Suelen buscar una pequeña alfombra o algún paño cercano para depositar encima lo que se van a comer. Esa habilidad con las patas (sus manos) se extiende a otros menesteres, como pueden ser abrir puertas, apartar sábanas y cortinas, rastrillar arena para ocultar sus marrones, acariciarme la cara en circunstancias especiales o darle a la llave de la luz para apagarla cuando considera que ya está bien de tanto escribir.

Los gatos son criaturas extremadamente sensibles, amantes de la belleza y el arte. He tenido gatos muy románticos, admiradores de las plantas. Más de una vez he observado cómo se aproximan a las flores para rozarlas con la punta del hociquito para olerlas e incluso a veces cierran ligeramente los ojos para apreciar mejor el aroma. He tenido algunos que buscaban los lugares más bellos para hacer el amor. Una vez una vecina sorprendió a nuestra gata Ágata (la abuela de Satie) haciendo el amor con el galán de turno en su jardín. La vecina vino llamando a mi madre:

—¡Lolita, Lolita, que tu gata está haciendo el amor bajo mi azalea!

Es que Ágata era como la Dama de las Camelias en versión gatuna. Era muy elegante, fina y coqueta. Con algunas personas era incluso fría y distante. Cuando la veían con su largo pelo blanco y gris perla, sus lindos ojos rasgados y el rabo que meneaba como si fuera un abanico de plumas de marabú, le decían mil cosas y la llamaban, pero ella pasaba de largo, altiva, con aires de gran dama, sin dignarse siquiera a echarles una breve mirada.

Los gatos son capaces de grandes hazañas. Satie insiste en que haga hincapié sobre este particular. Al mencionar a Ágata me hizo recordar que, por entonces, habíamos alquilado el ático de la casa a una familia que también fue adoptada por una simpática y cariñosísima gatita romana a la que pusieron por nombre Christy, por aquello de que la nuestra se llama Ágata e iban a vivir juntas. Cuando esta familia cambió de residencia, yéndose a vivir a diez kilómetros de nuestra casa, se llevaron a Christy, su gata. Pero a los dos días Christy apareció de nuevo en nuestro jardín, lo consideraba su casa. Llegó acariciándose contra todos nosotros, los gatos, el perro, con muestras de adoración. Y allí se quedó.

Naturalmente. ¡Para eso había recorrido diez kilómetros de regreso a patitas!

Satie, como los demás gatos, posee otro don por el que también nos sentimos dichosos: el de pronosticar ciertos fenómenos atmosféricos, sobre todo el viento. Suele anunciarlo con horas de antelación echando unas enloquecidas carreras por el pasillo adelante. ¡Y nunca se equivoca! El hombre del tiempo haría muy bien en consultar siempre con un gato. Acertaría más.

Voy a dar por finalizada esta carta, porque me temo que Satie desee apagar la luz, como diciendo aquello de que "bueno es pecar, pero no soberbiar". Me manda, pues, que ya me despida y haga llegar a Don Remo un cordialísimo saludo de lomo a lomo. Y aquí pone las almohadillas de su garra como firma. Satie.»

Muchos gatos se sienten identificados, como Satie, con las costumbres de Remo. Y ahora cuando las sepan, también lo estarán con las de Satie. El gato conocido por Rayado, un romano atigrado de color canela, que vive en Madrid, es igualmente un buen aficionado cinéfilo a los documentales de La Dos, como Satie. Así se lo cuenta a Remo:

«Yo también persigo a mi mamá cuando se pone a limpiar la casa, pero, claro, lo hago por ayudar. También me meto bajo las sábanas cuando ella va a hacer la cama (como haces tú con Laura), persigo a la fregona, me encanta pisar y desperdigar el montoncito de basura que se forma al barrer, justo antes de que mi mamá lo recoja, y sobre todo pisar lo recién fregado en el mismo instante en que la fregona sale de la habitación. Por todo esto, mi mamá tiene que recurrir a una estrategia muy, muy parecida a la que se utiliza con los niños pequeños (a los que por cierto odio, ¿tú no?). Como me encantan los documentales de la tele, pero, ¡ojo!, solamente los de felinos, sobre todo si salen cachorrillos (inten-

Rayado, el cinéfilo de los vídeos de National Geographic.

to sacarlos de la tele, como tú a Antonio), pues me ha comprado unos cuantos vídeos de National Geographic, me los pone y me sienta delante, y allí me quedo tan atento y sin menearme por lo menos un par de horitas, las justas para que ella pueda recoger la casa sin llevarme metido entre sus pies, deshaciendo todo lo que ella hace. Bueno, colega, tengo muchas más cosas que contarte, como que mi prima la gata Sarita, cuando se levanta se va al lavabo derechita, le abren el grifo, se moja las manos y con ellas se lava la cara, pero ya lo haré otro día, porque no quiero ser plasta. Rayado Romano de Madrid.»

La loción de perfume de gato, esencia de la gatunidad, como le encanta a Satie, también es la colonia y champú preferidos de todos los gatos. Por ejemplo, Chiquitina, una medio

Chiquitina.

paisana de Adriano, una gata de San Roque (Cádiz), que le dice a Remo:

«Soy una gatita con experiencia, pues por la fecha que dicen que te encontraron, todo mojado, no me cabe la menor duda de que soy mayor que tú. ¡Ah, me horrorizan los baños que te dan! Claro, tus mascotas humanas no saben que cuando te lavas con tu lengüita, después de ese baño tan perfumado que ellos creen que a ti te gusta, lo que tú pretendes con ello es volver a oler a gato. A mí solamente me cepillan, y siento un placer enorme cuando lo hacen. Me pongo de un lado, del otro, panza arriba, en fin, que no me queda un sitio de mi cuerpo por el que no pase ese cepillo maravilloso. Lo mejor de esto es que cuando al cepillo ya no se le ven las púas por culpa de mis pelusas, Paqui se va a la azotea y lo limpia; entonces los montoncitos de pelo que parecen de algodón de un color indefinido salen volando caprichosamente donde la brisa los quiere llevar. Un buen día del mes de mayo nos sorprendimos viendo a un par de golondrinas que cogían al vuelo todas las pelusas y se las llevaban para hacer su nido confortable. Chiquitina.»

Tristezas y evasiones de Adriano

¿No dicen que nadie puede sacar a pasear a un gato? Pues aquí han tenido la demostración de que no es así. En estas páginas hemos sacado a pasear nada menos que por el prestigio de la letra impresa a los gatos del mundo. Y más gatos que tenemos en lista de espera, para completar los relatos de los gatos literatos.

Cada hombre, un voto; cada gato, un mundo. No hay dos gatos iguales.

Y el nuestro siempre es el mejor.

Así seguía pensando de los tres de nuestra colonia romana, mientras me iban llegando estas historias de gatos que me enviaban los lectores del libro y mientras Ymelda Navajo, mi editora, me anunciaba sus nuevas reimpresiones. Me decía:

—Remo estará contento. Vamos a lanzar otra edición más. No me imaginaba la cantidad de amantes de los gatos que hay.

Remo lo sabía. Claro que lo sabía. Suena el teléfono muchas veces en el escritorio a lo largo de la mañana. Remo está por ahí, o recluido en la escuelita matinal con Adriano y con Rómulo. Pero cuando quien llama es la editora de «su» libro, no falla: Remo aparece inmediatamente. Se huele cuando es Ymelda quien llama. No falla a ninguna de sus llamadas; se pone sobre la mesa, muy egipcio y muy Museo Británico, como de mármol, estoy convencido que para controlar lo que hablamos. Es como si Remo fuera un gato policía que nos pincha el teléfono para espiarnos, como si con el silencio de sus ojos me dijera:

—A ver si no me engañas en los derechos de autor que tienes que pagarme en latitas de mousse de salmón.

Ymelda me pregunta por los gatos como supongo que a otros autores de su editorial les pregunta por sus clases en la universidad o por sus hijos. Un día, al anunciarme no sé qué número de edición, le dije:

—Remo, tan bien y majestuoso como siempre, y Rómulo, el gato más gordote y simpático del mundo, pero Adrianito, el anarquista gaditano, nos tiene preocupados.

—¿Por qué?

—Porque es un gato triste.

Sí, Adriano es un gato no triste y azul, sino triste y rubio. Isabel se ha dado cuenta. A mí me ha puesto más triste aún cuando me lo ha dicho:

—Antonio, este gato está triste. Este gato no es feliz aquí...

—Pero si está contentísimo entre los otros, y ya sabes que yo creo que es el jefe de la manada, ¿no ves cómo van los tres en pandilla por la casa, pero siempre Adriano por delante?

—No sé, es que yo creo que este gato, como es tan anarquista, está buscando su libertad, y quiere convencer a los otros.

Y me sonaba la canción de Roberto Carlos:

El gato que está triste y azul
nunca se olvida que fuiste mía...

De que fue mía la felicidad que nos dio con su llegada aquel gato triste... y rubio, en el azul de la primavera.

E Isabel insistía:

—A este gato vamos a tener que llevarlo otra vez a Tarifa, a su tierra, para que sea feliz.

¿Tiene Adriano la tristeza del exiliado, la pena del preso? Lo miraba y él me miraba con sus ojos de caramelo, y yo sabía que me decía que no. Mostraba el agradecimiento infinito de los gatos que hemos salvado de la muerte.

—Es que este gato es tan libre que hasta es independiente de los otros gatos.

—Sí, lo que tú dices, «Adriano, Cantón Independiente».

—Pero es feliz, ¿cómo no va a ser feliz? Además, mira lo bien que come ya, hasta se está poniendo igual de gordito que Rómulo... Y come en su cuenco, como los otros dos.

Sí, ya había dejado de comer en aquel plato de postre en el que con un rotulador indeleble pusimos su nombre, «Adriano», para que con sus dientes delicados y con sus encías inflamadas no tuviera dificultad al comerse la carne de conserva o las delicias de pescado fresco. Les ponemos los tres cuencos en la cocina y allí están, uno, dos y tres, tres gatos felices en el redondel, tres grupas ante sus tazones, tres lomos brillantes y atigrados, romanos y pardos Remo y Rómulo, canelita y bruñido Adriano.

—No, Isabel, Adriano no puede estar triste.

—Entonces, ¿por qué se escapa a la escalera en cuanto nos descuidamos y dejamos la puerta abierta?

Se escapa una y otra vez. Cada vez se escapa más. Estoy escribiendo y llega Laura, preocupada:

—¿Ha visto usted por aquí a Adriano?

—No, hace mucho rato que no lo veo. ¿No estaba con usted en la cocina?

—No, allí están los otros dos, pero me falta Adriano.

—¿A que ha vuelto a escaparse otra vez?

Y al cabo del rato, vuelve Laura con Adriano en brazos. El muy tunante adopta en sus brazos la tierna postura de bebé, su blanca panza al aire, sus dos bracitos doblados sobre ella. Por nada del mundo pierde su elegancia congénita, su porte señorial.

—¿Dónde estaba, Laura?

—Arriba, al final de la escalera otra vez. Se conoce que he dejado la puerta abierta cuando el portero ha subido las cartas y el tío se ha vuelto a escapar.

Le riño mientras me mira en su postura de reina mora peluda y tierna:

—¡Que un día va a venir un perrazo malo y te va a llevar en la boca, anarquista Adriano, que estás hecho un anarquista!

Es el sobresalto de cada hora. Sobre todo a la noche. Viene la madre de Isabel a vernos, salimos luego a despedirla a la puerta mientras llega el ascensor. Se ha ido ya, estoy por la casa y llega Isabel:

—Adriano se ha tenido que volver a escapar, porque es muy raro: estoy en el cuarto de baño y no ha venido como cada noche a ver cómo me desmaquillo...

Y salgo a la puerta del piso, y subo hacia las plantas superiores, y en la última, junto a la entrada de la azotea, está Adriano. Al verme, arquea el lomo, pone tieso su rabito canela, ronronea, ¡qué alto tiene puesto siempre el volumen del ronroneo este gato! Lo tomo en brazos, lo bajo por las escaleras. Le vengo riñendo:

—¿Tú no ves que hay por ahí muchas brujas que se llevan a los gatos prófugos? ¡Tránsfuga, que eres un tránsfuga!

Una y otra vez. Un día y otro. Una noche, volvemos de una cena. Tarde. Ya de madrugada. Abrimos el portal, entramos en el ascensor y cuando vamos a cerrar la puerta, oímos un débil maullido. Ya dentro del ascensor, Isabel me dice, descompuesta:

—¡Ése es Adriano!

Abro el ascensor y, en efecto, es Adriano.

El sedoso y sedante Adriano, el elegante y tunante, ahora tan nervioso y huidizo está allí, loco de contento al encontrarnos. Porque si le gusta perderse, más ser hallado.

Cuando hemos salido para esa cena, Adriano se nos ha escapado. Una vez más. Como se escapa a la terraza de al lado. Ya no podemos poner a los gatos en la terraza que linda con el vecino, porque Adriano salta y siempre se escapa. Remo y Rómulo, no: mordisquean los helechos, la planta del dinero, las hojas de la buganvilla. Pero a Adriano no le interesa más flora que pegar el salto a la terraza contigua, a través de la barandilla. La vecina es encantadora cuando nos avisa que está allí Adriano:

—Déjelo usted, a mí me encantan los gatos, pero es por si están buscándolo y no lo encuentran, que sepan que el gatito se viene aquí a mi terraza.

Nada. Prohibido, prohibido que los gatos salgan al paraíso de buganvillas florecidas de esa terraza, porque Adriano se escapa.

Como se nos ha escapado esta noche. Abro la puerta del ascensor y allí, en el último tramo de la escalera, junto al portal, está el libertario. Lo tomo en brazos. Lo entro en el ascensor. Mientras el ascensor va subiendo, tras su pechito blanco y mullido, mis manos sienten un corazoncito que late nervioso y lleno de pánico.

Es como cuando no le abrimos en las veces que se pone a llamar en las puertas con sus dos garritas, pasándolas una y otra vez sobre la madera, para querer salirse de su reclusión o para advertirnos que se ha quedado encerrado.

Isabel lo mira, lo requiebra:

—El pobre, qué miedo tiene... ¿Te has quedado fuera de la casa y estabas tú perdido y solito, bonito? Anda, anda, que eres más malo...

Y el ascensor ya ha llegado. Y abrimos la puerta de la casa. Y suelto a Adriano, que cae sobre sus dos patas delanteras y se va a buscar a los dos colegas. Se ponen a darse lametones. Rómulo, como siempre, quiere jugar con él. Lo muerde de mentirijillas. Adriano, como siempre, se cree que va en serio, este gato no entiende los juegos de los otros dos. Independiente, solo, se va hacia la terraza del Cuarto de los

Gatos. Se pone a beber agua ansiosamente. Luego se vuelve a perder por algún lugar de la casa. Solo.

Estamos ya en nuestro cuarto y aún siento el corazoncito angustiado de Adriano en mis manos, cuando Isabel me dice una vez más:

—Este gato no es feliz, a este gato le pasa algo. Yo no sé si hicimos bien trayéndonos a este gato. A lo mejor allí en su tierra hubiera sido más feliz, a lo mejor tenía otros dueños.

Yo tengo un gato triste y rubio.

Mi libertad de quererlo, de acariciar su lomo sedoso y sedante, choca con sus infinitas ansias de libertad.

Aunque mantengo que es feliz, bien preocupados que nos tiene este gato libertario.

Adriano.

Un paraíso perdido

Vino Fernando mi hijo desde su Suiza de los gatos mediopensionistas a pasar unos días de vientos y tablas de vela en Tarifa y nos fuimos allí a estar una semana con él. A la tierra de Adriano. Antes de salir, Isabel me insiste:

—Nos debemos llevar a Adriano, a ver si allí no se nos escapa tanto.

—¿Que no se va a escapar, con todo el campo y toda la playa para él, y en una casa que no conocemos?

Sí conocíamos la casa. Era aquella que alquilamos cuando Remito era un gato bebé. Donde Remo se nos escapó de noche al monte y no había forma de encontrarlo, con la de perrazos que tenían los alemanes de las casas vecinas, que se oían ladrar en la oscuridad de la madrugada... Si el sumiso y casero Remo se había escapado, Adriano podía llegar huyendo hasta Gibraltar para sentar plaza a lo mejor de romántico gato inglés de las colonias.

Fueron días felices, con nuestro Gato humano, con Fernando y con Uta, su mujer alemana. Laura había quedado en casa al cuidado de los gatos. Como siempre que salimos de viaje, estaba por la mañana en casa, ocupándose en sus tareas de cada día, y a la tarde volvía para dar una vuelta a sus gatunos. Siempre que estamos fuera, me llama al teléfono móvil cada tarde, cuando ha vuelto a casa para poner agua y comida a los gatos y a limpiarles el chapapote de su cacorrina:

—Los gatos están muy bien. Esta noche los voy a dejar sueltos por su cuarto, por el pasillo y por la salita, para que no se agobien mucho sin ustedes aquí.

—Pues dígale a Adriano que estamos en su tierra, Laura...

Seguro que se lo decía a besos, tomándolo en brazos. Isabel lo recuerda cuando Fernando y Uta nos han invitado a cenar en el restaurante del mismo hotel donde recogimos al libre playero gaditano:

—Por estas mesas estaba Adrianito cuando lo recogimos. El pobre, a lo mejor aquí era feliz. No debimos llevarlo, o por lo menos debíamos haberlo traído ahora con nosotros, para que recordara sus cosas...

Estaba allí la piscina, en la oscuridad de la primavera, los pájaros sonoros acostándose en la tupida arboleda. La piscina del agua clorada donde el abandonado Adriano, entonces aún Canela, bebía, metiendo su hociquito en la lámina de agua, como un caballito blanco y rubio. Isabel, con Adriano siempre presente:

—¡Lo bien que estaría Adrianito por aquí!

Volvimos tras la cena al aparcamiento donde mágicamente apareció, cuando lo libramos del paseo para darle el triunfal paseo hasta la felicidad del Cuarto de los Gatos. Tarifa para nosotros no es la tierra de Guzmán el Bueno, ni del viento de Levante, ni de las trágicas pateras de la inmigración, los hombres que mueren en sus playas. Es el pueblo de Adriano.

Al volver a casa, cuando ya Fernando se marchó de regreso a Suiza, Isabel se lo contó:

—Adriano, hemos estado en tu pueblo, y nos hemos acordado mucho de ti. Te debíamos haber llevado.

Remo y Rómulo le tenían envidia. Porque Rómulo la miraba, hasta que lo tomaba en brazos:

—Sí, no me mires así, Romulino, gordete, porque Adriano a lo mejor está harto de estar con vosotros y se quiere volver a su verdadera casa...

Rómulo, en efecto, la miraba con su cara bonita y redondota. Y Adriano con la suya puntiaguda y libre.

Adriano, anarquista y libertario.

Dos libertadores en el Parque

A los pocos días tuve una firma de ejemplares de «Gatos sin Fronteras» en la Feria del Libro. Acudieron Rosa y Espe, las que habían adoptado a la gatita Nía a través de Internet y por mediación del cibernético Remo. Les había contado los problemas que teníamos con Adriano y sus fugas. Me preguntaron inmediatamente por él:

—¿Y el tránsfuga Adriano?

—Queriendo escaparse cada vez que ve una puerta abierta.

—A lo mejor es que se ha enterado de lo guapa que es nuestra Nía y quiere ir a comprobarlo.

Era un maravilloso día de primavera. Como Colón dice en su «Diario» que era la belleza de América cuando la descubrió. Al volver a casa tras la firma de la Feria del Libro, me dijo Isabel:

—Esta tarde vamos a sacar a Adriano a pasear al parque, a ver si así se pone más contento.

En el Cuarto de los Gatos está el arnés y la larga correa extensible con que sacábamos a pasear a Remo cuando era pequeño. Se lo probé a Adriano. Le estaba perfecto. Al contrario que Remo y que Rómulo las escasas veces que se lo hemos puesto, no luchaba en absoluto para librarse de aquellas rojas correas que le rodean el cuello y el lomo hasta la barriga, con la cincha de la montura de un caballo. Hacemos la prueba y Adriano está encantado. Seguramente sabe que el arnés, aunque aparenta prisión y aherrojamiento, es señal de inmediato espacio libre, de parque con pájaros.

De libertad.

Libertad vigilada y con correa, pero libertad al fin y al cabo.

Le colocamos a Adriano de nuevo el arnés cuando ya fue la hora, pasada la calor de la siesta, y nos montamos en el coche para llevarlo al parque.

Estaba encantado. En el asiento trasero, sobre mis piernas, hace como cuando lo llevamos a la veterinaria: se empina y pone sus dos patitas delanteras sobre el cristal. Lo mira todo. Los coches que pasan, la gente que camina por la calle. Cuando nos detenemos en un semáforo y hay pájaros en los árboles, los mira muy atento, se remueve. Es como si quisiera atraparlos. Le bajo la ventanilla para que los mire mejor. Isabel me dice:

—Cierra, cierra la ventanilla, no vaya a pegar un salto y se te escape.

Llegamos finalmente al parque. Dejamos el coche junto a la estatua de Simón Bolívar. Está Simón Bolívar en su eterno caballo de bronce, los brazos extendidos en señal de victoria, símbolo de la Emancipación. Como la que busca Adriano. Adriano quiere ser un Simón Bolívar de sí mismo. Como es un gato de ideas tan avanzadas, quizá quiere convencer a Remo y a Rómulo para que también elijan la libertad y se vayan con él escaleras arriba en cuanto vean la puerta abierta en un descuido.

Ahora sí que es feliz Adriano. Isabel tenía razón. Isabel siempre tiene razón. En cuestiones de gatos y en asuntos de vida. Le suelto la larga correa extensible a Adriano con su arnés, y anda diligente sobre la hierba. Se para, observa, oye un pájaro, levanta la cabeza, acerca ahora su hocico sobre la hierba. Se la come. La mejor malta para un gato es siempre la hierba fresca. A Adriano le damos mucha malta, para que no se le formen bolas de su largo pelo y vomite. Ahora tiene toda la malta de toda la hierba del parque para él. Pero viene un perro. Un perrazo. Lo huele. No toma actitud defensiva ni ofensiva. Este Adriano es mucho más pacifista que Remo. Cuando hemos traído a Remo al parque y ha visto a un perro, al instante ha corrido o ha huido. Adriano, no. Adriano está a lo suyo, a la alegría de la hierba, de los árboles, de los pájaros. Es un gato pacifista. No quiere guerra con los perros. Los ignora, cuando lo tomo en brazos hasta que pasa ese perrazo.

Luego viene una pareja de novios. Se acercan a mirarlo. Lo acarician. Se deja acariciar. Este gato libre se deja acariciar perfectamente por los desconocidos, ¡igualito que Rómulo el tímido, cómo huiría ahora no si se lo hicieran, sino si se lo trataran de hacer!

Adriano se subiría a los árboles en Tarifa, piensa Isabel, siempre reinando en su libertad, ahora que el gato se ha subido a un árbol. ¡Cómo trepa tronco arriba, abrazándolo con sus patas! Como si este gato que apenas ha salido de casa desde que lo trajimos, más que cuando se nos escapa a la escalera, no hubiera hecho otra cosa en su vida que trepar por los árboles. Tan alto sube, que temo que se quede arriba en las ramas y que resulte el final de siempre con los gatos trepadores de árboles: que haya que llamar a los bomberos para poder bajarlo. Estoy harto de leer noticias de salidas de los bomberos para bajar de un árbol a un lindo gatito. Por eso le doy un fuerte tirón de la correa, para que no suba más. Pero le hago perder el equilibrio. El pobre cae al suelo. Ni le ha dado tiempo de girarse, para caer, como ellos hacen, sobre sus cuatro patas. El pobre Adriano se da un costalazo en el suelo. Pero no le importa. Sigue andando por los parterres del parque, por los largos arrecifes. Ahora pasa

Adriano, pensando en trepar a un árbol.

un coche de caballos con unos turistas. Se quedan mirando a esto tan raro de un señor paseando a un gato con un arnés y una correa. Adriano se queda mirando al caballo. Es como si recordara algo. Yo también lo recuerdo. En el hotel de Tarifa donde lo recogimos había un picadero, alquilaban caballos para dar paseos por la playa al atardecer. Adriano no está mirando este caballo. Está recordando aquellos caballos de cuando era niño en Tarifa.

Y libre.

Como ahora es libre, relativamente libre, cuando lo llevo a la ladrillería de la rosaleda, entre las ciegas estatuas románticas. Recorre pretiles y poyetes, atraviesa setos de arrayán sin pensar que el largo cordel se le enreda y lo tengo que sacar en brazos del laberinto oloroso del romano mirto. Vuelven los novios que lo acariciaron. Traen una cámara de fotos en la mano. La chica me dice:

—¿A usted le importa que nos hagamos una foto con usted?

Le paso a Isabel la correa del arnés y el cuidado de Adriano. Los novios me dicen:

—No, queremos hacernos una foto con usted y con el gato. ¿Éste es el del libro, no?

—No, éste es su coleguilla. Se llama Adriano. El otro es Remo. Aquí no salimos de Roma...

Y Adriano posa su ternura peludita en mis brazos y los dos posamos con la novia para la foto.

La tarde va cayendo. Pasan palomas, tórtolas, hasta una oropéndola, con su cresta como una peineta castiza. Hay un rumor de fuentes, un salidero de agua en un registro que encharca el albero. Los pájaros bajan a beber. Adriano, ni los mira. Remo, la última vez que lo trajimos al parque, saltó y corrió tras una pareja de tórtolas turcas que casi me tira al suelo tirando de la larga correa. Adriano mira los pájaros que beben en el charco y no les hace nada.

Decididamente, es un gato pacifista que busca la libertad.

Cuando volvemos al coche, yo creo que saluda a un colega.

Es Simón Bolívar, que ahora está diciendo adiós a Adriano con los dos brazos extendidos, sobre su caballo de bronce.

Adriano es el libertador de sí mismo.

En la villa romana de Mishi

Desde hacía mucho tiempo, meses, Isabel y Carlos Oriol nos habían invitado a pasar unos días en su finca de la sierra, junto con otros amigos, otra Isabel, Isabel y José Antonio Sáenz. Era como un pleno de Isabeles, de tres inteligentísimas Isabeles, en la placidez de El Revuelo, una extensa finca de caza en la sierra, que ya conocía, y que ahora estaría, preciosa, florecida del blanco de la jara, del morado de los lirios salvajes, del rojo de las amapolas. Por unas cosas y por otras, íbamos posponiendo la visita. Cuando unos podían, no podían los otros. Aplazamiento y aplazamiento. Hasta que fijamos no un fin de semana, sino los comedios de otra, para aquellos breves días de jara, de aire de la sierra y de hospitalidad exquisita de nuestros amigos en su maravillosa casa. La cita tenía, la verdad, algo de espinoso, que nos inquietaba. Concertada en día y hora, todos dispuestos a marchar, nos llamó la madre de Isabel y nos preocupó en la salud de su corazón delicado. Tuvimos que llevarla urgentemente al hospital para que la revisara su cardiólogo, ante un inquietante dolor en el pecho y en el brazo. Para el hospital íbamos cuando Isabel me dijo:

—No, si lo de El Revuelo viene de pico...

De pico no venía, afortunadamente, aquel dolor de la madre de Isabel, del que el médico nos dijo, tras examinarla a fondo, que era sólo muscular. No lo sabíamos aún cuando le estaban haciendo el electrocardiograma e Isabel me dijo:

—Llama a Isabel y a Carlos, que ya estarán en el campo, y diles que a lo mejor no vamos a poder ir. No, si cuando algo viene de pico...

Tranquilizados por el médico y por la propia serenidad que Isabel le vio a su madre al descartarse lo que temíamos, volvimos a llamar a nuestros huéspedes de la sierra:

—Oye, que finalmente podremos ir, aunque vamos a llegar mucho más tarde de lo previsto.

Ya estaban todos allí. Y nos esperaban cuando llegábamos, felices de que no fuese nada importante el susto que nos había dado la madre de Isabel. Carlos Oriol estaba a la puerta de la casa para darme una sorpresa.

Una sorpresa en forma de gato:

—Mira, a ti que te gustan tanto, ésta es la gata que te he dicho que tenemos, la Mishi.

Mishi, como si se lo hubieran dicho, estaba allí en el empedrado apeadero del jardín de la casa. Como esperándome. Debió de oler a gatos en los bajos de mis pantalones cuando se acercó arqueando el lomo, sumisa y remolona. Me reconoció inmediatamente como aliado de su bando. Se dejó acariciar. Carlos me comentó:

—Es muy cariñosa, y ha tenido ya muchos gatitos. Cuando los tiene, los esconde para que no los veamos y no se los podamos quitar.

—¿Y el gato, dónde está?

—Ése hace tres o cuatro meses que no lo vemos. Se va, vuelve, va a lo suyo...

Mishi no iba a lo suyo. Iba a lo nuestro. Una gata de color ceniciento y ojos azules. Preciosa. Abrimos la puerta de la casa y entramos. La gata se vino con nosotros. Me dijo Carlos:

—Que conste que la dejo entrar aquí en tu honor, a ella habitualmente no la dejamos que entre en la casa.

La puerta se abría a un patio bello y refinado que diseñó la propia Isabel, sobrina nieta del poeta Rafael de León, persona culta, refinada, descendiente de aquella condesa de Lebrija que reunió en su casa mosaicos romanos y torsos de esculturas de Itálica, la patria de Adriano, el romano, el otro emperador, no mi rubio libertario. En el patio, Isabel había repetido el de una «villa» romana y me lo había hecho ver en una anterior visita. Por eso, cuando entraba Mishi, se lo justifiqué a Carlos:

—Hombre, Carlos, deja entrar aquí a Mishi. Pero no ahora, sino siempre. ¿Tú no ves que es el patio de una «villa» romana y Mishi reconoce que es donde estuvieron sus antepasados...?

Comenzaron unas agradabilísimas horas de descanso, de silencio en el campo, de grata charlita en la casa. Carlos nos llevó en un coche adecuado por los caminos de la finca, a ver las novedades en mantenimiento y conservación de viejas cabañas de pastores que estaban destruidas y a mostrarnos la sorpresa de la fauna del coto. En la libertad de saber que no llevábamos escopetas, las perdices andaban y andaban largos trechos delante del coche, hasta que levantaban el vuelo. En la silueta de un monte, las manadas de ciervos proclamaban la belleza de su libertad. De una cuneta salió el grupo de los cochinos jabalíes con sus crías, simpatiquísimas y pequeñas, que parecía que tenían puesto un pijama a rayas. Cruzamos arroyos, subimos trochas, divisamos los montes donde se disponen las armadas de las monterías, gozamos de la nieve de la jara sobre los campos, las manchas de brezo donde pasaban el día los varetos, el azul de los lirios, el rosa de las adelfas, el sonoro silencio roto por el canto de una perdiz.

Lejos del ruido, aislados, José Antonio y yo teníamos una preocupación bien de nuestro tiempo, fuera de la hermosura de la naturaleza, que Carlos comprendía y hasta se tomaba a broma: no había señal para nuestros teléfonos móviles y José Antonio estaba esperando una importante llamada de sus negocios. Yo esperaba la llamada de Laura, como cada tarde de viaje, para que me diera las novedades de la casa y, sobre todo, de los gatunos.

Con tantas prisas nos habíamos venido, que Isabel, esperando que Laura nos llamara, me dijo:

—Fíjate que con todos los jaleos que han surgido ni nos hemos podido despedir de los gatos...

José Antonio, para su llamada de los negocios, había dejado en su oficina el número del teléfono fijo de la finca. Yo, ni eso. Y pensando no sin inquietud e incertidumbre estaba cuando, al subir a un monte junto a otra construcción de la finca y bajarnos para contemplar el paisaje de azulados montes lejanos y pantanos que se ofrecía desde allí, de pronto sonó mi teléfono móvil. Carlos me dijo:

—Se me había olvidado decirte que en esta parte sí hay señal.

La entrada en la señal de la civilización, desde aquel apartamiento, había coincidido justamente con la hora en que Laura nos llama para darnos la gatuna novedad de la tarde. Perdiéndose la voz, entrecortadamente, pude oír que me decía:

—Los gatos están muy bien los tres...

Luego se cortó el sonido completamente. Ya se había perdido la débil y lejana señal telefónica. Volvimos a la casa. José Antonio preguntó si había tenido la llamada que esperaba. No era así. Bromeaban todos con nuestra telefónica adicción. José Antonio se escudaba en mis sentimientos:

—¿A que estamos tan acostumbrados a esta dependencia que cuando no tienes señal de teléfono te angustias, porque estás aislado del mundo y siempre te pones a pensar en lo peor?

—Ya lo creo, pero verás lo bien que te va a salir ese negocio cuya llamada estás esperando.

Reíamos. Reímos toda la cena y después, tomando café, con divertidas ocurrencias sobre lo sospechosamente estáticos, como de cartón piedra, que eran los venados que nos había enseñado desde el coche y de los que Carlos estaba tan orgulloso:

—Eso es que mandas a unos empleados que los pongan cuando vas a tener invitados y luego los quitas cuando se han ido porque todos esos venados eran naturalmente de cartón piedra...

Tras muchas risas y algunas infusiones y copas nos retiramos y volví a pensar en lo aislados que estábamos del mundo.

En el silencio de la noche del campo, por muy bella que fuera la soledad de la sierra, ese aislamiento, con la madre de Isabel recién traída del hospital, me angustiaba.

Más me angustió la radio de madrugada, que puse para conciliar el sueño.

En un programa nocturno, alguien contaba que su gata se le había caído desde el balcón y se le había matado.

Los presentimientos existen. Las angustias, a veces, están más que justificadas.

Estaba frío

Amaneció con sol y con pájaros cantando. El cuarto de invitados estaba en el piso superior de la casa. Tenía un balcón abierto al campo.

Lo abrí y entró por él la primavera.

La luz nueva, silenciosa, de aquel paisaje serrano de la jara, las encinas, los alcornoques, los escasos olivos. Unas vacas de carne, así coloraditas, del mismo color que Adriano, pacían no lejos de la casa, en libertad, fuera del cercado.

Era el campo en libertad. Isabel me vio en el balcón, contemplando su belleza, escuchando el sonido de su silencio, y me dijo:

—Aquí sí que sería feliz Adrianito, con esa gata Mishi que ha hecho tan buenas migas contigo...

—Pues si quieres, nos lo traemos otro día...

—Que te crees tú eso, que me voy a quedar sin mi Adriano el cariñoso, sin la reina mora...

Bajamos a desayunar y José Antonio, ¡por fin!, había hablado con su oficina, desde el teléfono fijo de la casa. Era un terminal inalámbrico, como el mando de un televisor, el televisor que ni siquiera habíamos visto por la noche: no sabíamos qué noticias había por el mundo.

La llamada importante que esperaba José Antonio ya no tenía que aguardarla, angustiado. Había llamado a su oficina y se la habían dicho. Me pasó el teléfono inalámbrico. Me dijo:

—¿Quieres llamar a tu casa?

Llamé. Marqué el número.

Creí que me había equivocado.

Salió una voz irreconocible. De mujer, pero irreconocible.

No, no era Laura. Seguro. Me había debido de equivocar al marcar.

Sólo oía un llanto. Un llanto de mujer.

—¡Laura, Laura! ¿Es usted?

Y entre las lágrimas, apenas oí un débil:

—Sí...

—¿Qué ha pasado?

Pensé inmediatamente en la madre de Isabel. Que algo grave había ocurrido por la noche y no habían podido localizarnos. Laura lloraba, había que arrancarle las palabras:

—¿Qué ha pasado?

—Adriano, don Antonio, Adriano...

—¿Qué le ha pasado a Adriano?

—Que estaba el pobrecito frío...

—¿Cómo que estaba frío?

—Sí, que estaba el pobre en el felpudo del portal cuando llegué, lo toqué... ¡y estaba frío! Muerto, don Antonio, muerto el pobre...

—¿Que Adriano se ha muerto? ¿Pero cómo que Adriano se ha podido morir?

Y seguía llorando. Hasta que me dijo:

—Espere usted, porque no sabía qué hacer, he llamado a Antonio el escolta y él está aquí y él se lo va a contar...

A Antonio, el padre de Eva la de la tienda de mascotas, el que nos invitó a su boda con tarjetas de convite para los tres gatos incluidas, se le notaba también la voz destrozada. En su relato, sereno, pero con voz de honda tristeza, pude reconstruir toda la tragedia. Porque era para nosotros una tragedia, con lo que queríamos a Adriano el débil, Adriano el libre.

Laura fue por la tarde a dar la habitual vuelta por la casa para la revisión y cuidado de los gatos. Fue cuando me llamó al teléfono móvil sobre lo alto de los montes, en aquel raro sitio donde había cobertura de señal. Serían las nueve de la noche, aún con luz, en la ya larga tarde de la primavera avanzada.

Al salir y entrar de la casa, o mientras esperaba que llegase el ascensor, sea como fuere, Adriano se le escaparía, escaleras arriba, como hacía siempre en las últimas semanas. Ella salió de la casa sin darse cuenta de que faltaba uno de los gatos, sin percatarse de que había quedado libre por la escalera.

Libre, como siempre quería.

Allí pasaría el pobre toda la noche. Arriba y abajo por las escaleras, sin maullar, como solía cuando se nos escapaba a nosotros. Como había hecho aquella madrugada que lo hallamos abajo en el portal, junto al ascensor, al regreso de una cena, cuando lo tomé en brazos para subirlo y noté cómo palpitaba de miedo y de angustia su corazoncito.

Así palpitaría durante toda la noche el corazón de Adrianito, de piso en piso, escaleras arriba y escaleras abajo, buscando nuestra casa, llamando probablemente en muchas puertas, pasando sus dos garras arriba y abajo por la madera para hacer ruido. En esta arquitectura hecha contra los gatos. Adriano había aprendido a llamar así a las puertas, arrastrando sus dos garritas, y se ponía muy alterado cuando no se le abría. Se cogía y se le notaba palpitar su corazoncito, tras su pecho blanco y mullido de gato bebé de ocho meses. Estaría el pobre toda la noche llamando en todas las puertas, hasta que se agotó de pena.

Nadie le abrió.

Nadie le oyó.

Tanta pena sentiría Adriano, gato de piso, gato mimado, gato que jugaba a irse, pero que quizá no quisiera su absoluta libertad, que su corazón no pudo resistirlo.

A la mañana siguiente, cuando abrió el portal, Laura se encontró a Adriano.

Estaba tendido en el felpudo de la entrada. Le dijo:

—Adrianito, ¿otra vez te has escapado, sinvergüenza? ¡Anda, vamos para arriba, que te voy a castigar!

Cuando se agachó a recogerlo, lo tocó.

Estaba frío.

Muerto.

Laura se puso a llorar, sin saber qué hacer, sin nosotros en casa, sola, sin nadie.

Con el pobre Adriano allí sobre el felpudo. Como dormidito. Pero muerto.

Frío como un témpano.

Entre llantos, subió a casa, llamó a su hermana Sofía, la auxiliar de clínica, la que venía ayudarla cuando Adriano estaba malo de la boca y entre las dos le daban la pastilla del antibiótico diluida en agua, con una pequeña jeringa de insulina. Nos había llamado antes a nosotros. El teléfono estaba fuera de cobertura. Luego ya, avanzado el día, cuando volvimos y llamé para oír su buzón de voz, escuché aquel mensaje que me dejó grabado, como dos horas antes de que desde el teléfono fijo de la finca hablase con ella. En aquel angustioso mensaje grabado solamente se oía su llanto y una voz de angustia:

—Llame usted a casa, llame usted a casa, que no sabe usted lo que ha pasado...

No lo sabía ciertamente a aquella hora temprana del día en que Laura localizó en mi despacho el teléfono de Antonio el escolta y lo llamó. Seguían las lágrimas cuando se lo contó. Su hermana Sofía la consolaba como podía.

Adriano estaba todavía abajo en el portal. Los vecinos salían ya a sus ocupaciones y alguno le dijo:

—Pues esta mañana cuando salieron los niños para el colegio el gato estaba ya ahí, y pasaron por encima sin despertarlo, porque creían que estaba dormido el pobre...

Llegó Antonio y con Andrés el portero recogieron el cuerpecito frío de Adriano. Lo llevaron al cuarto de calderas. El cuarto de calderas fue la capilla ardiente del pobre Adriano, cuando yo todavía no me había enterado de su muerte.

Laura lloraba y le decía insistentemente a Antonio, que trataba de consolarla. Imposible. Decía:

—A este gato lo han envenenado, a este gato lo han envenenado. No puede ser que se haya muerto, si ayer tarde estaba tan tranquilo y tan contento cuando vine a ponerles su comidita...

—Que no, Laura —le decía Antonio—, que eso ha sido que le ha fallado el corazón al pobre. Mira, y para que te quedes tranquila, vamos a llamar al veterinario de la tienda donde trabaja mi Eva.

Lo llamaron. Vino al momento. Pasó a ver al pobre gato, en el suelo, en el cuarto de las calderas ya, en vez de en la alegría de su Cuarto de los Gatos. Lo examinó. No tenía señales de golpes, ni heridas. Ni en el suelo del portal, ni sobre el felpudo de la entrada, ni por toda la escalera encontraron luego, cuando fueron buscándolas, las señales de un envenenamiento: vómitos, heces. El veterinario consoló a Laura:

—Esto ha sido del corazón. Un ataque al corazón, como las personas. ¿Este gato era muy nervioso?

—Sí, que era muy nervioso, y sobre todo cuando se quedaba encerrado. Con tantas ganas de escaparse, luego llamaba y llamaba, como loco, para que se le abriera cuando se quedaba encerrado o se había quedado en las escaleras.

—Pues eso ha sido, el estrés...

Antonio quería tanto también a Adriano que no quería que lo tirasen al contenedor de la basura, como tantas veces había visto que hacían con los gatos muertos.

Aun frío y tiesecito el pobre, Adriano no era un gato muerto.

Adriano era también su gato preferido. Cuando estaba de vigilancia en casa y entraba para descansar en uno de los cuartos, Adriano se le acercaba al oírlo y él lo saludaba:

—¡Hombre, Adriano, ya está aquí mi amigo! ¿Qué pasa, hombre?

Y lo acariciaba. Y se dejaba acariciar.

No, a aquel gato había que darle hasta el último instante el trato de respeto que su dignidad y el recuerdo de nuestro cariño exigían. Antonio se ocupó de todo lo más doloroso y desagradable. Menos mal que Antonio se ocupó de todo, que en su generosidad de profesional servicio a los demás, su defensa policial de las libertades las llevaba hasta el generoso extremo de defender la dignidad póstuma de un gatito que había sido mártir de su libertad.

Hizo que el veterinario se llevase al pobre Adriano en la furgoneta de su clínica hasta la cámara frigorífica que tenían allí, y dijo que no le tocaran hasta que él no hablase conmigo. Cuando en aquella llamada de la noticia terrible que me pareció eterna me explicaba Antonio estos pasos que con tanta humanidad había dado y me consultaba qué hacía, le dije, con la voz hecha un nudo de pena:

—¿No podemos enterrarlo en el jardín de casa, Antonio?

—No, el veterinario dice que eso está prohibido, que mejor incinerarlo al pobre.

—Bueno, pues que lo incineren, Antonio. Pero yo no quiero verlo al pobre. Prefiero recordarlo siempre vivo y cariñoso.

Yo aún no había llorado por Adriano. Ni cuando finalmente, tras la conversación con Antonio, le pedí volver a hablar con Laura, para decirle que volveríamos aquel mismo día, que no se preocupara de volver por la tarde para atender a los otros dos gatos, que a esa hora ya estaríamos allí.

La que lloró fue Isabel, cuando colgué el teléfono y volví a la sala de la casa donde estaban todos, haciendo planes para el resto del día. Tan agobiado estaba, tan roto, que fui tan torpe, o quizá tan cruel, que cuando Isabel me vio llegar con la cara demudada y me preguntó qué pasaba en casa, le dije abiertamente:

—Adriano el pobre...

—¿Qué?

—Que se ha muerto.

Rompió a llorar, como casi nunca la vi. Se echó en mis brazos. Todos los presentes hicieron un impresionante silencio, viéndonos, sin acabar de comprender quizá la razón de nuestro dolor.

Ninguno tiene gato en su casa.

Isabel me preguntó cómo había podido ocurrir. Se lo conté tal como habían acabado de contármelo. Dijo exactamente lo mismo que Laura en el primer instante, con el pañuelo de sus lágrimas en la mano:

—Eso es que alguien lo ha envenenado al pobre...

Y lloraba más todavía. Yo le decía:

—¿Pero no te acuerdas cómo tenía el corazón de alterado aquella noche que volvimos de la cena y se había escapado? Este pobre gato no estaba bien, fíjate cuántas enfermedades el pobre, y esas ganas de escaparse. Su corazón, que no lo ha resistido.

Se nos quitaron inmediatamente las ganas de campo, de finca, de paseos entre ciervos.

Se nos quitó la alegría.

Subimos a nuestro cuarto. Isabel entró en el baño. Tras la puerta cerrada la oía llorar y llorar.

Yo salí de nuevo al balcón que daba a la sierra, como había hecho poco antes, al levantarme.

Pero todo era ya distinto.

Ahora todo era como una sinfonía funeral de la Naturaleza por el pobre Adriano. Se escuchaban los pájaros, y yo pensaba que esos pájaros estaban vivos, en su libertad, cuando a mi pobre Adriano ya no iba a verlo con vida nunca más.

Y ni me pude despedir del pobre.

Me estaba despidiendo ahora, con una pena honda en el pecho, nublados los ojos que contemplaban las encinas, el azul de los lirios, los nevados jarales, mientras oía mugir aquellas vacas libres, rúbitas como Adriano, vagando por los montes en libertad.

El peso de piedra de la idea de la muerte era exactamente igual con un gato que con una persona querida. O más dura. Asociamos al hombre con la muerte, pero nos resistimos a relacionarla con los animales. Ése no quererse creer el paso del ser a la nada, del calor de sus pelitos al frío de la muerte sobre el recuerdo del felpudo, era un sentimiento que ya había experimentado. Aquella madrugada en que se fue mi madre para siempre.

Se había acabado la alegría en la casa, en la colonia romana del triunvirato de los gatos. No me resistía a la idea, que me empezó a atormentar.

Isabel salió del cuarto de baño con los ojos hinchados de llorar. Se acercó al balcón donde estaba viendo toda la vida de la Naturaleza de la que ya Adriano no formaba parte más que en la fidelidad de nuestro agradecido recuerdo. Me dijo:

—Anda, vamos a bajar, que los hemos dejado a todos y estarán esperándonos para ver qué vamos a hacer hoy. No, si cuando las cosas vienen de pico...

Mártir de su libertad

Estaban decidiendo qué hacer, los amigos que habíamos llegado el día anterior y otros que, a la noche, llegaron desde Córdoba y se incorporaron al grupo. Había en el pueblo cercano una feria de ganado y artesanía, y era una posibilidad ir a verla, que las señoras curiosearan y compraran por los puestecillos. Otra posibilidad era acompañar en otro largo paseo por la extensa finca a los amigos de Córdoba que habían llegado a la noche. Y una tercera, encontrarnos todos al mediodía en un antiguo monasterio restaurado como hotel, para almorzar todos allí.

Nos inclinamos por el primer programa. No habíamos llevado coche. Nos habían llevado en otro, e íbamos a volvernos a casa con Isabel y José Antonio. Con ellos nos fuimos en la larga bajada de curvas hasta el pueblo, para ver la feria de ganado y artesanía. Durante todo el sinuoso camino apenas pude hablar. Miraba el campo, y pensaba en Adriano. Veía tanta vida abriendo en las flores de la primavera, y pensaba en su muerte. Cuando ya llegamos al pueblo, aparcó el coche y nos dirigíamos hacia la feria, José Antonio me dijo, comprensivo:

—Sé que te sentirás muy mal...

Y tan mal. Veía la grupa de aquellas potras en sus establos y pensaba en el lomo de Adriano, sentado deleitoso ante su tazón, tomándose la exquisitez del día para los gatos. Veía en los puestos aquellas mantas populares y pensaba en su oval cunita, cuando en las noches del invierno me levantaba para abrigarlo con la vieja bufanda que tenía cubierta de sus pelos largos y rubitos. José Antonio e Isabel nos notaron la pena, porque a los pocos minutos nos repitieron lo que acababan de decirnos arriba, en la finca, antes de venir:

—Vosotros estáis muy mal y nosotros no os podemos ver así. De modo que, ¿sabéis lo que vamos a hacer?

—¿Qué?

—Pues ahora mismo volver a El Revuelo, coger maletas y volvernos a casa con vosotros.

Era exactamente lo que queríamos y lo que por educación y por no fastidiarles el segundo día de excursión no nos habíamos atrevido a decir. José Antonio lo comprendía, y nos decía a Isabel y a mí:

—A vosotros todo esto no os interesa ya absolutamente nada, vosotros lo que queréis es estar allí cuanto antes.

Así estuvimos. Subimos hasta la finca por las maletas, que hicimos en un santiamén, nos despedimos de Isabel y de Carlos Oriol. Lo comprendieron. Carlos me dijo:

—Mira, ésa sí que lo comprende mejor que nadie...

Intentando entrar en el paraíso del patio de su «villa» romana, por allí estaba la gata Mishi. Y viéndola tan llena de vida, me dio más pena todavía.

Al llegar a casa y abrir el portal, allí estaba el felpudo que había tenido el último calorcito de Adriano. Al subir al piso, estaban Remo y Rómulo como tristes. Esperándonos tras la puerta, como siempre que oían el ascensor y la llave.

Adriano ya no estaba.

Isabel tomó a Rómulo en sus brazos:

—Ven bonito, consuélanos, que nos hace falta.

Yo tomé a Remo:

—Remo, sé que tú también estás triste, se te ve en la cara...

Dejamos las maletas, las maletas que los gatos husmeaban mosqueados cuando nos íbamos y celebraban gozosos saltando sobre ellas cuando llegábamos, y llamé a Laura por teléfono a su casa, inmediatamente. Le repetí:

—Que usted no ha tenido la culpa de nada. Si a nosotros mismos se nos escapa Adriano y no nos damos cuenta...

Hablaba todavía en presente de este gato que es ya pasado, querido pasado. Pasado perfecto. Irrepetible alegría. Laura me dijo que iría inmediatamente a vernos, aun siendo por la tarde, fuera de sus horas de trabajo. Sé que estuvo en la puerta un buen rato, porque vi que no llegaba y volví a llamarla a su teléfono móvil, adivinando sus sentimientos, que corroboré cuando me dijo:

—Ay, menos mal que me llama usted, porque estoy aquí abajo en la puerta y no me atrevo ni a subir.

—Suba, Laura, que usted no ha tenido la culpa de nada...

También subió con ella Antonio el escolta, que había estado vigilando la puerta para nuestra llegada. Entre los dos tratamos de consolar y tranquilizar a Laura. No hacía más que decirnos:

—No sé, yo creía que se habían muerto todos los gatos, porque cuando subí dejando a Adriano allí abajo en el felpudo, estos otros dos no aparecían. Se habían escondido detrás de la pantalla del ordenador, asustados, y no los encontraba por ninguna parte.

—Eso sería que estuvieron oyéndolo al pobre llamar en la puerta toda la noche...

—Para mí que lo han envenenado...

Cuando Isabel había ido a otro lugar de la casa, dejé a Laura en la cocina, y le hice una indicación a Antonio para que me acompañara al escritorio y le espeté:

—Lo del corazón es una mentira piadosa que nos ha dicho usted, ¿no? A Adriano lo han envenenado...

—De verdad, don Antonio, se lo juro por mi Eva, que eso es lo que ha dicho el veterinario, créame usted, si fuera de otra forma también se lo diría. Que no tenía signo de envenenamiento de ninguna clase, porque habría dejado las escaleras llenas de vómitos y yo esta mañana me las he recorrido de arriba abajo y no había nada.

Volvimos a la cocina, encontramos ya a Laura más tranquilizada, pero a Isabel más triste. Me señaló a nuestros dos supervivientes:

—Mira Remo y Romulito lo que están haciendo los pobres.

—¿Qué hacen?

—Buscando a Adriano por toda la casa, por sus sitios favoritos.

Así era. Los dos, juntos, como acompañándose en su soledad, se iban al puf blanco del salón preferido por Adriano para sus sueños. A la esquina exacta de nuestra cama donde se ponía a dormir la siesta. Saltaban sobre el radiador de la entrada donde nos recibía con su rabo muy tieso. Lo olisqueaban todo. Vagaban por toda la casa los dos gatos. Como dos almas en pena.

Como muchas almas en pena que había por aquella casa comprobando que por aquellos rincones, saltando sobre aquellas mesas con su anunciador maullidito, ya no veríamos más a Adriano.

Fui a la cocina y metí en el lavavajilas el plato de postre en el que escribí con rotulador su nombre cuando estaba enfermo de la boca y apenas podía comer en el tazón como los otros. Lo quité de en medio, para que Isabel no llorara el verlo.

Pero el nombre de Adriano, el tacto cariñoso de su pelo, estaba por toda la casa aquella noche en que dos gatos y dos enamorados de los gatos tuvieron que intentar coger el sueño pensando en aquella pequeña maravilla rubia de sólo ocho meses y que apenas había estado un curso con nosotros, de septiembre a mayo.

Adriano había sido un mártir de su propia libertad.

Una nubecita blanca

Si no se me apartaba la obsesionante idea de la muerte, de toda la muerte, de la muerte de mis padres y de la muerte de Daniel, el humanísimo y bondadoso padre de Isabel, de la muerte de Adriano y de todas las muertes de todos los seres vivos de todos los tiempos y los espacios, menos podía alejar la idea del envenenamiento.

Aquella primera mañana sin Adriano en casa, con Remo y Rómulo buscándolo por todos los rincones, esperándolo para nada y desde la nada tras de la puerta de la larga madrugada de su perdición, olisqueando los dos por todos sitios sin hallarlo, lo primero que hice fue llamar a Eva la Veterinaria, en cuanto fue la hora que sé que llega a su dispensario perruno y gatuno. Cuando le pasaron la llamada, lo primero que me preguntó fue:

—¿Y Adriano?

No me preguntó por Remo, el del libro, que está de gato famoso retratado en su consulta, ni por Rómulo, el de sus cuidados, el que cuando lo llevamos a vacunarlo siempre se le escapa y se le acaba escondiendo por debajo de los muebles de la oficina.

Eva preguntaba, también quizá como una premonición dictada por estos mágicos personajes, por Adriano. Precisamente por Adriano. Le dije:

—Pues por eso la llamo, Eva: Adriano ha muerto.

—¿Qué me dice usted?

Quería consultarle la opinión del veterinario que vino a verlo. Sí, era un gato muy nervioso. Demasiado nervioso. Tenía muy cercano su pasado de abandono. Eva me consolaba. Aunque me ofrecía laboratorios oficiales que investigan riesgos de envenenamiento de animales con sustancias nocivas hasta ahora desconocidas, por si queríamos llevar el frío cuerpecito de Adriano, me decía:

—Tenga usted en cuenta que ese gato era muy nervioso, y que estaba muy débil, ha tenido el pobre muchas complicaciones, estaba bajo de defensas seguramente. Y además, que estos gatos callejeros a veces traen enfermedades que nunca les llegamos a descubrir. ¿Qué van a hacer ustedes con él?

—Se lo han llevado para que lo incineren.

—Es lo mejor. Menos mal que usted no lo ha visto, con lo que yo sé que era para usted este gato tan cariñoso y tan desvalido al lado de los otros dos...

Según me contó luego a la tarde Antonio, al pobre Adriano ya lo habrían incinerado. Nos dijo que se lo habían llevado a un horno que estaba en Huelva,

Adriano es ahora una nubecita blanca y canela en ese atardecer malva de Juan Ramón Jiménez que cada tarde llega a la ciudad desde el horizonte del mar. Adriano, que salvamos del «paseo» junto a la mar andaluza de Cádiz, es ahora un montón de cenizas junto a la mar de Huelva: «Polvo serán, mas polvo enamorado.»

Como no quise verlo muerto, tampoco quise que nos trajeran sus cenizas. Fernando, que lloraba y lloraba desde Zurich cuando se lo contamos, quería que hubiéramos llevado las cenizas de Adriano a su jardín de Tarifa, donde lo salvamos de la muerte, para que su recuerdo estuviera siempre junto al viento libre de las olas hermosas.

Su libertad tenía el nombre de la muerte. La llevaba escrita en los ojos, cuando se escapaba y al subir a cogerlo por los rellanos de la escalera palpitaba su corazón.

Su muerte tendrá el nombre de la memoria en este libro, alegatos terribles de la vida y de la muerte, que nunca hubiera querido escribir.

Adriano ya no estará nunca más aquí en la mesa, acostado bajo la luz de la lámpara, mientras escribo.

Algo nuestro ha muerto con Adriano.

La alegría.

Llorar a un amigo

Tardé varios días en poder llorarlo. Aún creo que lo estoy llorando, mientras escribo. Porque ahora he de recordar cuando Antonio me trajo, como un doloroso deber, la minuta del veterinario que lo examinó, y un papel terrible. Como la fría partida de defunción del gato querido.

Buscando su cercanía, aquella mañana había ido al vestidor de Isabel, al lugar donde guarda las cartillas sanitarias de los gatos. Había pasado antes por la escuelita de los tres y había visto allí, puesta en la pared, su foto, la de la tarjeta de invitación a la boda de la hija de Antonio. Con dolor, había leído los datos de la cartilla sanitaria de Adriano, extendida por la veterinaria aquel día de septiembre que nos fuimos directamente con sus pulgas a bordo hacia la consulta. Había visto su cálculo de edad, el año que no había llegado a cumplir. Los sellos de sus vacunaciones y sus desparasitaciones. La anotación de su operación para esterilizarlo, cuando ya tenía seis meses. Lo dejamos sobre el acero brillante de la mesa de operaciones y Eva nos hizo muy en serio aquella advertencia que nunca creíamos que pudiera llegar a ser verdad:

—Algunos gatos no resisten la anestesia y se mueren en la operación, no creo que a Adriano le pase nada, pero mi obligación es advertírselo para que queden enterados del riesgo que corremos.

¿Cómo se iba a poder morir Adrianito, tan lleno de vida, pasar en un instante del ser a la nada?, pensamos entonces. ¿Cómo se ha podido morir una cosa tan cercana, tan plena?, pienso ahora, cuando estoy mirando su cartilla sanitaria y me acuerdo de aquel día que volvió castrado de la consulta de Eva la Veterinaria, con la pantalla de plástico en torno a su cabeza para que no se lamiera los puntos recién dados, y los otros dos gatos, por el olor de los antibióticos y desinfectantes que traía, no lo reconocían, y trataban de atacarlo como a un intruso, exactamente igual que cuando llegó de Tarifa, antes de que se hicieran tan amigos y anduviesen en pandilla por la casa.

Antonio entró en el escritorio y me dijo:

—Lo siento, sé que es muy fuerte para usted, pero no tengo más remedio que darle estos papeles,

Me entregó un sobre con un perro en el membrete. Lo abrí. Era la minuta del veterinario que vino cuando lo de Adrianito.

La muerte de Adriano empezaba a ser «lo de Adrianito», para no mentarla.

Pero ahora me la encontraba aquí, cierta y fría, en el documento oficial que tenía entre las manos. Era otro papel oficial. Llevaba el membrete y el sello de un centro canino cercano a Sevilla. Sevilla, no Huelva. Encontraron un lugar cercano para hacer polvo enamorado de aquellos pelillos canelitas y amorosos que yo siempre uniré al malva atardecer de los versos de Juan Ramón Jiménez. Lo decía la frialdad del documento que leí, puesto a mi nombre, igual que la cartilla sanitaria:

«Certifico que se realiza el servicio de incineración a temperatura superior a 850 °C a su mascota de nombre Adriano, en el centro canino Sport-Dog, siendo recogido del Hospital Veterinario Albero con fecha de 20 de mayo de 2004.»

Con aquel papel entre las manos, lloré por primera vez la ausencia de Adriano.

No se lo digan a nadie, pero ahora he vuelto a llorar cuando, para transcribirlo, he vuelto a tener ese papel sobre la mesa.

Nunca es la última vez que lloramos a un ser querido.

Aunque ese ser querido sea un gato simpático y libre como el anarquista Adriano.

Como esa nubecita blanca, que sigo viendo cada atardecer, cuando el horizonte se pone malva y creo en Dios y creo en la vida y creo que hay un cielo para los hombres y para los gatos, en el que Adriano está acurrucado en una nube.

Adriano, en su nubecita.

Durmiendo quizá.

O buscando la manera de escaparse también de allí, para poder venirse conmigo.

Por ejemplo, a las páginas de este libro, como ahora llega, dando un maullidito cuando se me pone encima de la mesa otra vez, ahora en forma de un papel con un sello y una fecha que marca el comienzo de su nostalgia.

Queda un espacio vacío

Quedaba lo peor.

Recordarlo, como ahora lo recuerdo.

Pensar que el gatófilo Alberto Cortez le dedicaba a Adriano su cantado memorial de ausencias:

Cuando un amigo se va
queda un espacio vacío
que no lo puede llenar
la llegada de otro amigo.
Cuando un amigo se va
queda un tizón encendido
que no se puede apagar
ni con las aguas de un río.

Quedan estos tizones encendidos en el alma.

Queda pasar por una puerta de las que quería abrir y saber que ya nunca va a estar detrás, llamando con sus dos patitas delanteras.

Queda salir a la terraza y no ver ya que alguno de los gatos, y no ha podido ser otro que Adriano, ha tirado fuera la tierra del macetón del rosal para hacer el agujero de la meadita que echa muy serio, mirando al infinito de la tarde donde ahora está, en esa nubecita blanca del atardecer malva.

Queda entrar en el Cuarto de los Gatos por la noche y ver que ninguno está durmiendo dentro del transportín como camita, como él hacía, y que ahora está sola la bufanda marroncita que cubría su acolchado interior en las noches del invierno.

Queda echar de menos sus saltos por las mesas, anunciado por el breve miau del «aquí estoy yo». No tener un gato que con sus manitas, haciendo Shiatsu, te dé rítmicamente sus masajitos en la barriga, con los dos brazos extendidos, cuando lo tomas sentado en el sillón que te respeta y no te quita. No oír ya por un rincón de la casa sus maullidos, quejándose de mordiscos y volquetazos, cuando los otros dos querían jugar a judo con él, se hacían la bicicleta pateándose incruentamente sus cabezas, y se creía que iban en serio.

Queda que Isabel entre a arreglarse al cuarto de baño y no esté allí al instante, a su lado, junto a los espejos, maravillado, observando cómo se pinta y lo guapa que se está poniendo. O que abra el cajón de la cómoda donde guarda las manteletas y las pashminas y que de un salto no se le meta allí Adriano, a tumbarse entre la lana confortable, para que le haga el juego de cerrar y decirle: «Ea, ahora este gato se va a quedar encerrado aquí, por travieso.»

Queda no volver a oír esa ternura de Isabel hablando con él:

—Eso, desde luego, Adrianito; eso desde luego, lindo...

Queda que llegue la hora de la siesta y sea Rómulo el que llegue a acostarse a mis pies, dejando la cama con una inmensa soledad de océano.

Queda que a la noche ya no haya un gato que llegue meloso para dormir al lado de Isabel, su cara al lado de su cara en la almohada.

Queda que volvamos a casa y no estén los tres allí esperándonos tras la puerta, en cuanto suenan el ascensor y la llave. No sólo Adriano; ni Remo ni Rómulo han vuelto ya a esperarnos, con sus caras de muertos de sueño y sus ojos medio cerrados, porque el que los animaba y reunía, el que los despertaba para formar el comité de recepción era Adriano, y ya no hay quien los convoque para formar de tres gatos en fondo para la bienvenida.

Los amigos me llamaron para darme ánimos. Rosa G. Perea, que es poeta y que por mediación de Remo fue hallada por aquella gata Nía que estaba buscando muchacha que adoptar, cuando le conté la última tarde de parque de Adriano y su marcha a la nubecita, me escribió un poema en prosa en forma de carta. Me decía:

«Imagino que hasta el Simón Bolívar del parque ha bajado sus brazos para buscar a Adriano y a ti. Lo imagino bajando del caballo y preguntándote: "Antonio, ¿no me traes hoy al otro Libertador?" Qué grande es el dolor de perder a un amigo. Y qué rabia esta sociedad que diseña ciudades en contra de todos los "recipientes de amor". No hay gateras, no hay calles donde bajarse con la merienda a jugar, ni aceras donde apoyar la silla de enea para que se sienten los abuelos. Estas malditas ciudades están hechas para que vivan personas de corcho blanco. Adriano no era un idealista, Adriano era un luchador que no se resignaba a vivir como nosotros.»

Probablemente los gatos salían a recibirnos con sus caras de sueño porque Adriano les había dado un mitin para que escogieran su libertad en cuanto abriésemos la puerta.

María Teresa Alonso, que de parte de sus gatas Marit y Laika le manda desde su tierra vasca de Lejona-Leioa a Adriano, a Remo y a Rómulo unos pulpos de peluche que hacen las delicias de estos diosecillos, cuando a través del foro de www.migato.com se enteró de la muerte de Adriano me consoló contándome una historia similar de su gato tránsfuga:

«Nunca se puede sustituir a un gato que falta, ya que el recuerdo siempre les mantiene vivos en nuestra memoria. Si acaso el nuevo inquilino hace más fácil y llevadera la pérdida del otro ser querido, pero no. Nunca se puede sustituir a nadie, porque cada gato tiene su alma, su personalidad (o gatunilidad), su forma de ser. Cada gato, al igual que cada persona, es único, irrepetible e insustituible. Yo sé que sois personas que amáis a los animales, y espero que con el tiempo y cuando la pena sea menor os animéis a dar un hogar a otro felino necesitado de cariño, uno de esos que por desgracia acaban en la calle y que un alma caritativa recoge y acoge temporalmente hasta que aparece una persona de buen corazón que realmente le va a querer y mimar, que le va a tratar como si fuera (y acaba siendo, siempre es así) el rey de la casa. La historia de Adriano me ha hecho recordar un suceso que ocurrió hace unos meses. Aquel sábado salí por la noche a bailar con unas amigas. Al llegar a casa, como era tarde y para no molestar a mi novio que estaba durmiendo cerré la puerta con la manilla en vez de con golpete. Yo pensé que estaba cerrada, pero se ve que se había quedado abierta, y como era una noche ventosa la puerta se abrió en algún momento. Mi gata Marit salió fuera y de alguna manera la puerta se cerró (yo creo que fue cosa de la otra gata, de Laikita). Marit no maúlla nunca, pero por la mañana no hacía más que oírla. Fue algo que me extrañó, pero pensé que estaba en la puerta de la cocina, por lo que no le presté atención. Eran como las 6 de la mañana, yo había llegado sobre las 3 y estaba tan cansada que no me apetecía levantarme de la cama. Pero con tanto maullido, a eso de las 7 o 7.30 Oier se levantó y cuál fue su sorpresa al ver que Marit estaba en la calle, sentada en el felpudo, llamándome para que la dejara entrar. Marit no tiene uñas, cuando vino a mí con dos años de edad sus anteriores dueños le habían desungulado las cuatro patas, por lo que si sale al exterior está completamente indefensa. Marit adora salir fuera a investigar y se escapa en cuanto encuentra el momento. Por supuesto sólo sube las escaleras hasta el octavo y enseguida voy a buscarla. Aquel día, cuando pasó parte de la noche fuera, yo creí que me daba algo. Podía haber salido fuera y haberle pasado cualquier cosa. Lo único bueno que saqué de todo aquello, es que a pesar de que le gusta mucho salir, ahora sé que prefiere estar en casa, y que sabe dónde volver en caso de que alguno tengamos un despiste y se nos quede la gata fuera. Yo estoy segura de que Adriano estará ahora en el cielo de los gatos junto con Hobbes (el cachorro que se le murió a mi hermana en una operación; su pequeño cuerpecito no superó la anestesia), Laila (la gata adorada de Isa y Paco), Oxy (la Maine Coon de Álvaro), Runa (que ha ido al cielo hace apenas unas pocas semanas) y otros tantos gatos cuyos nombres no sabemos, o aquellos anónimos que no han tenido la oportunidad de tener un hogar. Con Mikos y Boris mis pequeños hamsters que seguro que de vez en cuando se escapan del cielo de los ratones para aparecer en el de los gatos. Todos ellos cuidan de nosotros en su pequeña nubecita, porque aunque los humanos no les veamos (tenemos una vista muy mala para eso) ellos están ahí, compartiendo con nosotros cada momento de nuestras vidas. Vaya... me acabo de poner a llorar, así que creo que será mejor que lo deje por el momento. María Teresa Alonso.»

Sí, las cosas que les ocurren a nuestros gatos son las que les pasan a todos los gatos.

Hasta la muerte de nuestro gato es la muerte de todos los gatos que antes se han ido y han dejado en sus casas inmensos vacíos de rincones sin maullidos.

Laika y Marit, intendentes de pulpos de juguete para Remo y Rómulo.

Comprendí entonces en toda su fuerza dramática un mensaje que había recibido recién publicado «Gatos sin Fronteras». Entonces no había comprendido las palabras que me ponía Jesús Macías Gonzalo: «Lamento decirle que no voy a comprar su último libro, en el que habla de su gato. No podría, ya que me acaban de matar atropellado al mío, Indi, y no podría soportar la lectura de su, seguro, magnífico relato. Mi historia con Indi es un poco larga de contar. Simplemente le escribo esto para apagar un poco mi dolor con alguien que, de seguro, sé que me comprenderá y disculparme con usted, ya que de haber vivido Indi su libro estaría en mi biblioteca. Entre otras muchas cosas estoy de acuerdo en que si el hombre mejorara, sería gato, y probablemente jamás conduciría un coche.»

Ahora comprendo perfectamente que Jesús no tuviera valor para recordar las hazañas y venturas de Indi en las de Remo.

Ahora comprendo perfectamente a Julio Cortázar: «De niño tuve el sentido de la muerte muy temprano, cuando se murió mi gato preferido.»

Ahora comprendo perfectamente que Marie Baker, de Gibraltar, cuando le escribió a Remo, le enviase en vez de la historia de su gato Merlín un poema a su muerte:

Joya del Nilo y Egipto, con sangre de reyes,
dichoso soy, porque me elegiste entre tantos
ya que de tu grandeza dueño no será nadie.
Mi confidente, mi consuelo, mi calma,
me contemplas, adivinando mis pensamientos,
mis alegrías, mis penas, y mis idioteces.
Camino largo y lento hemos viajado juntos.
Hoy te brindo este pequeño homenaje
ya que has tenido la bondad de brindarme
tu fiel, cariñosa e incondicional amistad.

Réquiem por Sasha

Comprendo también perfectamente a Isaías Fanlo. Isaías es un escritor y traductor, compañero de gatos y de letras, que me hizo saber que casi al mismo tiempo que Adriano, en Barcelona, moría Sasha, su gata querida. Isaías colocó una esquela funeral por Sasha en el cibernético Foro de los Gatos de www.migato.com que dirige Jordi Casanovas. Venía la foto de Sashita, muy despierta, y ¡daba una pena pensar que ahora aquellos ojitos estaban ya cerrados para siempre! Y más aún pensando en ellos con los versos de Pablo Neruda que Isaías ofrendaba a su gata en el recordatorio, como una civil oración gatuna:

¿Cuántas preguntas tiene un gato?
¿Las lágrimas que no se lloran
esperan en pequeños lagos?
¿O serán ríos invisibles
que corren hacia la tristeza?

Sasha era gata de escritor, que es la forma más efectiva de ser doblemente, profundamente gata. Isaías tenía dos gatas compañeras: Sasha y Misha. Sasha murió en sus brazos. Yo al menos tuve la suerte de no ver a Adrianito muerto, pero a Isaías Fanlo su Sasha se le murió en los brazos. Imagino al escritor con la gatita muerta entre sus brazos, como en una «Pietá» gatuna que a los que amamos a estos seres no nos puede parecer en modo alguno irreverente ni blasfema.

Misha y Sasha en el escritorio de Isaías Fanlo.

Isaías Fanlo le ha prestado todo su dolor a la otra gata, a la superviviente, a Misha. Y en el genial recurso literario, es Misha la que narra tan amargas horas, en este terrible alegato que titula «Réquiem por Sasha»:

«Ellos creen que no puedo entenderlos.

Mira que les quiero, ¿eh? Pero a veces no entiendo cómo los humanos pueden sentirse tan superiores a nosotros como para estar hablando de mí sin tenerme en cuenta. "¿No la ves? Está deprimida", dice mi amo Isaías, mientras me señala con la palma de su mano. Se refiere a mi estado de ánimo. Yo, acomodada en el sofá, levanto tímidamente la mirada y acto seguido sigo dormitando.

Pero les estoy escuchando, no se crean.

Hace ya casi una semana que mi hermana Sasha murió. La verdad es que yo, unos días después de verla llegar ya me había figurado que estaba enferma, la pobrecita. Por eso no quise molestarla más con mis juegos, que tanto divertían a mi mamá y a mis hermanos en mi isla natal, y que tanto distraen a mis amos actuales, con los que convivo en esta casa tan cómoda de Barcelona.

Ah, perdonen, no me he presentado. Mi nombre es Misha de Maó Fanlo Todó, y soy una gata europea de tres meses de edad y de pelaje tricolor que vive en un ático barcelonés. Me encanta sentarme al lado de mis amos Isaías y Lluís María cuando escriben cada uno en su ordenador. Los dos trabajan en el mundo de las letras, y gracias a eso he logrado, por obra y gracia de la mimesis, aprender a escribir. Para que luego digan que los gatos somos muy nuestros y no podemos aprender. ¡Pues serán los otros gatos, porque a mí este tipo de cosas se me dan de maravilla!

En fin, lo que les contaba: mis amos están discutiendo porque me ven pocha después de la muerte de mi hermanita Sasha. ¡Y cómo no voy a estarlo! Se me ha ido mi compañera de aventuras y desventuras, mi mejor amiga gatuna. Tienen que dejarme un tiempo para guardarle el luto, ¡estos humanos tendrían que saberlo!

Y eso que cuando Sasha llegó a casa a mí, personalmente, no me hizo ninguna gracia. Verán ustedes: yo había pasado de ser la única superviviente de una camada menorquina (mi papá, el muy bruto, mató a todos mis hermanos para poder aparearse otra vez con mamá, y también me hubiera matado a mí si no hubiera sido porque era la mas lista de todos y me pasé dos días escondida entre las matas del jardín), reina de una casa de campo fantástica, a ser una gata de ciudad. A mí no me disgustó nada el cambio, puesto que soy una gata urbanita y me encanta ver todos los tejados desde mi atalaya, en una de las terrazas de la casa. Además, hay que reconocer que mis amos me tienen muy consentida. ¡No todos los gatos pueden degustar el foie gras! Vamos, por lo menos en Menorca. Así que yo aquí me sentía como la dueña y señora de la casa.

En esas que, una tarde, mis amos me llaman al regresar a casa. Yo fui al recibidor a ver qué sucedía, como gata educada que soy, ¡y cuál fue mi sorpresa al toparme con una minúscula intrusa! Otra gata, aún más pequeña que yo, delgada pero con unos ojazos que a mí me dieron algo de envidia desde el primer momento, campaba a sus anchas por el recibidor. Al ver que no se tomaba la molestia de pedirme permiso para olisquear todo lo que hasta ese momento había sido sólo mío, la bufé por maleducada, tengo que reconocerlo.

Mi amo Lluís María me cogió y me dijo, mientras me rascaba la barriga: "Ésta es tu nueva hermana Sasha, la hemos adoptado de la protectora de animales. A ver si la enseñas a ser una buena gatita." Primero tendré que enseñarle a respetar lo que no es suyo, pensé, mientras mi amo me devolvía al suelo que Sasha, que no decía ni miau, olisqueaba sin ningún pudor.

No me perdí detalle de sus primeros minutos en la casa. La verdad es que su actitud no me gustaba nada: yo, cuando llegué a estas paredes, antes de salir a inspeccionar el territorio, me quedé una horita bajo la cama de los invitados. No sé por qué me daba algo de miedo pensar que allí podrían vivir otros gatos como papá, o que mis nuevos amos podían ser crueles con los animales, que me han dicho que hay humanos que pueden maltratarnos sin motivo aparente. Sasha, en cambio, no había dudado un solo segundo en recorrer toda la casa (¡y mira que es grande!), en hacer pipí en mi lavabo, tan limpio que lo tenía, y en jugar con mi ratón preferido. ¡Cómo no iba a bufarla! Vamos, que los bufidos me salían de lo más hondo de mi corazoncito.

Pero como los gatos somos buenos, o por lo menos yo sí lo soy, enseguida quise darle una oportunidad. Empezamos a jugar juntas, y bueno, hay que reconocer que al cabo de un rato me pareció simpática. Pensé que, de momento, le dejaría quedarse, y le pasé la cola por el lomo. Sasha me miró, agradecida, mientras Isaías comentaba: "¿Lo ves? Ya se han hecho amigas." Si es que yo soy una gata muy sociable cuando quiero.

Como regalo nos dieron una comida especial para gatos, mi favorita. Mi hermana tuvo la gentileza de darme la mayor parte. No, si al final la gatita me acabaría gustando...

Por la noche me tumbé, como siempre, en la butaca de la salita, mientras mis amos veían la tele en el sofá. Estaban viendo una película muy aburrida, de ésas de humanos, así que decidí dormir. Unos segundos después, cuando yo estaba ya a punto de caer en el más profundo de los sueños, noté algo caliente, no humano, sobre mi lomo. Entreabrí los ojos: era Sasha, que se había acomodado en mi regazo tal como yo hago a veces con mis amos. La verdad es que en un primer momento tuve la tentación de echarla de allá a bufadas, pero verla allí, tan pequeña e inofensiva, me dio demasiada pena.

Misha dentro de un macetero y Sasha, en la terraza de su casa.

Misha y Sasha durmiendo en el sofá.

De este modo empezamos a dormir juntas.

Esa misma madrugada nos despertó Isaías. "¿Y qué hace éste despierto a estas horas?", pensé. "¡Si es más perezoso que yo!" Iba con una maleta bastante grande en la mano, y por un momento pensé que volvíamos a Menorca con mi familia (una vez hicimos una excursión para ver a mi mamá y a mis amigos de la isla, y me lo pasé en grande). Pero no. Vino hacia nosotras, nos dio un besito en la barriga a cada una y nos dijo: "Chicas, tengo que irme unos días a París. ¡No tardaré! Mientras tanto, portaos bien para que vuestro otro papá no se enfade. *Adéu*!" Nosotras seguimos durmiendo en cuanto cerró la puerta, tranquilas y cansadas después de aquella tarde tan intensa.

¡Ingenuo! Lo que él no sabe es que cuando se va, "nuestro otro papá" nos lo consiente todo. Nos da comida para humanos, no nos riñe por las travesuras... Además, no se atreve a darnos ninguna pastilla para desparasitarnos porque le da pena, así que lo pasamos bomba cuando estamos solas con él. Imaginaos qué vidorra mientras Isaías estuvo en París: conejo, queso de mi tierra, pescado de Vilanova... ¡Qué rico todo!

Pero Sasha empezó a encontrarse mal muy pronto. En un principio pensé que echaba de menos a Isaías, cosa que me extrañaba, pero cuando la vi toser, hecha una bolita con el cuello alargado, me di cuenta de que se trataba de algo más. Empezó a ponerse pachucha, a no querer jugar, a pasarse las tardes entre las comodísimas piernas de Lluís María... Vamos, que no se encontraba nada bien. Un día intercepté una conversación telefónica entre mis dos amos. El de aquí le decía al que estaba en París: "Sí, la he llevado al veterinario, pero no le detectan nada." Luego, un rato en silencio, y después: "Creo que tiene algo que le impide respirar, porque tose... ¿tú qué crees que es?" Y siguieron hablando mientras yo iba a ver cómo se encontraba Sasha.

Entenderán ustedes que a mí me dio algo de pena. Tan pequeñina y enfermita. Yo dejé de molestarla con mis juegos y en cambio me dediqué a cuidarla, no crean, yo soy una gata muy cariñosa y atenta. Procuraba dormir con ella y la limpiaba, puesto que Sasha, tan cansada como estaba, había dejado de hacerlo. A mí no me importaba hacérselo a ella, ya que al fin y al cabo era mi hermanita y hay que reconocer que se portaba muy bien. Ella, a cambio, me enseñó a maullar, porque a mí nadie me había enseñado allá en Menorca y no lograba emitir sonido alguno cuando les quería pedir a mis amos comida, un cepillado o que me limpiaran la caja de las necesidades.

Así que nos hicimos muy amigas. Y Sasha cada vez estaba peor. Yo ya notaba que le costaba respirar, que no quería jugar tanto, que no comía ni bebía mucho. Teníamos casi la misma edad y yo ya le duplicaba en tamaño corporal y en peso, aunque, la verdad sea dicha, tengo un cuerpazo privilegiado gracias a papá, que más que un gato salvaje parece un lince ibérico de esos que salen en los documentales de televisión porque cada vez hay menos. Cuando dormíamos juntas se notaba mucho la diferencia de tamaño. A veces parecía mi hijita más que mi hermanita, y comprenderán ustedes que eso es imposible, ya que todavía no me ha entrado el celo.

Nuestro amo Isaías regresó, finalmente, de París, con unos recuerdos muy bonitos para Lluís María y para nosotras. Estaba bastante contento porque, por lo que se ve, habían ido a jugar un campeonato de baloncesto, que es el deporte que él practica, y habían quedado subcampeones. Pero cuando vio a Sasha tan tristona e inactiva se le fueron todas las alegrías. Al verme, me rascó como sólo él sabe hacerlo y, mientras yo ronroneaba de placer, me dijo con suavidad: "Ahora tendrás que cuidar de Sasha para que se ponga buena, ¿me oyes, Misha?" Claro que le oía: ¡si mientras él acariciaba a los gatos de las calles de París yo ya estaba cuidando de Sasha!

Cuando mis dos amos estuvieron juntos, se multiplicaron las visitas al veterinario. Primero fue para vacunarme a mí (¡cómo pica esa vacuna, demonios! Hasta me dio fiebre. Luego me enteré de que el veterinario se había pasado vacunándome, y no hemos vuelto a ver a ese señor tan antipático; ahora vamos a un sitio lleno de gatitos, a la protectora, al lugar donde adoptaron a mi hermanita); después, para ver qué le sucedía a Sasha, que cada vez estaba más abatida. Yo les oía decir a mis amos que los veterinarios no podían detectarle nada, y a mí cada vez me daba más penita, porque Sasheta se pasaba el día durmiendo y ya ni se acercaba al platito de la comida, con lo buena que está.

Imaginaos si me daba pena que empecé a frecuentar la cama que nuestros amos nos habían comprado, una cama que a mí no me gusta nada pero que por lo visto Sasha adoraba, porque se pasaba las horas allí, arremolinada entre las toallitas de algodón y ese osito de peluche que Isaías nos regaló.

Pronto empezó a hacerse caquitas fuera, unas caquitas algo raras: inconsistentes y de un color claro. A mí me parecía una ordinariez pero comprenderán ustedes que le perdonase las incontinencias a la pobre, que no estaba para broncas. Hasta Lluís María e Isaías se lo perdonaban, y limpiaban una y otra vez nuestros trapitos. Hay que reconocer que los humanos pueden llegar a tener mucha paciencia.

Una mañana, Sasha estaba con la vista totalmente perdida, tumbada de lado y respirando con la boca abierta. Yo me espanté y fui a despertar a mis amos, que dormían en la cama. Por suerte, Lluís María me hizo caso y se levantó. Al ver a

Misha meditando.

mi hermana, suspiró hondo y fue a despertar a Isaías, que de otro modo se hubiera pasado la mañana durmiendo porque es muy perezoso, ya lo he dicho antes. "Me parece que se está muriendo", le dijo, y eso funcionó mejor que cualquier despertador de los que hay en la casa. Se levantó, y en cuanto vio a Sasha su cara se transformó y dibujó una mueca de pena que yo todavía no había visto en él. Entonces me di cuenta de que lo de Sasha iba en serio.

Yo quise quedarme con ella, pero no me dejaron. Con la excusa de que yo podía contagiarme (¡con lo sanota y fuerte que estoy!) nos separaron. Cada una, una mitad de la casa. Isaías se quedó con Sasha, y yo quería advertirle que si la dejaban sola se pondría todavía más triste, pero todavía no sé hablar humano, y mis amos por lo menos no comprenden todavía lo que quiero decirles cuando les paso la cola entre las piernas. "Dejadme estar con Sasha", les pedía, pero nada.

Isaías iba comunicándonos su estado una y otra vez. Lo siguió haciendo a lo largo del día. Decía que mi hermana no quería moverse de su regazo (es que allí se está tan bien...), que le costaba maullar, con lo charlatana que era, que mi amo le iba diciendo cosas para que no se sintiera sola, y que no quería comer. Mi amo tenía la paciencia de darle el pienso triturado y en mano, pero la otra, pobre, lo debía pasar mal, porque ni con ésas.

A medida que fue cayendo la noche, Sasha empezó a ponerse peor. La cara de Isaías era un poema. No podía evitarlo y lloraba, yo no había visto llorar a un humano y me quedé algo sorprendida y muy afectada: me arremoliné todo lo que pude al lado de Lluís María y maldije el mundo por ser tan cruel. ¡Cómo podían llevarse a una gata tan bonita y cariñosa como Sasha! La pobre, con su carita de no haber arañado una cortina, nunca había sacado una uña de más. ¡Tan pequeñina y buena! Yo tenía unas ganas enormes de lamerla, pero no me dejaban. Maullé para enseñarles que también podía hacerlo, pero nada de nada.

Sorprendentemente, Isaías no se fue a dormir, sino que se quedó hasta muy tarde en su despacho, con Sasha. Comprendí entonces, mientras observaba el hilillo de luz por debajo de la puerta, que se acercaba el final de mi hermanita. Isaías le iba diciendo: "Venga, cariño, Sasha, venga", con una voz temblorosa. Creo que la acariciaba. Abrió la puerta y, sin saber que yo la comprendía, me dijo entre lágrimas: "Se está quedando cada vez más fría." Yo la busqué con la mirada y la vi allí, sobre nuestra camita, cubierta con sábanas. Realmente estaba mal, parecía más pequeña y apenas se movía. Casi preferí que no me dejaran verla.

Allí estuvo mi amo hasta que Sasha expiró. Entonces apagó la luz y se fue a dormir, abatido. Yo, al contrario de lo que normalmente suelo hacer, no me fui a dormir con ellos. Prefería estar sola, después de lo que había visto.

Me levanté y salí a la terraza. Allí brillaba, inmensa y blanca como un enorme cuenco de leche, la misma luna llena que me había visto nacer hace tres meses, en marzo. La primera cosa que vi cuando llegué a este mundo. La luna.

La miré fijamente, pálida y redonda. Debe de estar muy lejos de nosotros, la luna. ¿Y Sasha, mi pobre hermanita Sasha? ¿Dónde estará ahora? Un gato menorquín me dijo que cuando los gatos morimos nos vamos a un lugar mágico y remoto, cuya ama es la madre de todos nosotros, una gata muy noble y anciana que responde al nombre de Bastet. La verdad, no sé si creerme eso de que los gatos vamos al Cielo. Yo estoy muy bien en esta casa, con estos amos que me tratan tan bien. Pero es normal, supongo, que tras lo de la pobre Sasheta me plantee estas cosas.

Y también es normal que me quede triste como mis amos. Ahora se preocupan porque no juego. Yo también me preocupo porque ellos están tristes y no trabajan de la pena que tienen. Qué quieren, es normal. Sólo tienen que darme un poco de tiempo.

Quiero poner aquí el punto final a este pequeño homenaje a mi hermana. Espero que les guste a mis amos cuando lo lean, y que entiendan que, aunque al principio la bufara, quise mucho a Sasha. Y, esté donde esté, si es que está en algún sitio, siempre la tendré en algún lugar de mi corazón, que aunque pequeño como una nuez, es lo suficientemente grande como para guardar su recuerdo. Descansa en paz, Sasha querida, hermanita Sasha. Misha.»

Sasha

III/2004 - 2/VI/2004

¿Cuántas preguntas
tiene un gato?
¿Las lágrimas
que no se lloran
esperan en pequeños lagos?
¿O serán ríos invisibles
que corren hasta la tristeza?

Pablo Neruda

Obituario de Sasha colocado por Isaías en Internet.

Memorias de mi Adriano

Adrianito el andaluz está ya junto a Sasheta la catalana, junto a La Gordi argentina, junto a Merlín el gibraltareño, junto al Indi que mató un coche y junto a todos los gatos que en el mundo han sido y han llenado de ternura nuestras vidas.

A los pies de la vieja y mágica Bastet, en el paraíso literario de los gatos inolvidables

Fernando Iwasaki, el escritor peruano radicado en España, dedicó a Adriano un hermoso artículo necrológico en el «ABC». Jugando con el libro de Margarite Yourcenar, lo titulaba «In memoriam de Adriano». Iwasaki también es escritor con gato y adoptado por muchos gatos. Si en vez de su amigo y paisano limeño Mario Vargas Llosa hubiera sido él quien escribiese la novela «La ciudad y los perros», la habría titulado quizás «La ciudad y los gatos». Iwasaki le regaló a Vicente Tortajada una gata que había recogido en Sanlúcar de Barrameda y que salía retratada con el poeta en todas sus fotografías. En su casa de Sevilla, Iwasaki tiene ahora a Whisky, un gato que también es gaditano como Adriano, que recogió en Chipiona, la villa de Escipión, el que derrotó a los cartagineses y romanizó la Bética. Escipión, por romano, sería gatero, y Whisky debe de venir de esa rama. Cuando nos encontramos, Fernando Iwasaki y yo, más que de literatura, hablamos de nuestros gatos. Que quizá sea la mejor forma de hablar de literatura: de la vida y de los sueños. La última vez que hablamos sobre Adriano y Whisky fue aquella mañana de la Feria del Libro, cuando a la tarde llevé al rubito y blanco a pasear al parque. Gracias a Fernando Iwasaki, Adriano, como aquel gato presidencial americano cuyo obituario salió en el «New York Times», tenía su elogio fúnebre gatuno, ilustre, literario, sentido. Hablaba Iwasaki de Remo y de «Gatos sin Fronteras», y luego escribía:

«Me gustaría traer aquí la memoria de Offenbach, el gato londinense de Guillermo Cabrera Infante, quien aprobaba o desaprobaba la calidad de las amistades de Miriam y Guillermo. Guillermo amaba a Offenbach y hasta le dedicó un primoroso capítulo de su libro "O", donde hay una reflexión conmovedora: "A través de Offenbach he podido entender la sencilla vida animal, sus ciclos vitales y su ausencia de agonía: lo contrario de la agónica vida del único animal que sabe que se muere."

Es verdad, los animales no tienen conciencia de la muerte hasta que presienten que van a morir. Lo supe cuando llevé a Dickens a recibir la última inyección de su vida. Yo sé que él lo sabía. Y lo peor es que Dickens sabía que yo lo sabía, pero se durmió lamiéndome la mano y me dejó arrasado de remordimientos. Adriano también intuyó su muerte y a Antonio Burgos le dolió no estar con él. Los animales no piensan en la muerte, pero la sienten.

En los Andes peruanos todas las casas tienen un "Wasitukuy", una cruz de colores con figuras alegóricas y diminutas vasijas con vino y agua bendita, que los indios colocan en los tejados en memoria de sus animales muertos. Antonio querido, la próxima vez que vaya al Cuzco te traeré un "Wasitukuy". Y así habrá dos en Sevilla.»

Fernando Iwasaki nos lo aclaró. Adriano llevaba meses intuyendo su muerte, que era su libertad. Buscándola y esquivándola, burlándola y bordeándola.

Hasta que la halló.

Cuando yo me creía que los gatos, por dioses, eran inmortales.

Que Adriano nunca se nos iba a morir.

Que quizá él iba a ser quien me iba a ver morir a mí.

Remo y Rómulo siguieron muchos días buscándolo por toda la casa. Ya se cansaron de buscarlo. No creo que lo hayan olvidado, sino que como lo conocían mejor que nosotros, comprenderán perfectamente que Adriano se fue a su verdadera patria, a la eterna libertad de ser recordado. Remo y Rómulo han ocupado ya sus territorios y nuestro vacío de cariño. Rómulo se ha quedado en su plaza de gato preferido, se ha vuelto más cariñoso, se deja coger en brazos, como si quisiera llenarnos el hueco de su pena. Remo está más sociable desde su altanería de gato famoso. Los dos han hecho que volvamos a estibar en la bodega del corazón las cargas de las penas y las alegrías.

El glorioso triunvirato de los gatos se ha quedado reducido a estos dos dunviros.

Que ya sé dolorosamente que, aunque antiguos dioses que no olvidan cuanto fueron y que saben que en la Roma clásica eran el símbolo de la Libertad, no son inmortales.

Dicen que todos los gatos tienen siete vidas.

Adriano, ay, no tuvo más que aquella pequeña y breve vida que pasó junto a nosotros. Sus seis restantes vidas quedan en nuestra memoria.

Aún me subo al coche y veo por un rincón de la tapicería los pelitos blancos o rubitos que dejó en su último viaje al parque, que sería para él como una antesala del cielo gatuno donde tenía la certeza de que pronto iba a llegar, sin que nosotros lo supiéramos ni pudiéramos descifrar los evidentes mensajes que nos enviaba con sus últimos ronroneos entre nuestros brazos.

La otra tarde tuve que ir a un acto oficial que requería el traje oscuro. Saqué un traje oscuro del armario. Del armario donde Adriano se me metía para curiosear entre las camisas y los chalecos en cuanto me descuidaba. Era un traje que había usado hacía bien poco, y sobre el que cuando lo tenía sobre la cama para ponérmelo, como siempre hacía con todas las chaquetas, con todos los pantalones, con toda la ropa que le oliera a mí, Adriano se había recostado orondamente, a dormitar y a mirarme.

Adriano, yéndose hacia su nube.

Me puse el pantalón de aquel traje oscuro para el acto oficial, tomé del armario, de aquel armario donde Adriano ya no estaba, una corbata. Me la anudé al cuello. Me puse finalmente la chaqueta.

La chaqueta estaba aún toda llena de rubios pelitos de Adriano, que se había acostado sobre ella tras quitármela al volver de aquella cena y de recibirme en la puerta con su cara achinada de gato medio muerto de sueño, como jefe del comité de bienvenida del triunvirato gatuno.

Me miré al espejo, y los rubios y largos pelitos de Adriano, del callejero cruzado en angora, sobre la chaqueta negra, eran como una condecoración que desde su nubecita blanca me concedía.

La medalla heroica de su libertad.

No me cepillé la chaqueta.

Me fui al acto con aquella honrosa condecoración de los pelitos canelitas de mi gato preferido.

Eran como el alegato definitivo del gato que yo más quería y que ya nunca quiere abandonarme con su recuerdo.

Adriano ha alcanzado ya para siempre la libertad que todos estamos cada día buscando junto al gato adorado que la simboliza.

Agradecimiento de Remo a sus colegas

Este libro no hubiera sido posible sin la nada huraña y más que generosa y desprendida colaboración de muchos colegas gatunos y de los humanos a los que permiten vivir en sus casas porque les caen simpáticos. Para desmentir nuestra fama de ariscos, cientos de gatos me han escrito, contando sus historias y poniendo las almohadillas de sus garras sobre el teclado. Hemos conseguido una experiencia interactiva gatuna excepcional. Me hubiera gustado incluir en este libro todas, absolutamente todas esas historias de los litergatos, y que hubiese sido una obra completamente nuestra. Pero se cruzó desgraciadamente en el camino la marcha de Adriano a su nubecita del Cielo de los Gatunos y vi a Antonio y a Isabel tan apenados que les dejé que metieran sus garras en mis papeles, y por razones de espacio no han podido entrar tantas historias nuestras contadas por nosotros como yo hubiera querido.

Pero esto no puede quedar así. Tengo en mi escritorio del Cuarto de los Gatos, guardadas como el verdadero tesoro que son, cientos de vuestras cartas y mensajes digitales. Gracias, gatos del mundo, que incluso habéis colapsado con vuestras generosas historias por correo electrónico la capacidad de mi modesto buzón gratuito de Internet; por eso muchos no habéis podido comunicar conmigo. Bastet mediante, pienso reunir próximamente en un tercer libro de esta serie todos estos Relatos de los Gatos Literatos. Hasta entonces no quiero dejar de dar las gracias a todos, en mi nombre y en el de Rómulo. A ver si no se me olvida nadie y salís todos, porque aquí no puede haber gato encerrado.

A todos los gatos que han colaborado en este libro con sus historias; a los humanos que viven con ellos y les prestaron el ordenador o el recado de escribir; y a todos los colegas que me han enviado sus autobiografías autorizadas, ese tesoro que merece que muchos conozcan pronto. No quiero olvidar a ninguno, y aquí va la lista de mi agradecimiento a todos los colegas:

A Capi, Ros y 26 gatos más de Sabadell; Hilary de Gijón; Willy de Barcelona; Dusy de Markina; Milu de Almería; Generín de Cáceres; Matías, Rufo y Lucas de Collado Mediano; Nicolás el Zar de Lugo; Mowgli de Holanda en La Nucía (Alicante); Cenicienta de Valencia; Julia de Laroles (Granada); Mila de Palomares del Río (Sevilla); Luna de Valencia; Naski de León; Gordy de Oviedo; Blas de Madrid; Shing de Las Palmas de Gran Canarias; Velvet de Madrid; Luca y Tana de Barcelona; Pierrot, Mickey y Pirula, de Vigo; Tina de Barco de Ávila; Perfidia y Yousi de Elche; Luna y Don Juan Gato de Villanueva de los Infantes (Ciudad Real); Perico de Sevilla; Prisciliano «El Marqués del Cestillo» de Madrid; Billi y Salli de Barcelona; Mini de Toledo; Leti de Barcelona; Morgana de Asturias; Vicky de Tenerife; Guille de Madrid; Morisca de Cádiz; Lichy, gato único de León; al que tiene tres nombres, Diño, Nito o Pitufito de Sevilla.

A Samsa, Agatipa, Jueves, Pillín, Jazz, Simba, Laika, Sassy; Tati y Mina; Estrella, Mickio y Yako; Doji, Blasa, Kira, Istek, Rigo; Marta y Mini; Buda; Nina y Mandi; Bastet, Sabin, Pussy, Ramsés; Curro y Pinocho; Merce I de Camarles y la Duquesa de Schorndorf; Dalí y Kiko, y a tantos colegas que como entraron con sus historias a través de la gatera del correo electrónico, pues no sé en qué ciudad tienen esas casas donde permiten vivir a sus mascotas humanas. Y gracias también a todos los que no conseguisteis por ese medio digital enviármelas, porque el correo estaba colapsado de tanto colega: la intención es lo que vale.

A Tigre de Córdoba; a Lily de Salamanca; a Rufo de Madrid; a Keops e Isis de Zaragoza; a Ho Chi Minh de Premià de Mar; a Misha de Barcelona, que se llama como la hermana de la Sasheta; a Solet de Mollet del Vallés; a Blanquita y Rubia de Chiclana; a Telva de Asturias; a Bruja de Murcia; a Nicky y Lucca de Palencia; a Pastora de Sevilla; a Salsa de Las Palmas de Gran Canaria; a Raymundo de Buenos Aires (Argentina); a Mari Mimi y hermanos de Madrid; a Kitti de Barcelona; a Mickey Mouse de Valencia; a Dimas de Melilla; a Rupert y Hanum de Madrid; a Tequila de Denia; a Nicolás de Lugo; a Willy de Málaga; a Valentino, Nico y Sari de Marbella; a Shiru de Barcelona; a Blossom de Sevilla; a Coco, Félix, Lucky, Blas, Tricky y Leo de Leganés; a Sócrates; Cati y Luna de Madrid; a Manuela de Pontevedra; a Lola de Washington D.C.; a Cosa de Alicante; a Barbara I, Barbara II y Catalina de Canarias; a Maxi de Madrid; a Bilbo y Frodo de Barcelona; a Bartolo de Málaga; a Sioux de Hospitalet de Llobregat; a Guillermina y Guinnes de Oviedo; a Conguito de Madrid; a Benito de Sevilla; a Ona y Piula de Barcelona; a Idefix de Huesca; a Curro de Alicante; a Kitty de Valencia; a Culata de Móstoles; a Pipo de Madrid; a Black de Barcelona; a Roberto de El Puerto de Santa María; a Zeus de Palma de Mallorca; a Kirsipuú y Kubilai de Vizcaya; a Phoebe, Tula y Míu de Jerez de la Frontera; a Cachita, Melina, Rimsky y Lluna de Valencia.

Y muy especialmente a Nico, Charly, Linda, Misupi, Carola, Leoncio, Luchino y Domi, que me enviaron sus historias desde el Cielo de los Gatunos donde ya están para siempre con Adrianito, con Indi, con Merlín, con Shasheta y con La Gordi.

Mis más cariñosos lametones detrás de las orejas para todos, y hasta pronto, de vuestro amigo, colega y congénere.

Remo

Trompo representa a los gatos que quedan en la lista de espera de Remo. Tiene quince años y vive en Mairena de Aljarafe (Sevilla). Le gustan los mejillones, las gambas, los espárragos y el foie gras, por este orden. Y cuando hay partido por la tele, se lo monta de botellón.

ESTE LIBRO SE TERMINÓ DE IMPRIMIR
EN LOS TALLERES GRÁFICOS DE COFÁS, S. A.
UNA IMPRENTA CLÁSICA CON GATOS
ENTRE SUS MÁQUINAS,
EN EL MES DE NOVIEMBRE DE 2005.